Histoire du luxe en France

Des origines à nos jours

Groupe Eyrolles
61, bd Saint-Germain
75240 Paris cedex 05

www.editions-eyrolles.com

Avec la collaboration de Julie Bouillet

© Groupe Eyrolles, 2007
ISBN 10 : 2-7081-3793-3
ISBN 13 : 978-2-7081-3793-3

Jean CASTARÈDE

Histoire du luxe en France

Des origines à nos jours

EYROLLES

Je remercie Thérèse de Saint Phalle qui m'a aidé et encouragé, ainsi que Nicole Perault qui m'a accompagné dans toutes les étapes de cet ouvrage.

Sommaire

PARTIE I
De la parure aux cathédrales

PARTIE II

La cour, le faste, l'excès… et la satire

PARTIE III
Embourgeoisement et démocratisation du luxe

© Groupe Eyrolles

SOMMAIRE

L'invitation au voyage
de Charles Baudelaire

Mon enfant, ma sœur,
Songe à la douceur,
D'aller là-bas vivre ensemble !
Aimer à loisir,
Aimer et mourir
Au pays qui te ressemble !
Les soleils mouillés
De ces ciels brouillés
Pour mon esprit ont les charmes
Si mystérieux
De tes traîtres yeux,
Brillant à travers leurs larmes,

Là, tout n'est qu'ordre et beauté,
Luxe, calme et volupté.

Des meubles luisants,
Polis par les ans,
Décoreraient notre chambre ;
Les plus rares fleurs
Mêlant leurs odeurs.

Aux vagues senteurs de l'ambre,
Les riches plafonds,
Les miroirs profonds,
La splendeur orientale,
Tout y parlerait
À l'âme en secret
Sa douce langue natale.

Là, tout n'est qu'ordre et beauté,
Luxe, calme et volupté.

Vois sur ces canaux
Dormir ces vaisseaux
Dont l'humeur est vagabonde ;
C'est pour assouvir
Ton moindre désir
Qu'ils viennent du bout du monde.
Les soleils couchants
Revêtent les champs,
Les canaux, la ville entière,
D'hyacinthe et d'or ;
Le monde s'endort
Dans une chaude lumière.

Là, tout n'est qu'ordre et beauté,
Luxe, calme et volupté.

Préface

Jean Castarède réussit un véritable tour de force d'érudition et de synthèse, un voyage à travers le temps, en nous contant l'histoire du luxe en France des origines à nos jours. Son expérience, sa formation, son appartenance à une dynastie du Cognac par sa mère et de l'Armagnac par son père, anoblie par le roi Louis XVIII en 1818, habituée à parcourir le monde, lui permettent, comme à son illustre prédécesseur des Charentes, Jean Monnet, d'accéder à une hauteur de vue qui sait embrasser les siècles et les métiers.

J'imagine que ce n'est pas tout à fait un hasard si Jean Castarède m'a demandé, alors que je présidais le Comité Colbert, de rédiger la préface de son ouvrage, moi qui suis l'héritier d'une dynastie de joailliers français dont l'origine remonte à la Renaissance et plonge ses racines dans le creuset de l'Europe naissante : une vallée stratégique aux frontières de la Lombardie, du Piémont et de la Suisse, point de passage pour les soldats, les marchands et les artistes véhiculant biens et idées entre France et Italie. Jean Castarède a peut-être pensé que je pouvais moi aussi chevaucher les siècles sans timidité et l'aider à rechercher des lignes de force dans l'évolution d'un univers, celui du luxe et de la France, qui a nourri les talents et l'imaginaire de nos familles depuis des générations.

Un rayonnement unique au monde

Au cours des siècles, la France, bénéficiant d'un cadre naturel exceptionnel, climatique et géographique, a su se doter d'un patrimoine architectural et culturel capable de rivaliser avec celui des principautés d'Italie. La montée en puissance des rois de France en Europe, la valorisation des activités de luxe au service d'un pouvoir concentré à Paris, la spécialisation de certains terroirs ont donné à la France un rayonnement unique au monde. Certains des meilleurs artisans français ont su pérenniser leurs entreprises au-delà de la vie limitée de leurs fondateurs et générer la naissance des grandes « Maisons », personnes morales aptes à capitaliser sur la confiance de leurs clients, à conserver et élargir les savoir-faire hérités du passé et à créer une véritable identité virtuelle incarnée par leur marque.

À l'heure de la globalisation, la réputation, l'image d'excellence et de perfection véhiculée par la marque peuvent alors se diffuser hors des frontières, en ondes de plus en plus puissantes, et séduire l'imaginaire de clients étrangers, à l'autre bout de la planète, comme tout ce qui vient de Paris et de France. Avec un tel patrimoine vivant, la France est le pays dont les entreprises ont su le mieux s'approprier ce nouveau marché mondial, véritable Eldorado qui s'est ouvert au cours des vingt dernières années. Nation moyenne sur le plan économique face aux grandes puissances établies ou en devenir, la France est pourtant la seule à maîtriser un certain nombre d'atouts qui, conjugués, lui donnent aujourd'hui un avantage concurrentiel unique dans le domaine de « l'industrie du luxe ».

En toile de fond, la beauté de ses villes et de ses campagnes, son patrimoine historique et culturel ont fait d'elle le pays le plus visité au monde et ont donné à Paris le statut de capitale mondiale du luxe. Sur le devant de la scène, les acteurs du luxe français, créateurs et gestionnaires, sont des entités vivantes et nombreuses. Leur champ d'activité couvre presque tous les secteurs des produits et services.

Les entreprises françaises de luxe, en particulier les plus représentatives, celles du Comité Colbert, ont parfaitement assimilé la leçon que leur a donné l'évolution la plus récente de l'environnement international : la nécessité non seulement de maîtriser parfaitement toutes les techniques de leur métier (l'excellence et la perfection sont des conditions nécessaires incontournables), mais aussi d'enrichir sans cesse leur image, ce capital immatériel qui va s'adresser à l'imaginaire de leur clientèle. Heureuse combinaison de l'adresse de la main, l'enchantement des sens, la séduction de l'imaginaire... C'est au cœur de ce subtil équilibre que vient se nicher le génie français.

Le Comité Colbert regroupe soixante-dix noms emblématiques de quatorze métiers : aucun autre pays ne possède un tel bouquet de marques leaders internationales. C'est d'ailleurs la possession d'une escadre aussi complète et cohérente qui confère à la France son leadership incontesté. Les entreprises du Comité Colbert, prises collectivement, exportent déjà plus de 80 % de leurs créations avec trois marchés privilégiés : le Japon, les États-Unis et l'Europe. Ce pourcentage est encore appelé à croître alors que s'ouvrent la Chine, l'Inde, la Russie et d'autres continents. Lorsque toutes les marques d'origine culturelle française se déploient collectivement, elles prennent une dimension supplémentaire. Elles ajoutent à leur rayonnement individuel une *aura* collective : c'est l'art de vivre à la française qui apparaît soudain dans toute sa richesse et sa diversité ; c'est l'image de la France, celle qui rayonne.

Un monde en plein bouleversement

Mais, à l'aube du XXIe siècle, tous ces atouts ne sont-ils pas fragiles dans un univers qui « explose » ? Certaines marques d'origine culturelle française, qui auront su se hisser au rang de « marques globales », ne seront-elles pas tentées d'oublier leurs racines pour ne plus communiquer que sur leur statut de marque mondiale ? La taille et le volume seront-ils, comme dans d'autres secteurs, les critères stratégiques déterminants ? Les phénomènes inévitables de concentration provoqueront-ils l'élimination définitive des entreprises qui n'auront pas su passer du stade artisanal au stade industriel ? Ce passage délicat que la plupart des entreprises du Comité Colbert ont, semble-t-il, su franchir sans perdre leur aptitude à faire rêver, conduira-t-il, comme par évaporation, à la banalisation de l'image de la France ? Cet « art de vivre à la française » continuera-t-il à faire rêver la jeune fille de Shanghai, de Moscou ou de Delhi, comme il a fait rêver celle d'Osaka dans les dernières années du XXe siècle ? On peut d'ailleurs se poser la question suivante : face à l'ampleur du phénomène actuel de globalisation, ne devons-nous pas adopter d'autres modes de pensée et adapter la stratégie de nos entreprises à ce nouvel environnement en pleine mutation ? L'épopée glorieuse de la France et du luxe, si bien décrite par Jean Castarède, touche-t-elle aujourd'hui à sa fin ?

L'avenir n'est pas écrit et je me garderai bien de donner un pronostic. Mais en tant que dirigeant d'une société qui a déjà traversé cinq siècles, je me permettrai de suggérer quelques pistes de réflexion pour les stratèges du secteur qui, comme moi, s'interrogent sur les principaux défis à relever par nos Maisons et, plus largement, pour la France.

Le déplacement sans la cassure

Il faut toujours revenir à l'essentiel : le luxe vient du mot « luxation » ; c'est le déplacement sans la cassure, la différenciation dans la continuité. L'histoire du luxe à travers les civilisations montre l'aspiration incessante des hommes, non seulement à dominer la nature pour survivre, mais aussi à mettre de la beauté dans leur vie. Besoin de survie et art de vivre sont intrinsèquement liés depuis les origines. Il n'y a pas d'un côté, l'essentiel et de l'autre, le superficiel. Le luxe appartient à l'essentiel de l'homme. Le rêve et l'imaginaire irriguent l'ensemble de ses sens, comme le cerveau dirige le corps. L'homme est un tout.

Le luxe s'adresse donc à l'homme dans sa totalité. Il s'agit d'une activité « anthropocentrée ». En ce sens, elle doit se soumettre aux conditions d'équilibre fragile qui régissent la vie, aux règles homéostatiques complexes qui gouvernent les sociétés humaines. La France a su développer, et sans cesse améliorer, cet art complexe qui vise à concilier l'homme avec son environnement : non pas repli sur soi mais ouverture vers le « mouvement de la vie », comme dirait François Cheng, à l'écoute de cette partie universelle de soi qui permet d'entrer en dialogue avec d'autres cultures, d'autres valeurs que la sienne.

À travers la succession des époques et des générations, avec le recul du temps, on peut discerner une sorte de fil d'Ariane qui relie entre eux les états successifs de la société française. Au fil des siècles, on ne peut qu'être frappé par l'alternance de vagues d'excès dans l'expression du luxe, souvent en périodes de paix ou de prospérité, et de vagues d'apaisement ou d'assagissement, souvent en périodes de guerre ou de crise. C'est, avec le temps, la

5

construction d'une sorte de progression en spirale, faite d'équilibres successifs qui, comme des figures fractales, relient tradition et création. Rien n'est jamais écrit d'avance mais la France sait trouver, à chaque époque, des réponses inédites aux mutations de son environnement.

L'élévation rapide du niveau d'information de la clientèle, partout dans le monde, fait que la communication, pour rester crédible, ne peut s'appuyer que sur une authenticité intégrale du message et, en amont, sur une cohérence totale de l'univers proposé par chaque Maison et, au niveau collectif, par la France. La création, dans le respect des origines et de l'identité « génétique » de chaque marque, est la condition pour conserver ce patrimoine exceptionnel dont dispose aujourd'hui la France, son caractère vivant, séduisant et concurrentiel.

Mais la création française sera d'autant plus universelle qu'elle saura maintenir un lien ombilical avec ses racines et, luxation sans fracture, trouver les voies inédites qui la relient au riche patrimoine de l'expérience humaine, tout en s'ouvrant généreusement au dialogue avec les autres continents.

Olivier Mellerio
Président de Mellerio international
Ancien président du Comité Colbert (2002-2006)

Introduction

France, mère du luxe. Ce n'est pas par chauvinisme que nous parodions ce vers de Joachim du Bellay : « *France, mère des arts, des armes et des lois.* » Le but de cet ouvrage est de montrer qu'il y a de réelles affinités entre les Français et le luxe. Nous savons que chaque nationalité a son génie propre. Si, par exemple, les Allemands excellent dans la minutie industrieuse, les Anglais dans la courtoisie et l'humour, les Italiens dans la fantaisie, les Américains dans l'ouverture aux autres, les Japonais dans l'imitation et l'ardeur au travail, qu'est-ce qui a fait que nous, Français, soyons les champions incontestables du luxe ? Malgré une certaine érosion de nos parts luxueuses de marché depuis cinquante ans, sur laquelle nous reviendrons dans le dernier chapitre de cet ouvrage, le luxe est un domaine où l'on nous écoute, nous copie et où l'on ne remet pas en cause nos talents. Quatre grands pays européens auraient pu acquérir la même légitimité : l'Angleterre, l'Allemagne, l'Italie et l'Espagne. Deux pays essaient de nous ravir aujourd'hui la coupe du monde du luxe ; les États-Unis – et ils en ont les moyens – et le Japon qui se contente d'en être le plus grand client. Quant aux BRIC (Brésil, Russie, Inde, Chine) ils vont faire parler d'eux. C'est cette épopée du luxe français, des origines à nos jours, que nous allons décrire.

*

* *

Dès que les premiers hommes s'établirent sur terre, et au fur et à mesure qu'ils s'éloignaient de la condition animale pour acquérir une conscience, ils découvrirent qu'ils ne devaient pas seulement vivre de nourriture et assurer leur protection. Ils aspirèrent à ce grand supplément de vie que l'on appelle le rêve, ce rêve dont les psychologues ont découvert, depuis, que sa suppression, pendant le sommeil, entraîne la mort. Ce rêve prit plusieurs formes :

- ce fut d'abord l'aspiration vers une protection supérieure qui rassure et transcende la vie. Les hommes l'appelèrent Dieu. Toutes les civilisations ont eu leur forme de religion ou de croyances ;

- ce fut ensuite un besoin de s'exprimer par l'art, la communication et la culture. Nous en avons de multiples traces depuis les peintures jusqu'aux formes sculptées des cavernes ;

- Puis, ce fut un désir de se singulariser des autres par des ornements, de laisser une trace par des monuments, ou bien de séduire, d'offrir ou d'acquérir des objets rares, enfin de mieux profiter de la vie en améliorant son confort et sa nourriture. Voilà le luxe. Ces multiples manières d'oublier le quotidien ont correspondu à des aspirations diffuses et mystérieuses que nous analyserons et que l'on appelle le « désir du luxe ».

Moins noble et moins exaltant que les deux premières aspirations – celle de la religion et de l'art –, le luxe n'en demeure pas moins une composante maintenant incontournable de l'existence. Il ne correspond pas à une définition unique car il est très subjectif, variable dans le temps et dans l'espace. Chacun a sa définition du luxe : pour certains c'est le travail, pour d'autres le repos. Cela peut être le temps, l'espace, mais aussi le goût, le raffinement et quelquefois la débauche de l'excès. Le luxe est immatériel bien que souvent relié à un support matériel. Mais c'est plutôt l'idée que chacun se fait de lui, qui rend le luxe si attirant et si aimable et en définitive subjectif. Il est le plus souvent rattaché à nos cinq sens : le goût, l'ouïe, l'odorat, la vue et enfin le toucher avec sa connotation sensuelle. Il est lié aux trois libidos que Pascal a si bien définies dans ses pensées :

- *dominandi*, celle du pouvoir et de la domination ;
- *capiendi*, celle de l'appréhension des objets pour soi ou pour les autres ;
- *sentiendi*, celle des sens (déjà cités) et de la sensualité.

Né avec l'homme, le luxe – notion qu'il a perçue récemment, en tout cas dans ses différentes acceptions – ne l'a jamais laissé indifférent. Et il porte avec lui son cortège d'amour et de haine, ce qui fait qu'au fil des siècles, et notamment depuis les Grecs et les Romains, il y a toujours eu deux écoles de pensée : celle qui l'abhorrait et cherchait à le faire disparaître, celle qui en faisait un des moteurs salutaires de l'activité humaine. Les deux écoles philosophiques ont cohabité, ce qui fait que le luxe porte en lui une forme de culpabilité comme une sorte de péché originel. N'est-ce pas d'ailleurs au nom du « luxe de la connaissance » qu'Ève a tendu la pomme à Adam ? Si cette légende est vraie…

Voilà pourquoi parler du luxe n'est pas toujours gratifiant. Pourtant, et c'est ce que nous allons montrer dans cet ouvrage, il a toujours été lié aux civilisations et la France en est la mère et la championne. C'est cette histoire du luxe français que vous allez découvrir ; vous verrez qu'elle est pleine de rebondissements.

On peut appliquer au luxe la définition que Malraux donnait du cinéma : art et industrie. Et nous verrons que ces deux domaines ont beaucoup d'affinités. C'est sûrement pour cette raison que le luxe a trouvé en France sa patrie et sa terre d'élection.

9

PARTIE I

De la parure aux cathédrales

Aussi bizarre que cela puisse paraître, le premier réflexe de l'homme (ou de la femme) n'a pas été de se protéger ou de se vêtir mais de séduire. Voilà pourquoi la parure a précédé le vêtement, comme on peut le constater en découvrant les vestiges préhistoriques de nos ancêtres. La première figurine ancienne, la Dame de Brassempouy, découverte dans le sud-ouest de la France, et remontant à 30 000 ans, représente ainsi une chevelure féminine avec des nattes soulignant déjà le soin qu'apportaient les femmes à leurs cheveux. Notre Gaule, devenue le royaume des Francs, a bien assimilé les apports luxueux des occupations celtes et romaines. Puis, s'écartant progressivement des dérives épicuriennes, notre pays a sublimé ses pulsions luxueuses dans un culte religieux autour des monastères et des cathédrales ou dans une allégeance administrative à un roi ou à un seigneur qui organise des fêtes en son château.

Chapitre 1

La préhistoire et le luxe de la parure

Le goût pour le superflu a accompagné la quête pour la satisfaction des besoins essentiels de nos ancêtres de la préhistoire. C'est ainsi, par exemple, que certaines parures ont précédé les vêtements. Les gravures rupestres que l'on a découvertes dans nos grottes préhistoriques, à Lascaux par exemple, sont aussi une illustration de cette nécessité de l'homme d'échapper au quotidien en le transcendant, ce qui est une forme de luxe.

La quête du paradis perdu

Difficile d'imaginer ce que fut le luxe de la préhistoire. Pourtant, si l'on en croit la Genèse, au commencement était le luxe, l'abondance, l'absence de souffrance et d'effort, la nourriture à satiété, le paradis. Suivant la légende ou la foi, il y eut la tentation, le désir d'outrepasser le défendu, de franchir l'interdit, d'assouvir la curiosité, d'aller au-delà du luxe naturel : l'ivresse de la transgression. Et ce fut, dit-on, le péché, peut-être, lui aussi, forme suprême du luxe, puisqu'il s'agissait de franchir les bornes de l'inconnu. Et l'homme découvrit le froid, la faim, la souffrance, le contraire du luxe.

Chaque fois qu'il put surmonter les épreuves, l'homme garda la nostalgie du luxe et du paradis. Alors, il inventa des outils, des vêtements, mais aussi des parures aussi importantes pour lui que les vêtements. Le désir de plaire, d'ajouter de la beauté à son existence, lui parut aussi essentiel que la conquête des objets de première nécessité. Il imagina une nourriture de plus en plus sophistiquée, ne se contentant pas de manger ce qu'il avait cueilli, récolté, chassé ou pêché. Et il voulut transmettre ses découvertes aux autres, à ses descendants comme à ses voisins : il invente la parole, puis le dessin qu'il transcrit sur les parois des grottes, ensuite la sculpture, l'écriture à Sumer, les jardins à Babylone, le culte des ancêtres et les cérémonies de la mort en Égypte et ailleurs. Ainsi, le luxe accompagne les différentes étapes de l'homme, y compris au cours des périodes préhistoriques.

L'apparition du luxe dans le monde coïncide avec la transformation de l'*homo erectus* en *homo sapiens sapiens*. Auparavant, il n'y a aucune trace de luxe.

Pour exemple, le crâne de l'homme de Tautavel – premier homme *erectus* trouvé en France, datant de 450 000 ans avant notre ère – ne comporte qu'un faible lobe frontal ; c'est un crâne fuyant, dont les cellules ne permettent pas les associations intellectuelles et affectives qui sont la marque de l'homme et de ses conquêtes.

Luxe : fruit des sens et de la conscience

Vers 30 000 ans avant notre ère, dans les sites aux alentours des Eyzies, la situation a évolué. Le crâne de l'homme ou de la femme ressemble aux nôtres et, dans les fouilles qui n'ont pas encore totalement révélé leurs secrets, une série d'indices indiquent le chemin parcouru. Outre les instruments destinés à se protéger ou survivre – silex tranchants pour attaquer les animaux ou faire du feu – apparaît un certain nombre d'objets de parure que l'on serait tenté de qualifier « d'accessoires de luxe ». Tout se passe comme si l'homme avait découvert qu'il ne vit pas seulement d'aliments mais aussi de sentiments, d'échanges, et que ceux-ci nécessitent une attitude et des gestes qui traduisent les affects. L'homme découvre ce monde mystérieux qui ne correspond plus exclusivement à ses besoins de protection, d'abri ou de nourriture. Pour traduire ces sentiments, outre les gravures d'animaux qu'ils vont laisser sur les parois rupestres, nos ancêtres s'expriment en sculptant dans la pierre d'admirables silhouettes de femmes que l'on qualifie aujourd'hui de Vénus du Périgord. Ces Vénus gravées représentaient soit leur compagne, soit une figure mythique ou religieuse. L'art, le luxe, la religion vont cheminer ensemble avec ces sculpteurs, ces amulettes retrouvées, ces bagues, autant de souvenirs laissés comme des traces de nos sentiments.

Et en dehors du culte pour la femme ou pour la déesse femme, les premiers hommes ont légué les vestiges de leurs sépultures sous forme de pierres érigées ou de caveaux ornés et peuplés d'objets entourant les crânes et les ossements. Découvrant l'amour, la prière et la séduction, l'homme a perçu qu'il était mortel et qu'il devait, d'une manière ou d'une autre, se préparer à la mort, en rendant un culte aux disparus, comme si la séduction et la mort avaient été, dès l'origine, intimement liées.

Le luxe, dont le terme n'est venu que beaucoup plus tard, était né. À mi-chemin entre « *lux* » la lumière et « *luxuria* » la débauche, il va s'efforcer, au long de l'histoire de l'humanité, de conquérir ses lettres de noblesse pour effacer les connotations ambiguës qui l'accompagnent.

Imaginez le luxe au temps des mammouths

S'il est difficile, aujourd'hui, de donner une définition très précise du luxe, c'est encore plus vrai pour ces sociétés préhistoriques ayant un mode de vie complètement différent du nôtre et qui ne sont connues qu'au travers d'éléments très fragmentaires.

Le préhistorien a du mal à appréhender la notion de luxe pour plusieurs raisons. C'est une donnée culturelle, sociale, qui renvoie aussi à un univers symbolique et mental. Or, en préhistoire, se situer sur ce registre est presque impossible. La préhistoire est par définition la période où l'on ignore l'usage des textes. Il ne subsiste aucune tradition orale pour permettre de comprendre la signification réelle des vestiges, ce qui explique les multiples interprétations différentes de l'art pariétal.

De plus, seuls les éléments qui ont résisté à l'enfouissement nous sont parvenus ; d'où une connaissance des sociétés du paléolithique très partielle. La plupart des objets réalisés dans des matériaux périssables, comme le bois ou les peaux, ont disparu. De ces éléments, chargés de sens, il ne subsiste que des traces indirectes de leur utilisation : par exemple les aiguilles en os pour la confection de vêtements. Les études tracéologiques (celles des matières premières qui ont laissé sur les outils de pierre et d'os des traces d'usage ou de dépôts fossilisés) ont permis quelquefois de mieux identifier les modes de vie d'autant plus utiles que nous sommes confrontés à des activités disparues pour la plupart dans nos sociétés occidentales.

Les historiens se sont ainsi tournés vers les témoignages recueillis sur des sociétés de chasseurs-cueilleurs actuelles pour tenter d'interpréter les faits archéologiques. Cette démarche pose d'emblée un certain nombre de problèmes : aucun des groupes survivants de chasseurs-cueilleurs ne vit dans un environnement en tous points comparable à celui que les *sapiens sapiens* du paléolithique ont fréquenté. La tentation peut être forte d'affubler nos ancêtres de coutumes empruntées aux Esquimaux, aux Aborigènes, aux Pygmées et aux Patagons d'aujourd'hui, ce qui constituerait une déviation scientifique.

Si l'on remonte dans le temps, on peut être presque sûr que l'homme de Néandertal, qui apparaît vers - 100 000 ans, est l'auteur des premières sépultures et des premiers rites funéraires (ex. : dépôt d'ocre sur les corps, corps déposés sur des « lits de fleurs », crânes d'ours en offrande...). Mais il faudra attendre les derniers représentants de la lignée des Néandertaliens pour qu'apparaissent vers 30 000 ans les premiers éléments de parure.

Une seule chose est certaine : l'accroissement des capacités cérébrales a permis l'émergence d'une des premières formes du luxe ; celui de l'esprit qui se libère des seules préoccupations liées à la survie physique. Les créations humaines ne seront plus uniquement fonctionnelles mais symboliques et esthétiques. Elles correspondent à un besoin d'identification, de communication et de représentation.

Canines de renard, coquillages et perles de bois

La parure est un signe destiné à communiquer une information. C'est donc un langage muet pratiqué dans toutes les sociétés, y compris la nôtre où certains sociologues n'ont pas hésité à écrire que la mode était devenue de nos jours la seule forme de communication.

La signification de l'objet de parure doit être connue par celui qui le porte et par ceux qui le voient. Ainsi, le sens mis dans l'objet est d'origine sociale ; l'objet de parure est un objet chargé de valeur symbolique que l'on peut quelquefois qualifier de culturelle. La parure et l'ornement sont censés traduire l'importance que l'on attache à notre rôle social. Seuls les éléments de parure réalisés dans des matières minérales ou des matières dures animales (os, ivoire, bois de cervidés) se sont conservés, mais il est probable que des matières périssables comme le bois, le cuir, les graines, les plumes et les fleurs aient été utilisées. De la même façon, des pigments ont probablement servi comme éléments de parure (peintures corporelles, tatouages…).

19

Des fragments de parure ont été retrouvés de manière isolée ou dans des sépultures, qui montrent que cette dernière n'était pas l'apanage du sexe féminin.

En Russie, à Sungir, on a retrouvé l'une des plus grandes concentrations d'éléments de parure ; sur le squelette d'un homme de 55-65 ans, on a découvert 3 500 perles en ivoire de mammouth qui avaient probablement été cousues sur des vêtements de peaux et sur une coiffure, ornée d'une parure en canines de renard et d'une plaque de schiste perforées. Il portait des bracelets en ivoire de mammouth et de gros colliers.

D'autres statuettes humaines, féminines cette fois, ont la tête ornée de dents et de coquillages. Toutes les espèces de dents ne peuvent se transformer en objets de parure. Les plus utilisées sont les dents de renard, de bovidé, de cheval et de cerf, plus rarement, de loup, d'ours ou de renne. À côté des dents, on a recours aux coquillages, les espèces marines étant récoltées sur les rivages. On a aussi recours à des variétés continentales comme les gastéropodes, de dimensions petites ou moyennes, faciles à percer, utilisées en séries, enfilées sur un lien ou cousues sur du cuir. Certains coquillages furent sans doute prestigieux car acheminés sur de très longues distances. On a découvert aussi des perles, petits objets plus ou moins sphériques découpés en série à partir de baguettes d'os, de bois de renne, de pierre ou d'ivoire.

On a également retrouvé des pendeloques : certaines sont très simples comme les galets perforés, mais la plupart présentent des décors géométriques. Elles constituent les objets de parure les plus élaborés. Elles sont toujours rares. On trouve des rondelles percées en os qui montrent souvent des animaux réalistes ; d'autres ont des contours découpés qui sont de petits objets plats, obtenus à partir de l'os hyoïde du cheval, évoquant souvent la forme d'une tête de cheval. Il suffisait d'un léger façonnage pour obtenir une pendeloque représentant soit une tête de cheval, soit celle d'un bouquetin. Plus rares sont les petites statuettes humaines.

Les premiers hommes ont fabriqué des diadèmes et des bracelets. En os ou sur ivoire, ces éléments, très rares, portent en général des décors géométriques.

Des outils d'exception... déjà

Les productions artistiques, que ce soient les objets sculptés ou les fresques réalisées sur les parois des grottes, témoignent d'un savoir-faire exceptionnel et d'une maîtrise des techniques et des matériaux au service d'une grande créativité.

On a découvert des outils, véritables chefs-d'œuvre de pierre réalisés par des artisans virtuoses. Ces objets uniques avaient-ils une fonction utilitaire ou un rôle de prestige et de luxe ?

> C'est le cas des célèbres « feuilles de laurier » solutréennes de Pech-de-la-Boissière, assez grandes (35 cm de long pour 6 mm d'épaisseur) ou de pièces plus petites utilisées comme pointe de projectile.

Les hommes ont fabriqué des instruments en os, ivoire, bois de cervidés destinés à augmenter la vitesse, le pouvoir de pénétration et la précision du lancer des armes de jet en jouant le rôle d'un bras de levier. Cela permettait d'atteindre le gibier à une distance supérieure à celle du lancer à la main. Les objets portent souvent un riche décor. On a aussi découvert les bâtons percés.

Parfois très somptueusement ornés, ils servaient à assouplir les courroies mais également à redresser les sagaies (consistant à introduire la pointe ou la hampe de sagaie dans la perforation afin de la redresser par un mouvement de levier).

Un coup de peigne pour premier acte luxueux de l'humanité

Le sommet fut atteint par les statuettes féminines. Réalisées au cours d'une période que l'on appelle le gravettien (28 000 - 22 000 av. J.-C.), sur une vaste répartition géographique, elles présentent le même canon : une petite tête sans détail, un vaste corps élargi, seins, hanches et sexe hypertrophiés, sans doute pour des raisons symboliques – symbole de fécondation –, petits bras et jambes inachevées ; canon qui correspond en partie à celui utilisé, au cours de la même période pour les représentations animales sur les parois des grottes.

Il est curieux de noter que la première représentation féminine sculptée – *La dame à la capuche* : la statuette de Brassempouy – est une figurine en ivoire de mammouth de quelques centimètres de haut, trouvée à la fin du XIXᵉ siècle dans une grotte au cœur de la forêt landaise, où nul n'aurait pu en soupçonner la présence. Sculptée entre 29 000 et 22 000 ans avant notre ère, ce qui émeut n'est pas tant cette physionomie un peu grimaçante que la similitude avec les statuettes africaines contemporaines ou en bois. Elle représente, pour la première fois dans l'histoire de l'humanité, une tête féminine qui met l'accent sur les cheveux, parure de la femme la plus naturelle et la plus sophistiquée qui offre un double symbole : celui de l'origine, mais en même temps l'importance, à connotation sexuelle, que toute femme apporte à sa chevelure. L'apprêt de la chevelure et son ordonnancement différencient l'homme de l'animal. Ce tressage des cheveux, aucun animal n'y parviendra jamais. Comme si ce qui distinguait l'*homo sapiens* de ses ancêtres, c'était cette capacité de se parer, de se mettre en valeur, de se différencier de son semblable pour le séduire ; le luxe, c'est l'affirmation de notre identité.

Ainsi donc, par cette parure et cette coiffure, le luxe apparaît, non plus comme un acte superflu de gaspillage, mais comme un souci de rendre encore plus beau ce qui l'est déjà. Ce n'est pas une correction, c'est un supplément du corps et sans doute de l'âme. Cette transfiguration de la femme par la chevelure lui permet de devenir encore plus femme, c'est-à-dire plus séduisante, plus désirable et source de bonheur pour ses semblables. Par cette reproduction qui a franchi des dizaines de millénaires, elle s'est grandie, malgré cette petite taille de 15 centimètres, en renforçant son pouvoir de conquête et de séduction. *La dame à la capuche* offre l'évocation de la séduction. C'est la première figurine à donner l'illusion que nous sommes les égaux des dieux. Elle est l'ancêtre de démarches de la parure, de la mise en valeur du visage, du parfum et du cosmétique. Elle devrait être le symbole de tous ces créateurs de marques.

Après *La dame à la capuche*, il faut parler des Vénus aux formes opulentes, dont la Vénus de Lespugue, celle de Sineuil et toutes les autres trouvées dans le sud-ouest de la France, en Périgord. En franchissant plusieurs millénaires, n'aurait-on pas ainsi la clé et un aperçu prémonitoire de tout ce qui va constituer le luxe de l'éternel féminin ? En rapprochant la Vénus opulente de Lespugue de deux autres expressions de séduction des civilisations grecques et romaines (les courtisanes de Cnossos et les fresques évoquant les premiers bikinis de Monreale, en Sicile, les minceurs servant, à quelques siècles d'intervalle, de contrepoids à l'abondance des formes), on a ainsi les deux composantes de l'histoire de la beauté féminine : de la rondeur à la maigreur, de l'excès à l'insuffisance, de Rubens à Modigliani.

La Vénus de Lespugue – qui connaît des répliques moins déformées sur les parois périgourdines – date d'environ 20 000 ans avant notre ère et constitue la première apparition du drapé plissé féminin au-dessous de la taille. Ces « stries » sont censées figurer ce qu'on appellerait une jupe plissée. Le plissé, l'une des sophistications du luxe que l'on retrouve au Japon avec l'art du tressage, cache ici des fesses proéminentes (celles-là mêmes qui caractérisent les Vénus callipyges de l'Antiquité) à moins qu'il ne dissimule une grossesse. Cette hypothèse n'est pas à exclure car cette Vénus pourrait préfigurer les cerceaux qui viendront beaucoup plus tard – du vertugadin de la Renaissance jusqu'à la crinoline de l'Empire – dont un des rôles était de cacher une naissance prochaine.

À côté des représentations humaines, les représentations animales sont plus fréquentes en Europe centrale et orientale qu'en Europe occidentale. On suppose qu'elles servaient à la constitution de sanctuaires mobiles en ces régions où il n'y avait pas de grottes. Les animaux représentés sont les mêmes que dans l'art pariétal.

Naissance du luxe supérieur : l'or

À partir du Néolithique, l'homme a cessé d'être un prédateur à part entière. Il va s'efforcer de maîtriser ses sources de nourriture par la domestication des espèces végétales et animales, et passer ainsi à une économie de production. Cette mutation a été accom-

24

pagnée par l'introduction de nouvelles techniques (céramique...), la systématisation de procédés peu en usage (polissage de la pierre) et le changement des modes d'occupation des sites et des territoires (sédentarité, maison, village). Au sud de la Bretagne, une caste de prêtres ou de chefs a fait élever les mégalithes de Carnac, révélant en même temps la richesse du mobilier de certaines tombes.

La période protohistorique ou âges des métaux (cuivre, bronze et fer) a été marquée par des phénomènes nouveaux : usage de la métallurgie qui s'inscrit dans les productions (outils, éléments de parure...), différenciation dans les cimetières et apparition de tombes princières sous des tumulus avec un mobilier extrêmement luxueux, fortifications et traces d'actions violentes, commerce de matières précieuses (or, argent...) sur de très longues distances. Une évolution socio-économique interne nous mène ainsi vers des sociétés de plus en plus complexes et diversifiées.

Dans les tribus sauvages, la pierre a été d'abord grossièrement travaillée, puis taillée et polie avec art. Il existe dans nos musées des poignards en silex à lame plate et allongée, tranchante des deux côtés, à manche guilloché par petits éclats.

L'âge de bronze, intermédiaire entre l'âge de la pierre et l'âge du fer, a marqué un progrès sensible dans la partie d'art et de luxe. L'homme de cette époque a su couler le bronze dont il conçut des armes et des ustensiles de cuisine, l'or dont il a fabriqué des vases et des ornements. Il a réduit ce même or en lames minces et les a repoussées au marteau. Des décorations en or de casques, glaives et boucliers, des bagues, bracelets offrent des formes du goût le plus pur. Le travail des métaux, y compris les plus précieux, s'explique par la volonté de l'homme de se parer et de s'embellir ;

avant de se servir de l'or comme monnaie d'échange, il l'utilisera comme instrument de pouvoir ou de séduction.

Et le luxe dans tout cela ?

Les historiens nous avaient surtout habitués à considérer les premiers hommes comme obsédés par leur protection contre les agressions naturelles (les intempéries, le froid) ou contre les animaux qu'ils chassaient ou pêchaient pour se nourrir. Il n'en est rien. Obsédé par le besoin de plaire et d'être aimé, l'homme et la femme inventent la séduction, la parure, l'ornement mais aussi la prière et la sépulture, sublimation de l'amour. C'est aussi cela, le luxe, et qui fera dire à Jésus de Bethléem : *« L'homme ne vit pas seulement de pain. »* ▪

Chapitre 2

L'Antiquité et le luxe épicurien

Le luxe français du premier millénaire est une heureuse composante du luxe romain avec son confort, son goût et son sens de la fête, du luxe celtique gaulois authentique fondé sur la pêche et la chasse, moins raffiné, dont les habits rudimentaires sont plus adaptés pour les déplacements. La nouvelle religion chrétienne, avec ses moines enseignants et ses artistes constructeurs d'abbayes et d'églises, va lui apporter une dimension spirituelle.

L'Empire romain détrôné
de son rayonnement luxueux...

Après l'effondrement de l'Empire romain d'Occident, dont les causes de décadence furent multiples, l'Europe et ce qui va devenir la France vont être plongées, pendant le premier millénaire, dans une situation particulière. Le développement de l'Empire romain avait pourtant laissé des traces positives : aqueducs, théâtres, monuments, villas, céramiques.

Les orgies de table, sexuelles et bestiales, le lucre, la corruption et les dépravations dont on a trace sur les fresques de Pompéi, l'abus du pouvoir et de l'argent, la cruauté, le mépris de certains êtres, l'asservissement des esclaves et les persécutions des premiers chrétiens ont contribué à l'abaissement de cette civilisation qui n'arrivait plus sur le plan militaire à maîtriser ses conquêtes et ses dominations. L'affaiblissement moral a coïncidé avec ces excès de luxe et a joué un rôle néfaste.

L'effondrement des civilisations mésopotamienne, égyptienne ou grecque s'était traduit par l'effritement de la cohésion d'une société qui ne se reconnaît plus dans ses élites et notamment les princes qui la gouvernaient. Les querelles intestines amenèrent la société à ne plus accepter de sacrifices pour un grand dessein ; elle devint vulnérable devant des envahisseurs éventuels, d'autant plus que la zone à protéger était de plus en plus grande et fragilisée.

Chez les Romains sont intervenus d'abord les assauts répétés des invasions barbares de l'Est qui ne rencontrent plus de résistance. Parmi ces invasions, il y a les Huns et leur chef Attila, venant d'Asie et des plaines orientales européennes. Ils ne furent pas les seuls. Les Gaulois eurent leur part de revanche. Malgré une colonisation d'occupation de la Gaule par les Romains, qui avait relativement réussi, les Gaulois n'hésiteront pas à prendre leur revanche et à aller jusqu'aux portes de Rome.

Le deuxième élément qui aurait pu être fédérateur mais ne l'a pas été, c'est la montée progressive de la religion chrétienne. Au début, minoritaire et persécutée, cette religion va, à partir d'un noyau de quelques apôtres juifs, infiltrer toutes les couches de la population pour atteindre le sommet jusqu'à la conversion de l'empereur Constantin. Or, celui-ci, au lieu de se servir de ce ciment pour reconstituer la cohésion de son empire, va assister à sa dilution au profit d'une dérive orientale constituant la base de l'effritement définitif de l'Empire occidental. En revanche, cette base chrétienne contribuera à l'unification de la royauté franque et au développement de son luxe.

Un troisième élément, son orientalisation, va porter le coup fatal à l'Empire romain. À partir du IVe siècle, il y a deux capitales : Rome et Constantinople, cette dernière l'emportant progressivement sur la première. Quand la première capitale n'exerce plus son rayonnement y compris luxueux et que les ferments de création se dirigent vers la seconde, la première va tomber comme un fruit mûr. Rome va disparaître comme Athènes ou Babylone. Pendant plusieurs siècles, un souffle civilisateur émanera de Constantinople, sous l'influence, à partir de 527, de l'empereur romain Justinien qui aimait le luxe et dont la femme, Théodora, ancienne danseuse de cirque, portait de sublimes vêtements couverts de perles et de pierres précieuses. C'est l'empereur Justinien qui fit construire une gigantesque église surmontée d'une coupole, Sainte-Sophie.

Constantinople supplanta l'Italie, car à la mort de Théodoric, un des derniers empereurs germains ayant occupé la Rome occidentale, Justinien l'Oriental chassa les Goths d'Italie. En 568, de nombreux Germains et Lombards occupèrent le nord de l'Italie, assimilant la nouvelle inspiration orientale où les mosaïques et les arabesques l'emporteront sur la rigueur des aqueducs, des théâtres circulaires et des temples aux colonnes dépouillées. En réalité, l'effondrement de Rome avait eu lieu non le jour de la conquête de Rome, mais celui où, en 476, fut destitué par les troupes germaniques, le dernier empereur romain Romulus Augustus remplacé par l'empereur germain Odoacre.

Le goût des Celtes pour la magnificence

Antérieurement aux conquêtes romaines, il existait chez les Celtes le goût des plaisirs…

> Les Celtes ont laissé des ornements tels que de petits os sculptés, des vertèbres de poissons ou de menues coquilles percées pour faire des colliers, etc. La Monnaie de Paris a initié ses premières collections de bijoux dans les années 1990 en rééditant des anciennes pièces celtiques, véritables œuvres d'art, et dont certains motifs ne sont pas très éloignés des dessins modernes des surréalistes.

Le Celte, ami de la parure quinze siècles av. J.-C., est représenté par les Égyptiens dans des images caractéristiques en montrant sa chevelure tirée du front sur la nuque, renfermée dans une sorte de sachet, sur lequel sont cousus des rangs de perles, de petites coquilles ou de grains végétaux. L'ornement de la tête est complété par deux plumes plantées en sens inverse sur le sommet du crâne. Pour tout vêtement, le Tamoul, c'est le nom donné au Celte, porte un manteau attaché sur l'épaule gauche et percé d'un trou, par lequel sort le bras droit.

Les Celtes de la haute société boivent du vin d'Italie ou des environs de Marseille, qu'un échanson apporte dans un grand vase qui parfois est d'argent, et où chacun puise à son tour. Les plats sont de terre ou d'argent. Bien avant (de - 450 à - 350), les artistes celtiques avaient repris un répertoire de motifs venus du Moyen-Orient et dont la mode s'était répandue dans toutes les régions riveraines de la Méditerranée centrale et occidentale, où vivaient les graveurs orientaux (sur os et ivoire) ainsi que des artisans grecs, formés aux mêmes écoles. Sans doute conviendrait-il d'ajouter à ces influences diffuses celle, plus directe, des peuples de la steppe (les Scythes[1] et les habitants de la partie orientale de la cuvette carpatique), proches voisins des Celtes.

Il ne reste presque rien des bois que savaient travailler à cette époque les charpentiers, les tonneliers, les boisseliers et les sculpteurs de cette période. On ne sait presque rien des vêtements de laine et de lin que portaient hommes et femmes, des chemises ouvertes, des braies et des manteaux colorés de bandes verticales ou de carreaux alternés que décrivent les auteurs antiques ou que laissent entrevoir quelques rares trouvailles.

Ont été retrouvés les métaux, l'or et le bronze des bijoux, le fer des armes et des outils, façonnés dans les ateliers spécialisés des places fortes, comme les monnaies tribales. Ils témoignent d'un art remar-

---

1. Une exposition au Grand Palais « L'or des Scythes » nous avait révélé ces trésors.

quable et d'une technologie achevée. Il est d'ailleurs probable que les nombreux colifichets de verre (bracelets, perles, figurine de chien polychrome de la tombe 31 de Wallertheim en Rhénanie) aux vives couleurs, qui se répandirent en Europe centrale et occidentale à partir du IIIe siècle, étaient, eux aussi, coulés dans des ateliers comparables à ceux des orfèvres et des bronziers.

Héritiers des Celtes, les Gaulois gardèrent ce goût de la magnificence, avec leurs colliers d'or, leurs grandes épées et leurs lances. Le luxe, même assez avancé, a ainsi précédé ou accompagné les développements de l'agriculture et de l'industrie, considérées comme la vraie et solide richesse.

Les premiers Gaulois habitent encore des maisons de bois revêtues de terre battue, sous des toits de chaume et de paille hachée pétrie dans l'argile. Les peaux de bêtes leur servent de lits, de sièges et de tapis. L'argent couvre leurs sabres et leurs boucliers. Ils se parent du corail, de l'ambre, de la verroterie, exportés chez eux par les Phéniciens, les Ligures, les Étrusques, les Grecs. Des hommes, d'une condition moins élevée, portent des bijoux d'imitation. Les différents niveaux de luxe sont déjà les facteurs de différenciation sociale. C'est ainsi que l'art du paraître va créer les premiers clivages au même titre que la force physique.

Leur appareil guerrier est monumental. Bituit, roi des Arvernes, déploie une pompe extraordinaire. Son père, Luern, donnait dans ses montagnes des festins splendides, faisant remplir des citernes creusées de vin, d'hydromel et de bière ; tous les Arvernes accouraient à ses fêtes. Bituit le surpasse en magnificence. Dans une négociation avec les Romains, il étale un faste extraordinaire avec une nombreuse escorte, superbement vêtue, entourée d'énormes dogues de chasse, avec un barde qui chante la gloire de la nation des Arvernes. Les Gaulois vendent aux autres peuples des étoffes à carreaux, des tapis brodés, avec certaines nuances de pourpre et d'écarlate qui ne se trouvent que chez eux. Ainsi la Gaule, non seulement consommait, fabriquait pour son usage des objets de luxe, mais elle en exportait aussi.

Les villas gallo-romaines ou la douceur de vivre

La civilisation romaine a, par sa conquête, pénétré la Gaule. Au sommet de la hiérarchie, les riches gallo-romains situaient leur villa dans un site pittoresque, sur le penchant d'un coteau, au bord d'un lac ou de la mer.

> En ces demeures, le luxe se joignait à l'utile avec le jardin potager ou fruitier, la métairie, la maison de plaisance, les bosquets, grottes, piscines, fontaines, statues, les salles de festins, bibliothèques, galeries et bains. Ce type de maison comme la « villa » de Séviac a été récemment retrouvée près de Montréal du Gers et réhabilitée.

Les maisons n'avaient pas toutes la somptuosité des villas romaines, mais un décorum particulier pour ce qui est des salles d'eau appelées « thermes ». Les repas se prennent sur des lits rangés autour d'une table ornée d'incrustations sur laquelle est posée une grande diversité de viandes et de gibiers ou de légumes exquis. Déjà, le champignon, la truffe et l'art raffiné d'engraisser les volailles rivalisent avec la gourmandise romaine. Les vins les plus recherchés sont contenus dans des urnes de terre cuite, de marbre, ou de verre de plusieurs couleurs et rafraîchis dans la

© Groupe Eyrolles

34

neige. La Gaule romaine connaissait l'argenterie, des toilettes pour les voyages, des surtouts de tables mêlés de pierres fines, des vases d'argent ou de fine faïence, des fourrures, des coussins et une grande variété de parfums.

Les villes gauloises qui, pour se protéger à l'origine des animaux, sont construites sur pilotis, deviennent de plus en plus romaines, tant en ce qui concerne les monuments, théâtres (palais Gallien à Bordeaux, Orange, Nîmes, Arles) que les aqueducs (le pont du Gard, par exemple).

Au Ve siècle, les villes se couvrent de places publiques et de monuments. À la même époque apparaît la vogue de sources minérales de Vichy, des Pyrénées, des Vosges, d'Auvergne. Sidoine Apollinaire, personnage de cette société gallo-romaine, homme de transition, de mélange et de compromis, a décrit ce luxe gallo-romain. C'était un chrétien de mœurs élégantes ; un évêque qui avait été sénateur et préfet de Rome. Mystique à ses heures, il n'oublie pas les dieux qu'a chantés Virgile. Ami de la vie douce et civilisée, bien qu'il n'ait manqué ni de patriotisme ni de courage, lettré avec raffinement, il cite en détail comment l'on vit à Toulouse, Narbonne et dans les villes du Midi.

Dès cette époque, groupés en corporations, distingués par leurs bannières et amateurs de réunions joyeuses et bruyantes, les étudiants sont nombreux. Malgré l'institution des bourses – imaginées par l'empereur Alexandre Sévère –, ils appartiennent généralement à la noblesse. N'ayant de débouché ni dans le commerce, réservé aux affranchis, ni dans l'armée, aux mains des Barbares, ils se jettent avec ardeur vers la carrière administrative, ouverte à leurs ambitions et où le nouveau système gouvernemental multiplie les postes. Seules les études y donnent accès. La haute culture intellectuelle n'est donc pas seulement la parure de tout homme bien né. Elle constitue le meilleur des sésames pour exercer des fonctions publiques et y faire carrière. Un avocat du fisc, un secrétaire de chancellerie, un préfet du prétoire doit être un lettré.

Le luxe de l'humaniste avec Ausone

Ausone est de son côté un personnage très caractéristique de ce luxe humaniste et intellectuel. Voici ce qu'il écrit : « *Bordeaux est mon pays natal. Là, le ciel est doux et clément, le sol, grâce aux pluies, bon et fertile, le printemps long, l'hiver attiédi dès le retour du soleil ; les fleuves y ont un courant bouillonnant qui, le long des collines plantées de vignes, imite le remous de la mer. Ses remparts de forme carrée s'élèvent en des tours si hautes que leur faîte perce les nuages du ciel. À l'intérieur, on peut admirer des voies bien tracées, des maisons bien alignées, de larges places dignes de leur renom, des portes faisant face aux carrefours. Au milieu de la ville, le lit d'un fleuve alimenté de sources, qui, une fois rempli par la marée bouillonnante du divin Océan, offrira le spectacle d'une mer entière en marche avec ses flottes. Rappellerai-je la fontaine de marbre de Paros où se précipite un Euripe ? Que d'eau en sa profondeur ! Comme ses ondes s'enflent ! Avec quelle vitesse elle s'élance par les douze bouches de son ample margelle sans que jamais ses habitants ne l'épuisent pour d'innombrables usages ! Salut, fontaine à la source inconnue, sainte, bienfaisante, intarissable, transparente, verte, profonde, bruissante, pure, ombreuse ! Salut, génie de la cité ! Toi qui guéris par une gorgée, toi que les Celtes appellent* Divona, *la Divine ! »*[1]

---

1. Cité par Jean Castarède, *Histoire de la Guyenne et Gascogne*, France Empire, 1997, p. 61.

36

Sa carrière est un modèle de ce que seront les esthètes ou penseurs qui le suivront – notamment dans cette région – tels que Montaigne et Montesquieu. Voici comment le décrit le grand historien Lavisse : « *Trente ans durant il se borna à enseigner dans sa ville natale. En 369 seulement, l'éducation du jeune Gratien, fils de l'empereur Valentinien, lui servit de marchepied vers les dignités suprêmes. Après une longue absence, rassasié d'honneurs et déjà vieux, il rentra dans sa patrie pour ne plus la quitter. Les dernières années lui furent douces. Il était riche. Il avait plusieurs villas dans le Bordelais, le Poitou, la Saintonge. Il y passait le meilleur de son temps, heureux, considéré, entouré de sa famille, de ses élèves, de ses amis, travaillant, écrivant, versifiant plus que jamais. La plupart de ses productions, les mieux venues, les plus savoureuses, sont le fruit de cette arrière-saison.* »[1]

Avec lui va naître une nouvelle race d'admirateur et de jouisseur de luxe au sens noble du terme. Et c'est ce qu'il traduit quand il écrit pour son petit-fils, dont il a surveillé l'éducation avec une tendre sollicitude : « *Souris à ma vieillesse ! Puisse-t-elle reculer devant le terme fatal ! Puisse-t-elle se prolonger sans infirmité, assister à tes fêtes et contempler encore ces astres qui s'effacent, avant d'entrer dans la tombe. Oui, cher petit-fils, le retour de ton jour natal m'apporte un double profit et me fait sentir plus vivement le bonheur de vivre encore, car ta gloire grandit avec ton bel âge, et vieux je puis te voir dans la fleur de ta jeunesse.* »[2]

Par ces impressions délicates, par ces qualités tempérées et aimables, par cette sensibilité légère, Ausone a créé un nouveau style

---

1. *Histoire de France* de Lavisse.
2. Cité par Jean Castarède, *op. cit.*, p. 64.

de vie qui allie la pensée et le bien-être, la culture et le goût qui, d'après lui, sont indispensables.

> Car c'est aussi un épicurien qui aime la bonne chère... Ses instructions à son cuisinier ont un délicieux accent lyrique : « *Vois si la sauce et les assaisonnements relèvent la saveur de tes plats, car on y est souvent trompé. Goûte-les pour t'en assurer. Que tes mains remuent et agitent tes bouillantes casseroles. Plonge vivement tes doigts dans la sauce brillante et que ta langue humectée les lèche en un vibrant va-et-vient.* » Et il devient presque intarissable lorsqu'il parle des huîtres : « *Les meilleures de toutes, nourrissons de l'Océan médocain, ont porté le nom de Bordeaux, grâce à leurs admirateurs, sur la table des Césars qui les a rendues aussi célèbres que notre vin... Elles ont la chair grasse et blanche, un jus doux et délicat où une légère saveur de sel se mêle à celle de l'eau marine.* »[1]

À côté de ce nouveau style d'humaniste, dès les débuts du christianisme en Gaule, apparaît un esprit qui subsistera au cours des siècles, celui de l'honnête homme, qui, attaché à sa religion par les liens du cœur et de la tradition, n'entend cependant pas lui faire le sacrifice de sa culture classique. Inconséquence ou souci légitime de sauvegarder toutes les richesses matérielles, spirituelles, suprême apothéose du luxe ? « *Que sais-je ?* » écrira plus tard Montaigne avec sagesse. Viendra beaucoup plus tard se greffer cette aristocratie des vins, c'est-à-dire cette fascination exercée par de grands crus de vignobles que l'on appelle dans le Bordelais la « noblesse du bouchon ».

© Groupe Eyrolles

---

1. Cité par Jean Castarède, *op. cit.*, p. 65.

Les différents domaines du luxe gaulois

Costume et fibule

Les Gaulois portent un caleçon long, ni large ni collant, à mi-chemin entre la culotte et le pantalon. La forme latine de son nom gaulois, *bracæ*, les « bragues » ou « braies », est restée dans l'usage ; c'est à cause de cela que les Romains appelèrent la Gaule médiévale la *braccata* qui donnera sans doute plus tard le nom de braguette. Ce costume nous vient vraisemblablement des cavaliers et des nomades de pays froids ; il fut porté par les Germains. Les bragues représentent l'unique vêtement du « Gaulois mort » qui forme la petite applique en bronze d'Alésia ; on retrouve ce vêtement sur des monnaies gauloises ainsi que sur les panneaux de trophées de l'arc d'Orange. Par-dessus ce pantalon on passe une tunique à manches courtes ou longues, qui s'enfile par la tête avec, au bord inférieur, des franges ou dentelures. L'hiver, cette tunique se double de laine ou de fourrure. Elle peut tomber droite, sans ceinture, ou être retenue à la taille par une ceinture, ce qui la raccourcit, facilitant les gestes du travailleur. Cette tunique plus courte que la toge romaine portée surtout à la ville par les notables s'adapte aux deux sexes. Le mot *camisa* apparaît au IVe siècle pour désigner la chemise, qui n'est pas latin malgré sa consonance mais vraisemblablement celtique ou germanique.

L'homme porte en outre un manteau pour sortir, soit en laine en forme de cape et attaché aux épaules par une fibule : le *sagum*, « saie » ou « sayon » du guerrier gaulois, soit en peau de renne. La *caracalla*, qu'un empereur emprunta aux Celtes avec son surnom, tombe jusqu'aux pieds sans manche avec un capuchon.

Les femmes portent aussi la tunique avec franges en superposant parfois plusieurs cache-nez autour du cou. Elles peuvent se recouvrir d'un long châle agrafé et laissent quelquefois apparaître une chemisette collante sur la poitrine.

La fibule est véritablement l'attribut gaulois. C'est une broche ou une tige métallique, tordue en son milieu en forme de ressort avec les deux extrémités s'accrochant l'une à l'autre.

Les femmes peuvent orner leurs vêtements de barrette, croix, clef, cabochon, plaque représentant un animal, qui sont les ancêtres des bijoux. On peut aussi y lire des inscriptions. Et il y a de véritables bijoux : colliers divers, médaillons en métal, en boules de verre, en perles. Les bagues ont été retrouvées en grand nombre, soit en métal précieux, soit en verre. Aux pieds, on porte des sandales, des chaussures montantes ou des sabots avec des socquettes de laine. La mode n'est pas encore née et il faudra attendre plusieurs siècles quand interviendra la différenciation des habits entre les hommes et les femmes. Mais les accessoires et les parures sont toujours présents et soulignent le clivage entre les classes sociales et les fonctions.

Le privilège de la salle de bains

Nous avons hérité des Romains la salle de bains qui apparaît dans les riches villas de campagne avec quelquefois des thermes. On reparlera plus loin des vestiges de la villa de Séviac en Gascogne qui nous donnent un exemple de ces riches habitations.

Les bains publics sont le grand apport des Romains. Appelés « thermes », ils s'élèvent dans les villes autour d'un temple, d'un théâtre, d'un marché. L'usage en est si vite passé dans les mœurs qu'une agglomération d'importance très moyenne en possède plusieurs. Le développement de ces thermes, où le confort est mis à la portée des masses, est, comme celui des spectacles, une conséquence de la dictature impériale, soucieuse de conserver la faveur du peuple.

> Au IVe siècle, Ausone parle ainsi de sa toilette : « *Esclave, allons, debout, et donne-moi mes souliers et mon vêtement de lin. Apporte-moi tous les habits préparés par toi, car je sors. Donne-moi de l'eau courante, que je me lave les mains, la bouche et les yeux...* »[1]

Le mot *sapo*, qui a donné le français « savon », est d'origine celtique ou germanique. C'était, dit Pline, « *Un produit fait de suif et de cendre, surtout de suif de chèvre et de cendre de hêtre, inventé par les Gaulois pour rougir les cheveux* »[2]. Ainsi, les Gaulois s'en servaient aussi pour la teinture des cheveux leur donnant cet air un peu sauvage. La Gauloise de clans aisée est assise dans son fauteuil d'osier, son miroir à la main, et plusieurs femmes autour d'elle l'assistent dont l'une (l'ornatrix) la coiffe. Son torse est serré de bandelettes comme un corselet.

Le festin du soir

Les repas du matin et de midi sont légers. Le repas principal du soir, la *cena*, est le seul pour lequel on se met à table, et où l'on dresse un véritable couvert. Dans les classes aisées, les pièces du

---

1. Cité par Paul Marie Duval, *La Vie quotidienne en Gaule pendant la paix romaine*, Librairie Hachette, 1953, p. 106.
2. *Ibid.*

service de table sont très abondantes. Outre les chaudrons et casseroles, il existe déjà des céramiques, des écuelles et des gobelets. En raison des mille cinq cents kilomètres de côtes, crustacés et coquillages sont pêchés. La culture des huîtres fait la gloire de la Gaule. Au Ier siècle, Strabon parle des huîtres de l'étang de Berre, Pline de celles du Médoc et nous avons vu ce qu'en dit Ausone. Les fouilles ont livré des écailles en quantités innombrables. On conserve le nom latin d'un mets rustique italien, *moretum*, composé d'herbes, d'ail, de fromage et de vin. Servait-il à accompagner le gibier, la charcuterie ou les poissons ? En tout cas, l'ail et les oignons gaulois sont réputés ; l'huile est fabriquée dans le Midi ou importée d'Italie et d'Espagne.

> La grande spécialité gauloise est la charcuterie, car les forêts sont remplies de troupeaux de porcs ou de sangliers. Chaque contrée a donc sa spécialité de charcuterie donnant ainsi naissance aux spécialités culinaires des différentes régions françaises qui constitueront plus tard une des bases de la gastronomie luxueuse.

Pour les légumes, Pline cite l'asperge sauvage du Palatinat, le fenouil marin, le panais, le chervis de Rhénanie et le grand raifort de Germanie, peut-être la betterave. Ausone se plaît à voir : « *La rosée déposée sur les pointes des légumes, et sur les larges choux se former des gouttes luisantes.* »[1] Il y a de gros pains ronds, des gâteaux ornés d'un losange en creux qui aide peut-être à les partager en parts égales grâce à des moules à imprimer en pierre dont on a trouvé des vestiges à Sens.

© Groupe Eyrolles

---

1. Ausone, *De Rosis nascentibus*, cité par Paul Marie Duval, *op. cit.*, p. 120.

L'on fait subir aux vins des traitements qui leur donnent un goût assez accentué et on n'hésite pas à les mélanger à d'autres produits. Mais la boisson la plus courante est une bière de blé ou d'orge appelée *kourmi*, ou cervoise, qui donnera le mot espagnol *cerveza*. Des mosaïques représentant la culture de la vigne à Séviac à Montréal du Gers, prouvent qu'un patricien la cultivait ici à cette époque. Cette culture, importée en Gaule par les Romains avec tout son cortège bachique, s'est imposée dans le Midi dès le Ier siècle av. J.-C. pour remonter ensuite jusqu'à Bordeaux le long de la Garonne. Le vin était conservé dans des récipients à liquide que l'on fabrique aujourd'hui en verre et qui étaient alors en terre cuite. Les marques de potier, imprimées à l'aide d'un cachet gravé en creux, souvent sous le pied du vase, révèlent le nom du chef d'atelier ou celui de son ouvrier. Ainsi apparurent les premiers arts de la table.

L'artisanat luxueux

Le filage se fait souvent à domicile, par les soins des femmes. Le rouet n'est pas encore connu et n'apparaîtra qu'à la fin du Moyen Âge.

L'élevage est florissant et les tissus sont teints grâce au tanin, extrait de l'écorce du chêne, que l'on se procure facilement. Le cuir vient en bonne place dans l'armement, l'équipement de l'homme et de l'animal. Casques, chaussures, cuirasses et boucliers, guêtres et jambières, ceinturons et fourreaux, tabliers d'artisan, selles et harnachement, bourses et sacs à main sont fabriqués en cuir. Les Gaulois avaient l'habitude de hisser, en guise de voiles, des peaux affinées et cousues qui ont fait l'admiration de César. L'usage des peaux et des fourrures était répandu chez les peuples des steppes européennes.

43

Pour fermer les récipients on emploie surtout, semble-t-il, des bouchons d'argile. Les aiguilles, peignes, jetons et charnières continuent à être en os, corne ou arêtes. L'osier est récolté en abondance dans un pays où les terres humides et les marécages ne manquent pas. Son prix de revient est assez bas.

La résine extraite de certains arbres comme le bois de pin a des emplois divers : fabrication des torches, calfatage des navires, préparation des vins, des médicaments ou des couleurs.

La frontière entre les objets utiles ou nécessaires et les objets de luxe n'est pas toujours évidente, ces derniers bénéficiant des découvertes ou des aménagements concernant les premiers. Tout au long de cette histoire nous verrons comment les progrès en matière de luxe sont tributaires des bonds technologiques des autres secteurs, car n'oublions pas que le luxe est aussi une industrie.

Le travail du bronze est délicat, raffiné et demande le concours d'artisans spécialisés, mais aussi lorsqu'il est luxueux, des artistes. La préparation de l'alliage du cuivre avec l'étain est, en majeure partie, importée de la Bretagne depuis 2 000 ans avant notre ère ; on fabrique en bronze de nombreux produits, aussi bien les armes, objets d'art (bijoux, fibules, ornements divers) ou l'art tout court.

Le luxe d'un édifice se mesure à la richesse et à la variété de ses marbres ou de ses pierres fines, à la beauté de ses mosaïques.

Boutiques et foires

Il est difficile de reconstituer l'étalage d'une sorte de bazar : draperie, flacons, boîtes rectangulaires. La boutique apparaît d'une manière spontanée, voire anarchique : elle commence par un étal puis s'organise.

À Dijon, par exemple, on a des traces où sont réunis, dans une même boutique d'alimentation, les comestibles et les boissons avec un marchand s'affairant derrière son comptoir, versant la boisson dans un entonnoir vers lequel le client, debout dans la rue, tend son récipient. D'autres gravures représentent des bonbonnes sur des barques ou des futailles sur des chariots qui resteront la pratique traditionnelle jusqu'à la fin du XIXᵉ siècle.

Dans une économie rudimentaire fondée sur la subsistance et où les échanges ne sont pas généralisés, la boutique est une forme de luxe. Au fur et à mesure de l'élévation du niveau de vie et de la généralisation du commerce, celui-ci se banalise et cesse d'être une activité luxueuse. On retrouve cela encore aujourd'hui en Afrique du Nord où les jours de souk sont presque des jours de fête, parce qu'ils favorisent les rencontres et les échanges.

Mais l'on n'a pas encore ces agglomérations qui vont marquer le deuxième millénaire et où les gens se retrouvent autour du plaisir, des jeux, des sens, de l'attrait du gain, du besoin de se rencontrer, de s'entendre et de faire nombre, comme ce sera le cas pour les foires du Moyen Âge.

La qualité des moyens de transport

Les déplacements sont facilités en Gaule, d'une part grâce au développement des voies romaines dont le réseau est l'un des plus beaux de l'Empire, mais aussi grâce à la fabrication perfectionnée des véhicules – chariots tirés par des animaux y compris les bœufs –, au réseau navigable et aux progrès de la construction navale. N'oublions pas l'importance du transport de personnes par voie fluviale.

Ces grandes voies romaines rayonnent à partir de Lyon, s'étendent par la suite à la partie ouest et nord-ouest du pays. Elles sont faites avant tout pour la poste impériale et les déplacements de troupes. Plus tard, de nouvelles voies viendront qui accompagneront, par exemple, les pèlerins de Compostelle, traçant ainsi de nouvelles perspectives impliquant notamment la nécessité de créer des relais d'accueil qui sont la base des futurs relais touristiques.

> La qualité des voitures est remarquable. La charronnerie, la carrosserie sont à ce point développées chez les Gaulois que les Romains leur ont emprunté la plupart des noms et des formes de leurs véhicules. On a expliqué cette habileté et la supériorité technique des Celtes par leur origine d'anciens nomades qui se déplaçaient dans les pays boisés de l'Europe centrale, avant de se fixer en Gaule – où abondait aussi un excellent bois.

Cette supériorité gauloise sur les Romains va se retrouver aussi dans leur art de la chasse et de la pêche.

La chasse et la pêche devenues loisirs

Aux temps préhistoriques, la chasse avait été un moyen de vivre ; à l'époque de l'indépendance gauloise, elle est devenue un sport et un besoin luxueux. Au plaisir de la vénerie s'est ajouté le besoin de capturer des animaux pour l'amphithéâtre : ce spectacle a joué son rôle dans les jeux du cirque. Il a continué d'être offert au peuple par les empereurs chrétiens après la suppression de la gladiature. La chasse a toujours été le passe-temps préféré du Gaulois, favorisée dans ce pays aux terrains variés et riche en gibier. Le *Cynégétique* d'Arrien, rédigé en grec vers le milieu du IIe siècle en Asie Mineure où vivait son auteur, fait une large part aux méthodes des Celtes d'Europe.

La pêche est de son côté diversifiée et prisée. Les eaux côtières, les cours d'eau, les lacs et les étangs offrent d'abondantes ressources. Les Gaulois sont, avant la venue des Romains, amateurs de poisson. Ils apprécient le saumon de l'Océan, le thon et le muge de la Méditerranée : ce dernier se pêche au trident dans la boue des étangs côtiers ou à leur entrée, où – disait-on – les dauphins servaient de rabatteurs.

À la maison, les animaux sont mêlés à la vie des hommes. Le chien de chasse, de garde, de ferme ou de salon, emblème de la fidélité, est représenté sur les pierres funéraires à côté de son maître. Et l'on peut retrouver des images sculptées du gros chien de ferme couché face à un coq furieux, la queue en trompette, un collier à clochette au cou.

Les joies du cirque et de l'amphithéâtre

Rome avait élevé les distractions populaires au rang d'une institution. Le théâtre contribuait aussi à la diffusion du latin. Les spectacles romains obtiennent un grand succès en Gaule, notamment les courses de chars et de chevaux avec leurs paris. Ceux-ci se donnaient dans un cirque, édifice allongé en forme d'épingle à cheveux avec, à une extrémité, les douze écuries d'où partaient les chevaux qui rivalisaient en vitesse sur la piste.

Bon nombre de sports se pratiquent dans le cadre des jeux publics : l'équitation en vue des séances du cirque, voltige ou carrousel ainsi que les courses de chars. Les fils de famille ne dédaignent pas s'astreindre au dur entraînement des gladiateurs pour paraître dans l'arène. Ils s'adonnent aussi à l'escrime et à la chasse aux fauves.

Les gymnases gallo-romains n'ont pas laissé de traces matérielles. À peine connaît-on, à Nîmes, l'existence d'un jeu de paume *(sphœristeria)* et de « xystes », c'est-à-dire des terrasses ou promenades ombragées qui pouvaient servir aux sports. Les gymnases sont annexés aux thermes, prolongés par des salles intérieures. Les thermes de Glanum (Saint-Rémy-de-Provence), remaniés vers la fin du Ier siècle, ont vu s'agrandir non leurs salles de bains, mais leur piscine découverte et leur esplanade, comme si les installations réservées au sport en plein air avaient pris à cette époque un développement particulier. Les concours sportifs qu'avait connus la Grèce avec les olympiades ne se retrouvent pas dans la Gaule romaine : les succès, on les cherche au cirque ou à l'amphithéâtre ; l'éducation physique est orientée vers la vie militaire.

L'évangélisation de la Gaule

Un climat favorable à une renaissance religieuse existait en Gaule aux premiers temps de la pénétration chrétienne. Tandis que des inscriptions mises au jour révèlent les tentatives de syncrétisme entre les vieilles divinités gauloises et les dieux romains, le culte de Rome et des empereurs semble avoir rassemblé les citoyens autour d'un véritable loyalisme politique. D'après Camille Jullian[1], les différents cultes jouissaient d'une étrange popularité dans la Gaule du IIe siècle. Les progrès de la christianisation ont été néanmoins lents. Ils s'accompagnent de légendes qu'un ouvrage à succès a reprises[2]. Marthe, Marie-Madeleine et Lazare

---

1. Auteur d'excellents ouvrages sur la Gaule, qui parle des divinités d'origine orientale comme Mithra.
2. Dan Brown, *Da Vinci Code*, Pocket, 2005.

chassés de Palestine auraient débarqué sur un radeau près des Saintes-Maries-de-la-Mer avec la sœur de la Vierge Marie et Sara, leur esclave noire. La piété populaire et la poésie se sont emparées de ce récit pour créer une tradition à laquelle on doit l'église des Saintes-Maries-de-la-Mer ainsi que celle de Saint-Maximin, qui inspira le poète provençal de *Mireille,* Frédéric Mistral.

Même si on n'en a pas la preuve, la religion du Christ a été introduite en Gaule par des Orientaux et des Grecs, par la côte méditerranéenne. Cheminant par la vallée du Rhône, la Bonne Nouvelle atteint Lyon – lieu du martyr de sainte Blandine en 177 – qui demeure pendant plus d'un siècle le principal centre chrétien. L'évêque de Lyon est le chef de la jeune Église. Il porte encore aujourd'hui le titre de primat des Gaules. Quelques sièges épiscopaux, cités par Grégoire de Tours dans son *Histoire des Francs,* sont créés dès la fin du IIIᵉ siècle, auxquels s'ajoutent peut-être ceux de Reims et de Trèves. Mais l'hostilité des pouvoirs publics, la langue grecque parlée par les premiers prosélytes, ralentissent la diffusion de la nouvelle religion. Celle-ci ne prend réellement son essor qu'au début du IVᵉ siècle, après l'édit de Milan qui consacre la conversion de Constantin, empereur romain devenu catholique, l'un des événements les plus importants de l'histoire de l'humanité. C'est un « prodigieux et subit renversement » dans l'histoire religieuse. Dès 314, soit un an après le colloque de Milan, Constantin tient en Arles – ce qui montre l'importance de notre pays et l'éclatement de l'empire de Rome dont il avait fait sa résidence préférée – un concile réunissant les délégués de seize diocèses des Gaules.

Un sens aigu des réalités politiques et culturelles avait conduit l'Église à calquer son administration sur celle de l'État romain. En ce début du IVᵉ siècle, les cités sont des centres administratifs actifs, dotés de leurs magistrats et de leurs curies municipales. Ces foyers de vie laïque vont devenir des foyers de vie religieuse. Chaque « *civitas* » voit naître une église conduite par un évêque ; les cent douze « *civitates* » de Gaule sont à l'origine de cent douze diocèses.

Jusqu'à Constantin, le culte chrétien n'avait pas eu droit de cité dans les villes ; on le célébrait hors les murs, souvent près du cimetière des fidèles. L'édification des premières églises ne remonte qu'à 312. Pauvres en bâtiments cultuels chrétiens la plupart des régions n'abritent aucun monument chrétien antérieur au IVe siècle. Il convient de noter la tradition consistant à adosser les cathédrales au mur d'enceinte de la cité. Il n'est guère de villes épiscopales en Gaule où cette coutume n'ait été respectée.

Dès le IIIe siècle, certains chrétiens épris de perfection renoncent au monde pour mener, dans la solitude, une vie plus conforme à leur idéal religieux. Le monachisme est né au IIIe siècle dans le désert égyptien et les premiers monastères chrétiens sont fondés par l'Égyptien Pacôme. La Méditerranée va servir de trait d'union. Gaulois issu d'une famille noble et païenne, mais lui-même converti au christianisme, Honorat avait voyagé en Grèce et en Orient où il avait été attiré par les attraits de la vie monacale. À son retour, il fonde, en 410, sur la petite île de Lérins, en face de Cannes, un monastère qui devient un foyer intellectuel et qui est encore aujourd'hui habité par des moines dans un des sites les plus beaux de notre pays et où le recueillement est un véritable luxe.

L'Aquitaine et la Novempopulanie, l'actuelle Gascogne, ainsi que Bordeaux sont appelées par Salvien « *la mœlle des Gaules* ». Il y voit une image du paradis terrestre dans le charme de ses sites si variés, la richesse de ses moissons, la fraîcheur de ses ombrages et l'abondance de ses eaux. Selon Strabon, ses blés nourrissaient l'Espagne et pour Ammien Marcellin, ils approvisionnent les armées de la Germanie ; l'Afrique perdue, la Gaule devient le grenier de Rome (Claudien). La vigne y est cultivée de bonne heure et ses fruits sont connus à Rome. Columelle mentionne souvent les plants de Médoc. Nous l'avons vu pour Pline, les saumons de la Garonne dépassent tous les poissons de rivière. Sidoine Apollinaire vante ses lamproies ainsi que les truites de l'Adour. L'or abonde dans les Pyrénées, ainsi que sur les bords de l'Ariège et de l'Adour. César indiquait déjà la présence du fer. Selon Sidoine Apollinaire, les marbres de l'Aquitaine se taillent en colonne ; pour Anastase, ils décorent les portiques. Quant aux malades, ils cherchent la santé dans les eaux thermales, dont les sources sont sans doute aussi abondantes qu'aujourd'hui, comme les boues bienfaisantes. On y voit, dit Pline, sourdre en plusieurs endroits des eaux ici froides, là chaudes, ailleurs boueuses comme chez les Tarbelliens, habitants de Tarbes.

Le luxe barbare

Face à ce luxe gallo-romain, le luxe barbare a joué son rôle. Il était très divers suivant les races et quelquefois marqué par une certaine rudesse de mœurs. D'autres mêlaient à la barbarie des habitudes plus civilisées. Certains d'entre eux avaient aussi un fond commun celte. Au contact des Pyrénées, on était en relation avec une autre race, celle des Ibères. Leurs vêtements de laine sont hérissés de poils. Dans leurs montagnes, ils vivent de pain de gland. Ceux de la plaine mangent de la viande, boivent de l'hydromel ; ils ne s'enivrent pas comme les Germains ou comme feront les Gaulois, quand la vigne sera multipliée dans les plaines et sur les coteaux.

51

Le sobre espagnol gardera quelques-uns de ces traits, ce qui ne l'empêchera pas d'aimer prodigieusement les étoffes voyantes et les pierres précieuses.

> Témoin de leurs invasions, Sidoine Apollinaire, issu du raffinement et de l'éducation romaine, parle de ces différents peuples qui sont les envahisseurs : «*Je suis*, dit-il, *au milieu des peuples chevelus, obligé d'entendre le langage du Germain, d'applaudir, avec un visage contraint, au chant du Bourguignon ivre, les cheveux graissés avec du beurre acide... Heureux vos yeux ! Heureuses vos oreilles, qui ne les voient et ne les entendent point ! Heureux votre nez qui ne respire pas dix fois le matin l'odeur empestée de l'ail et de l'oignon !*»[1]

Et c'est finalement l'amalgame de toutes ces composantes dont certains, comme on le voit, n'étaient pas toujours très raffinés qui va donner le luxe français.

Décor des églises... avec grand zèle

Les papes Célestin 1er, Sixte III, Saint Hilaire décorent avec magnificence les églises de Sainte-Sabine, de Saint-Paul, de Sainte-Marie-Majeure, de Saint-Jean-de-Latran, de Saint-André à Rome. La Gaule n'en est pas encore là.

Il faut nommer, en tête de ces pontifes amis des arts, le pape Simplicius (mort en 583). Sa modestie, sa vie d'abnégation ne sont égalées que par sa libéralité pour les églises, par son goût pour tout ce qui servit à la décoration splendide et à la beauté de

---

1. Apollinaire, *In panegyr major*, cité par Baudrillart, *Histoire du luxe*, librairie Hachette, 1880, tome III, p. 23.

sa métropole. Les deniers donnés par les fidèles sont employés à la magnificence des sanctuaires et au soulagement des pauvres. Impartial au nom de l'art, ce pontife éclairé achète, orne les temples païens ruinés et délaissés. Il les purifie en les consacrant au culte du Christ. Il achète une ancienne synagogue des Samaritains et en fait don à l'Église romaine.

On sait que ce fut un roi goth, Théodoric, qui conquit Rome par surprise. Dès son installation, il a joué un rôle essentiel en matière de luxe public. C'est lui qui institue des magistrats chargés de veiller à la conservation des chefs-d'œuvre de l'Antiquité.

> « *Comment*, écrivait-il à Symmaque, *n'admirerions-nous pas ces beaux ouvrages, puisque nous avons eu le bonheur de les voir ? Conservez-les, veillez-y sans cesse. La dégradation de ces merveilles doit être un sujet de deuil.* »[1] Et s'il fallait un jour décerner un prix à l'ancêtre des conservateurs du luxe, c'est sous cet antique patronage qu'il faudrait le placer, alors que l'on serait tenté de lui donner l'image d'envahisseur barbare.

Le luxe des Francs instauré par Clovis et son célèbre vase de Soissons

En 476, une ère nouvelle est née : celle du Moyen Âge. Cette « nuit étoilée », comme on l'a appelée, inaugure pourtant une période assez obscurantiste dans laquelle les gens vivaient dans une totale ignorance des événements du monde, ne sachant ni lire ni écrire et ne se guidant que grâce aux mystères de la foi. Ce

---

1. Cassiod, 1 IV, cité par Baudrillart, *op. cit.*, tome III, p. 31.

début de cinq siècles qui nous séparent de l'an mille va constituer une date charnière présentant plusieurs caractéristiques :

- tout d'abord une grande dispersion des influences et des pouvoirs au sein de l'Europe ;
- au milieu de cette dispersion, la seule unité susceptible d'apporter un rayonnement civilisateur est celle de l'Église catholique avec ses moines. Le royaume des Francs est né inauguré par le roi Clovis qui après l'épisode du vase de Soissons, attitude typiquement luxueuse, se convertit au catholicisme pour plaire à son épouse et inaugure la série des grandes dynasties monarchiques françaises ;
- dans cet éclatement quelques pays semblent prendre le pas sur les autres et parmi ceux-ci – malgré quelques vicissitudes, dont les rois fainéants français, ce qui est aussi une forme de luxe – la France va asseoir son rayonnement. Nous verrons que dans la deuxième partie du Moyen Âge, c'est plutôt l'Italie qui l'emportera sur nous grâce à son sens du commerce, de la beauté et au réactivisme intelligent des traces laissées par les Romains ;
- l'apogée de cette civilisation a été marquée par l'accession d'un grand empereur, Charlemagne, qui à lui seul a incarné l'ordre, la puissance et le luxe, mais n'a pas eu la descendance permettant de conforter ce rayonnement.

Ainsi, après l'effondrement de l'Empire romain, la religion chrétienne, qui avait commencé à pénétrer dans notre pays, fut de nature à prendre le relais. Les moines éprouvaient le besoin de s'organiser. L'un d'entre eux, saint Benoît, enseigna que la pénitence n'était pas suffisante pour obéir au Christ. Le travail lui paraissant une valeur fondamentale, sa devise fut : « Prie et travaille ». Assisté de quelques moines, il fonda une congrégation qui vécut selon ce principe et prit le nom de Bénédictins. Ils couvrirent l'Europe de monastères, faisant les trois vœux de chasteté, de pauvreté et d'obéissance. Une fois consacré, le moine alterne l'assistance aux offices religieux et aux travaux, notamment de réflexion. Ce furent les premiers à recopier sur des parchemins des textes anciens ou religieux qu'ils illustraient. Leur science porte aussi bien sur la Bible que sur les textes grecs ou latins qui, sans eux, auraient été définitivement perdus. Certains découvrirent plus tard les vertus curatives et apaisantes de cette liqueur qu'ils inventèrent, la Bénédictine.

Le luxe de la transmission du savoir passe donc par ces religieux qui y ajoutent d'autres savoir-faire, comme la culture de la terre destinée à nourrir les pauvres et de la vigne, qui constitue aussi un art particulier. Mais ce sont eux les véritables maîtres de l'enseignement, des écoles, des hospices.

En ces temps d'insécurité, les moines accueillent les voyageurs dans leurs abbayes, s'improvisent en quelque sorte comme hôteliers ou aubergistes. Les seuls refuges possibles deviennent ainsi les monastères où les voyageurs audacieux, toujours bien accueillis, s'associent à la vie contemplative des moines. Ils sont, à ce titre, les pionniers d'une certaine forme de luxe touristique fondé sur la contemplation.

Les moines ont aussi une autre fonction : celle d'instruire les enfants vivant près du monastère. Ils leur apprennent à lire, à écrire, à compter puis à parler le latin et à comprendre la Bible. Le monastère est le seul lieu où s'exercent l'enseignement, la réflexion et la conservation des archives des cultures grecques et latines.

Toutes les régions de l'Europe n'avaient pas été atteintes par la conversion au catholicisme. C'était le cas de nombreuses régions d'Allemagne ou du nord de l'Europe. En revanche, beaucoup de monastères s'installent en Irlande et en Angleterre, pays insulaires qui n'ont pas été touchés par les grandes migrations.

> L'abbaye a été facteur de civilisation dans la mesure où elle a servi à garder et même à accroître le dépôt de la culture, tout en étant aussi un modèle de ferme et de manufacture moderne. On y fabriquait de la toile, des draps. Ce fut ainsi une école, un atelier, un musée. L'immunité des terres dont elle dispose est un immense bienfait. À l'abri de ces forteresses religieuses, que les envahisseurs et les brigands respectent, le flambeau des arts, qui aurait pu être éteint, est conservé et entretenu. Un lien ininterrompu est maintenu entre le passé et l'avenir, grâce aux moines qui savent concilier la prière avec la transmission du savoir.

L'or et l'argent, symboles éclatants de richesse et de puissance, entrent pour une grande part dans les représentations du culte. L'évêque et l'abbé portent une crosse, une mitre et un anneau épiscopal en or, avec une pierre de couleur. Les reliquaires sont garnis de pierres du plus grand prix. Le vase de Soissons n'était lui-même qu'un vase d'autel d'une beauté extraordinaire.

Saint Éloi : patron du luxe

Ce fut à cette époque que naquit l'admirable orfèvrerie portant des noms célèbres comme Mabuinus, orfèvre gallo-romain du Ve siècle qui fut illustre par ses calices et ses croix d'or. De remarquables spécimens de cette orfèvrerie mérovingienne subsistent encore aujourd'hui. On peut voir le fourreau d'épée et les abeilles d'or avec d'autres ornements qui renfermaient le tombeau du roi Childéric à Tournai, ainsi que le vase d'or trouvé près de Chalon-sur-Saône, calice de chapelle privée composé d'une coupe supportée par un pied conique.

Ce beau luxe de l'orfèvrerie religieuse eut un représentant immortel et un patron populaire : saint Éloi, dont le nom brille dans l'histoire de l'art de ces siècles.

Limoges était depuis longtemps déjà en possession d'une renommée sans égale pour l'orfèvrerie. Cet art de luxe avait en effet ses traditions, ses écoles, ses maîtres. Le père d'Éloi, frappé des dispositions de son fils, le mit en apprentissage chez un orfèvre qui dirigeait alors dans cette ville la fabrique des monnaies royales. Devenu maître habile à son tour, le jeune homme alla se placer sous le patronage du trésorier du roi. Le roi Clotaire désira qu'on lui fît un trône d'or et de pierres précieuses. On cherchait un artisan capable. Éloi fut proposé par le trésorier. La quantité d'or qu'on lui avait confié lui avait permis grâce à son habileté de fabriquer deux trônes au lieu d'un, ce qui montrait en outre son honnêteté. Le futur saint Éloi devait être élu évêque de Noyon, quoiqu'il n'eût jamais été clerc, servi par son art et sa renommée. Le roi Dagobert lui fit don d'un domaine près de Limoges. C'est là que cet homme éminent fonda en 631 un monastère, qui devint une célèbre école d'orfèvrerie. Il mêla avec talent la religion et l'art.

Dans un couvent de femmes, qu'il fonda à Paris sur des terres qui lui avaient été confiées, il appliqua à l'orfèvrerie, aux tissus et à la broderie en or des étoffes destinées aux usages et aux habits des ecclésiastiques. La renommée de cette abbaye se répandit…

Pendant de longs siècles on admira les travaux dont Éloi avait orné les tombeaux de saint Martin à Tours et de saint Denis, dans l'abbaye où ce saint martyr fut inhumé. « *Il composa aussi*, dit un auteur, *des vases et des sculptures magnifiques pour ce monu-*

ment ; il couvrit d'or le devant de l'autel et posa aux quatre coins des parures d'or enrichies de pierreries ; il forgea le pupitre et les portes du sanctuaire et il entoura d'une balustrade d'or la sépulture du saint. Il fit de la basilique de Saint-Denis le plus bel ornement des Gaules. »[1]

Cet homme, si original et si supérieur, ce conseiller, ce ministre, ce monétaire de Dagobert, véritable saint patron du luxe, ne cessa pas de mêler lui-même les travaux de l'épiscopat et ceux de l'art qu'il a illustré. Il fabriqua pour saint Quentin, pour saint Piat et plusieurs autres saints, des châsses d'orfèvrerie et couvrit d'or leurs tombeaux.

Face aux rois fainéants, le luxe survit

Là encore, les moines jouèrent un rôle de conseillers auprès de la cour de France, c'est-à-dire auprès des Mérovingiens, transcrivant avec leur science les comptes rendus et adressant les lettres aux chefs d'État. Le royaume trouva une meilleure organisation grâce à eux. Dans d'autres pays, ces moines convertirent les populations. Un moine chrétien du nom de Boniface voulut prouver aux Germains du Nord que Wotan, le dieu qu'ils adoraient, n'était qu'un personnage de légende et que le vrai Dieu avait envoyé son fils en Palestine. Il s'attaqua à l'arbre sacré où les Allemands avaient l'habitude d'adorer Wotan et l'abattit à coups de hache. Tout le monde crut qu'il allait être puni mais, comme rien ne se passa, ils se firent baptiser par Boniface qui, malgré sa bonté, sera ensuite assassiné en 754 par les adeptes de l'ancienne religion.

---

1. Cité par Baudrillart, *op. cit.*, tome III, p. 49.

Malgré ce martyr, les moines commencèrent à être appréciés des populations à qui ils enseignaient comment cultiver les champs, protéger les animaux des maladies, etc. Ce sont eux qui véhiculèrent dans toute l'Europe cette science, base du savoir-vivre et finalement du luxe, à l'usage de ces peuples dénués de tout.

L'Europe n'a presque plus de lien avec l'Empire byzantin qui s'est étendu sur l'Anatolie (la Turquie actuelle), d'où étaient partis les Celtes avec comme capitale Constantinople, une grande partie de la Grèce, le sud de l'Italie, c'est-à-dire la Calabre, la Sicile, la Sardaigne et deux villes de l'Italie du Nord : Ravenne et Venise. Si l'on examine une carte de l'Europe, des années 500 à 1000, on comprend toutes les composantes et les dissensions que connaîtra notre continent jusqu'à nos jours. On y voit l'importance du royaume franc jusqu'à la mort de Clovis qui couvre la majeure partie de la France à l'exception de la Guyenne, de la Gascogne et de la Bretagne. On y voit les peuples slaves et une distinction entre le Khanat bulgare et ce qui sera plus tard la Russie. On y voit également la grande œuvre de conquête de Charlemagne qui a été le premier souverain européen adepte du luxe, ne serait-ce que par la pompe avec laquelle il se fit sacrer empereur.

Plus tard, les monastères servirent d'étapes pour les pèlerinages et vers Saint-Jacques-de-Compostelle dont on peut retracer les itinéraires avec les grandes dates. C'est en 813 qu'une lumière surnaturelle conduisit un ermite vers une sépulture à Compostelle, lieu où l'on retrouva les restes de saint Jacques, l'un des douze apôtres. L'évêque de Puy-en-Velay, puis de Vézelay, organisa à partir de 950 des pèlerinages qui traversèrent la France et les Pyrénées par le col de Roncevaux. Les différentes étapes sont marquées au fil des siècles par des haltes et même des itinéraires de vignobles jalonnant les principales étapes.

Les rois francs aimaient se donner des airs d'empereurs romains. Les événements de leur vie devinrent l'occasion de fêtes et de réjouissance ; on se livrait à des banquets, à des danses, à des jeux, à des spectacles dont la munificence royale faisait les frais, accompagnés de combats d'animaux, de tigres, de lions. Les conciles protestèrent. Seuls survécurent dans notre pays et en Espagne les combats de taureaux qui initialement avaient été inventés en Crète.

> La fauconnerie était pratiquée par les riches gallo-romains ; les Francs, qui eux-mêmes la connaissaient, n'eurent qu'à la développer. La vénerie s'organisa d'une façon royale sous Childebert II. Les rois, en effet, se réservaient la chasse. Plus tard l'appareil de chasse deviendra plus magnifique et la vénerie royale sera un de ces luxes de la couronne de France qui fera le plus intimement partie du train de maison et des splendeurs de la cour.

Liées aux corporations, aux confréries, les fêtes ont un caractère religieux, par lequel elles se rattachent à une idée morale, à l'idée de fraternité, de secours mutuel. Plusieurs prélats donnent des repas publics à l'occasion des fêtes religieuses.

En Gascogne, les comtes d'Armagnac se sont alliés aux Sanche (ou Sanz) d'origine arabe et se signalent par le caractère belliqueux et autonomiste vis-à-vis du pouvoir central. En Provence, de multiples entités se créent autour de particularismes locaux. Dans certains cas, comme à Tarascon, ce sont les constructions celto-ligures, symbole d'une double occupation : celle venant du Sud, celles des ligures qui s'installèrent ensuite en Lombardie, et celle du Nord, celle des Celtes, avec leurs prêtres, les druides, autre peuplade ayant occupé la Gaule et notamment la Bretagne bien avant les Romains.

Charlemagne donne au luxe ses lettres de noblesse

S'il fallait décerner un trophée au plus grand roi de l'histoire qui a su concilier luxe et raison, l'élu serait Charlemagne.

Rappel historique

Il est le petit-fils de Charles Martel, celui-là même qui avait arrêté les Arabes à Poitiers en 732, bataille historique qui, si elle avait été perdue, aurait pu changer la marche de l'histoire. Les Mérovingiens avachis sur leur trône ou leurs carrioles traînées par des bœufs – on les a appelés les « rois fainéants » – formaient l'image d'une certaine décrépitude du luxe. En plus, ils ne faisaient que répéter les discours de leurs ministres… L'un de ces ministres était Charles Martel : grâce à qui les Arabes évacuèrent notre territoire. Il eut un fils, dit Pépin le Bref car petit de taille. Devenu comme son père intendant, c'est-à-dire l'équivalent d'un Premier ministre, il refusa d'être le second. Il fit un coup d'État, déposa les Mérovingiens et se proclama roi des Francs, royaume qui à l'époque représentait la moitié de l'Allemagne et une partie de la France actuelle. Le fils de Pépin, Charlemagne, homme de très belle stature, courageux et très intelligent, agrandit son royaume en franchissant les cols des Alpes pour conquérir l'Italie, chassant le roi des Lombards, qui avait usurpé son titre et le terri- toire, redonnant au pape des terres, puis s'attaquant à l'Espagne, occupée par les Arabes. Charlemagne envahit l'actuelle Autriche qu'il débarrassa des tribus venant de l'Est analogues à celles des Huns. La partie orientale de l'Allemagne était occupée par les Saxons qui n'étaient pas chrétiens. Charlemagne dévasta leur

61

pays et les convertit après en avoir fait égorger des milliers. Ainsi, il réunit pendant son règne une grande partie de la France, de l'Allemagne et de l'Italie, fixant sa capitale à Aix-la-Chapelle, en Allemagne.

Le luxe de l'enseignement

Outre ses talents militaires, Charlemagne était un souverain lettré : son luxe était l'enseignement. Lui-même parlait couramment le grec, le latin et l'allemand, faisant partout ouvrir des écoles, prononçant d'admirables discours. Il prit des cours de rhétorique tout en continuant ses exercices physiques axés sur la chasse et la natation. Mais son luxe ne s'étendit pas à l'habillement. Vêtu sobrement d'une chemise de toile et d'une longue culotte, il gardait toujours à ses côtés l'épée. Il en imposait surtout par sa haute taille qui contrastait avec celle de son père. Il revêtait de temps à autre ses habits de cérémonie avec sa couronne sertie de pierres précieuses. Il avait le sens de l'organisation et du commandement, nommant des juges et des intendants. Il était à la fois le défenseur de la chrétienté et du pape qui posa sur lui en 800 la couronne d'empereur du « Saint Empire romain germanique ». Les émissaires du monde entier vinrent lui rendre hommage, y compris le puissant empereur d'Orient, héritier du royaume romain de Constantinople, ainsi que le calife Haron Al Rachid, descendant de Mahomet qui venait de créer la religion musulmane qui va s'étendre autour de la Méditerranée et jusqu'en Inde.

Ce grand empereur, animé par le génie de la guerre, celui de la législation et surtout celui de l'organisation, n'encouragea que le luxe favorable à cette civilisation qui lui tenait à cœur ; il répudiera le plus possible de sa cour les frivolités et les dépenses ruineuses et s'efforcera de lutter contre l'invasion du faste et des raffinements corrupteurs dans la classe élevée. Charlemagne va créer, grâce à cette domination conquérante, l'équivalent d'une nouvelle civilisation qui sera le pendant de la grande civilisation romaine, mais qui laissera moins de traces à cause de la rivalité des successeurs. Le luxe monarchique sera, sous ce chef d'une nouvelle dynastie, en sensible progrès.

Le raffinement culinaire

Les charges de cour renaissent avec un éclat inaccoutumé : c'est le mansionnaire chargé de préparer l'hospitalité que devait recevoir le prince dans ses voyages, le camérier, dont la fonction est liée au luxe car elle consiste en grande partie à veiller à la décoration du palais, le gardien de la vaisselle, les grands veneurs et d'autres emplois secondaires qui contribuent aux pompes de la maison royale.

Charlemagne va ériger la cuisine en art culinaire. La table est appelée à devenir, avec ses accessoires innombrables de cuisine et de domesticité, l'une des plus coûteuses charges de la maison royale.

> Certains fonctionnaires, les juges par exemple, envoient des fruits à la cour. À l'aide de tributs de ce genre, le verger impérial à Paris devint un lieu unique. Ses jardins présentent la réunion des arbres fruitiers la plus complète et on y voit fleurir l'iris, l'héliotrope, les roses, les lis, etc. La sollicitude que Charlemagne déploie pour ces productions délicates égale son goût pour l'introduction des plantes alimentaires. C'est donner au luxe de table un caractère utile, créant pour les peuples une source de bien-être.

On rencontre dans les capitulaires, les archives de l'époque, des renseignements sur ces raffinements. Il y est fait mention des truites de Genève, de l'excellent miel de Metz. On trouve nommé tels vins qui ont gardé ou perdu leur vogue : les vins d'Auvergne, le vin de Nîmes, l'hypocras ou *claretum*, mélange de vin, de miel et d'une infusion de plantes aromatiques ; c'est le vin cuit, etc. On vante aussi les vins du Midi et certains vins de la Champagne.

Les fauconneries sont abondamment fournies d'éperviers et de faucons. On entretient des oiseleurs, des fabricants de filets, des officiers et veneurs en grand nombre, en magnifique équipage avec des chevaux superbement caparaçonnés.

Farniente en France

Charlemagne, installé à Aix-la-Chapelle en Allemagne, ne devait venir qu'une seule fois à Paris. C'est pourtant en France qu'étaient situées les résidences où il aimait à se reposer : Doué, aux confins de l'Anjou et du Poitou ; Audiacum, dans le diocèse de Saintes ; Kiersy, près de Noyon ; Ébreuil, dans une localité de la région qui forme aujourd'hui le département de l'Allier ; Herstal, près de la Meuse, et parfois Compiègne.

Un rôle pour les femmes dans ce luxe de cour

Charlemagne va faire participer « les reines » à l'administration non seulement du palais, mais des domaines impériaux. En l'absence du roi, la reine Berthe, sa mère – celle que les légendes nomment « Berthe aux grands pieds » ou « Berthe la Débonnaire » – présidait à l'administration du palais. L'amour de Charlemagne pour les femmes lui permit d'avoir neuf épouses, les unes enlevées par une mort prématurée, d'autres librement répudiées. Il eut aussi de nombreuses concubines : c'était un prince, dit son chroniqueur, « *plusculum mulierosus* »[1].

Chaque reine se distinguait par son caractère et ses habitudes. Elles eurent une conduite exemplaire, à deux exceptions près ; on dit que l'une était méchante, tandis que l'autre aimait passionnément le luxe afin de rehausser sa beauté. Cette dernière qui s'appelait Luitgarde, était la fille d'un comte allemand. Elle s'efforçait d'éclipser les autres femmes par la somptuosité des étoffes qu'elle portait, découvrant à sa manière l'une des fonctions du luxe. Au cours des fêtes, la richesse de son diadème, les pierreries qui étincelaient sur son cou, sa robe teinte de pourpre, les bandelettes qui couraient dans ses cheveux, les fils d'or qui attachaient sa chlamyde, avaient vite désigné la reine aux yeux de tous.

L'histoire a jugé plus sévèrement les filles du grand empereur, d'une culture intellectuelle raffinée mais d'un luxe excessif. C'est aux fêtes et aux chasses que l'on admirait la blonde Gertrude, enveloppée dans un manteau retenu par une agrafe d'or enrichie de pierres précieuses, la tête ceinte d'une couronne diaprée de pierreries. Berthe portait de riches fourrures d'hermine, Gisla, un voile rayé de pourpre. Les toilettes de ses autres femmes Rhotaïde et Théodrade offraient la même richesse, avec des particularités qui étaient déjà une forme de mode ou de goût personnel, comme la recherche des perles étrangères, et un cothurne d'une forme particulière dit « cothurne tragique », dont l'une des filles de l'empereur aimait à se parer avec une affectation théâtrale, affichant là encore la fonction ostentatoire du vêtement.

----

1. Aux multiples femmes.

On avait vu les gants apparaître pour la première fois avec les Gallo-Romains. Ils sont devenus d'usage général. Les chroniques des églises mentionnent des gants de luxe à l'usage des prélats, évêques ou abbés. Et l'orfèvrerie est confirmée par une charte royale.

Étoffes chatoyantes et richesse des enluminures

La fabrication des étoffes et des tapisseries s'introduit peu à peu en France, ainsi que les procédés du tissage. Au cours du premier tiers du IXe siècle, Saint Angelme, évêque d'Auxerre, fait fabriquer pour le chœur de son église un grand nombre de tapis ; plus tard, au Xe siècle, à l'abbaye de Saint-Florent de Saumur, une manufacture d'étoffes attirera les regards. Les manuscrits enluminés et rehaussés d'or et de gemmes commencent à se généraliser.

Les fameuses Heures de Charlemagne et la Bible dite de Charles le Chauve sont deux merveilles conservées à la Bibliothèque nationale.

La peinture sur verre, qui donnera plus tard les vitraux, appelée à jouer un rôle dans le luxe décoratif religieux, paraît dater de Charles le Chauve. Au IXe siècle, le luxe a fait irruption sur les costumes sacerdotaux ; pendant les cérémonies, les chasubles et dalmatiques s'étalent brodées, brochées, garnies de perles, de galons et de franges.

La grande peur de l'an 1000

Malheureusement, à la mort de Charlemagne en 814, ses trois successeurs qui se partagent son empire, l'Allemagne, la France et l'Italie, ne peuvent résister à l'émancipation des anciens ducs de

Guyenne, Gascogne et Normandie. Des tribus du Nord, venant de la Suède appelées les « Vikings », envahissent de nouveau les bandes côtières avant de s'installer en Normandie, ce qui leur permettra des incursions dans les ports de l'Europe du Sud jusqu'en Sicile. Les Slaves fondent un grand royaume s'étendant jusqu'à la Russie.

La France va désigner un roi, interrompant la descendance de Charlemagne. C'est Hugues Capet en 986 qui va fonder la dynastie des Capétiens d'où descendront les rois de France jusqu'à la révolution, y compris la dynastie des Valois et des Bourbons. Quant à l'Angleterre, elle avait été conquise par un navigateur danois du nom de Cnut. Plus tard, les Normands, avec Guillaume le Conquérant, reprendront le contrôle de ce pays. Othon (936-973), après avoir arrêté les Magyars à la bataille de Lecheeld en 955, annexe le nord de l'Italie et devient donc le souverain le plus puissant d'Europe et couronné, à ce titre, par le pape, empereur du Saint Empire romain germanique.

Aperçu chronologique

503	Clovis, roi des Francs, se convertit au christianisme.
596-597	Le pape Grégoire 1er envoie une mission chargée de convertir les Anglo-Saxons.
711-713	Des musulmans d'Afrique du Nord envahissent et conquièrent le royaume wisigoth d'Espagne.
732	Les Francs arrêtent les musulmans à Poitiers.
793	Des Vikings pillent le monastère de Lindisfarne en Northumbrie.
800	Charlemagne est couronné empereur le jour de Noël.

.../...

843	Les successeurs de Charlemagne divisent son empire en trois, au traité de Verdun.
856-857	Une armée Vikings saccage Paris.
882	Kiev devient la capitale du premier État russe.
889	Dissolution définitive de l'empire de Charlemagne, à la mort de Charles le Gros.
911	Une abbaye fondée à Cluny (France) lance la réforme de l'Église.
911	Les Vikings sont autorisés à s'établir en Normandie.
927	Athelstan, roi de Wessex, unifie les Anglo-Saxons pour créer le royaume d'Angleterre.
955	Othon 1ᵉʳ, roi de Germanie, bat les Magyars à la bataille de Lechfelf.
987	Hugues Capet devient roi des Francs.
Vers l'an 1000	Des Vikings venus du Groenland établissent une colonie de courte durée sur l'île de Terre-Neuve.

C'est dans cette atmosphère confuse qu'intervient ce que l'on a appelé la grande peur de l'an 1 000, comme l'écrit Baudrillart : « *Le Xᵉ siècle est, entre tous, une époque de misères et de ténèbres. Les fléaux vont se déchaîner contre l'Europe, soit qu'ils viennent de la nature, soit qu'ils viennent des hommes. Les famines meurtrières reviennent sans cesse avec une intensité effroyable. Du VIᵉ au Xᵉ siècle on ne saurait compter les famines. Malheureusement, au XIᵉ siècle, il y a quarante-huit années de famine et d'épidémie. L'humanité et les mœurs achèvent de succomber sous ces épreuves trop fortes. Il y a des instants où l'on retourne à l'anthropophagie. Les riches vont maigrir, les pauvres rongent les racines des forêts… Sur les chemins, les forts saisissaient les faibles, les déchiraient, les rôtissaient et les mangeaient.*

© Groupe Eyrolles

les meurtres par trahison. Tout ce qui se peut faire d'abominable et de sanguinaire se pratique impunément, et une longue licence consacre ces crimes comme un usage héréditaire. »[1]

Et le luxe dans tout cela ?

Parmi ces avatars et ces dérives, un certain luxe français est en train de naître et marquera l'histoire de l'humanité. Il est fondé sur le culte du beau, du pouvoir, du paraître et du goût avec une prédominance du sacré. Le luxe du premier millénaire, en plus de son héritage romain, a été religieux et sans cette composante, il ne serait pas né, ou en tout cas avec retard. Il a été surtout celui de la foi, celui de la transmission du savoir, des vertus de l'accueil et de la découverte du raffinement de la nourriture. Malgré un dernier siècle assez misérable, ce premier millénaire a considéré que l'homme devait honorer son créateur, mais aussi les créatures et les objets de la création, ce qui est la meilleure définition du luxe. Ce luxe religieux va se confirmer dans la deuxième partie du Moyen Âge. ∎

---

1. Lettre à l'archevêque de Reims.

Chapitre 3

Le Moyen Âge et le luxe religieux

Après l'échec d'un luxe européen rêvé
par Charlemagne, le luxe français du haut Moyen Âge
va être religieux autour des cathédrales, féodal
et chevaleresque autour des châteaux des seigneurs
et commerçant autour des foires et des nouvelles
bourgades et bastides. C'est aussi lui qui, grâce
à la diversification des vêtements, va permettre
la naissance de la mode.

Moyen Âge, une parenthèse de dix siècles entre Antiquité et Renaissance

Cette parenthèse s'était ouverte avec la chute de l'Empire romain (395). Elle se fermera à la prise de Constantinople par les Turcs (1453). Pendant ces dix siècles, le luxe est l'apanage exclusif d'une élite sociale ou religieuse et réservé aux maîtres des pouvoirs civil et religieux, les chefs de l'Église et hauts dignitaires.

Ces dix siècles de l'histoire du monde durant lesquels le luxe éclôt, fleurit et devient le fruit d'une lente maturation, nous venons d'en voir la première partie. La seconde partie, à partir de l'an mille, est marquée par un formidable élan, celui de la pierre, comme marque de la foi et art au service du culte. Dans ce Moyen Âge roman et gothique, le luxe va continuer à émerger, même s'il n'est pas une entité reconnue, car le terme n'existe pas. Le raffinement, la fascination pour les matériaux rares, le goût pour les denrées exquises – comme la soie et les épices avec leur route balisée par les croisés ou comme les étoffes et les parfums délicats – commencent à devenir la tentation de l'époque, grâce au mythe des croisades auxquelles la fascination orientale apportera ses reflets troublants. N'est-ce pas la religion catholique qui en son Épiphanie fête l'apport de cadeaux des Rois mages à l'Enfant Jésus avec ces trois signes du luxe : l'or, l'encens, la myrrhe ? Balthasar, Melchior et Gaspard deviennent les symboles de cette liturgie luxueuse.

Les religions nouvelles et anciennes deviennent le fer de lance de l'éternel besoin de prosélytisme, mais aussi de conquête de l'homme. Le christianisme et le bouddhisme pratiqués depuis plus longtemps continuent à faire des adeptes. L'islam naît au VIIe siècle et se propage en tache d'huile dans les tribus arabes cantonnées entre la Perse et Byzance, ces deux civilisations en déclin dont il a pris la place. Au même moment, le Japon émerge au monde et se veut d'emblée bouddhique alors que les empires maya (ignoré de l'Occident) et chinois sont au faîte de leur essor.

Au Xe siècle, le Japon était à son apogée et Byzance connaissait son deuxième âge d'or. L'Empire musulman, en revanche, change de maîtres avec les Turcs qui se dotent d'un sultan, mais laissent au calife ses fonctions de chef spirituel. Dans le même temps, la Russie naît et adhère massivement à l'orthodoxie, née d'une hérésie par rapport au catholicisme, que les moines frères, Méthode et Cyrille, avaient prêché auprès des Slaves en s'aidant d'un nouvel alphabet, le cyrillique. Pour sa part, l'Inde du Nord cherche déjà à se constituer en empire alors que l'Inde du Sud ne fait que s'éveiller. Au Mexique, ce sont les Toltèques qui ont succédé aux Olmèques avant d'être remplacés par les Aztèques. L'Afrique en ce temps-là est un continent moins prospère, mais non dépourvu de créativité artisanale ou artistique.

> Le XIe siècle trouvera sans doute le plus bel ensemble architectural du monde de tous les temps en Asie, à Angkor, capitale de l'Empire khmer, très empreinte de religion.

L'actuel Vietnam unifié et Java sont quant à eux en pleine prospérité marchande pour les épices, l'ivoire et les bois précieux.

Un siècle plus tard, au XIIe siècle, la Chine est toujours prospère avec une économie florissante et un intense rayonnement culturel, tandis que l'islam, divisé, tente un regroupement autour de

Saladin pour faire face aux croisés qui laissent des avant-postes au Proche-Orient, dans les villes d'Éden, de Jérusalem, d'Antioche et de Constantinople.

C'est au XIIIe siècle que les Mongols, tribus nomades des steppes, se taillent un empire allant de la Chine à l'Ukraine et mettent, ce faisant, le Japon au bord du chaos. Mais on cherche encore la tombe du plus célèbre d'entre eux, Gengis Khan. C'est un empereur de Chine, Kubilay, qui accueillera à sa cour, durant dix-sept ans, Marco Polo, le premier Européen à avoir contourné en bateau l'Afrique.

Au XIVe siècle, brillent, dans la vallée de Mexico, les Aztèques et dans les Andes, la civilisation chinus, celle-là même qui se transmettra aux Incas. Dans le même temps, le Grand Empire du Mali se fait connaître par le long périple de son chef à La Mecque. Pour longtemps encore, les richesses de ces nombreuses civilisations seront la source du luxe…

Mais revenons à la France : dans les premiers siècles du Moyen Âge, ayant secoué la domination romaine, elle n'avait pu trouver ni son unité ni son rayonnement en dépit du facteur unificateur de la religion catholique. Malgré les efforts des souverains, de Clovis à Charlemagne, l'empire d'Occident n'a pas connu une hégémonie semblable à celle de Byzance.

Le luxe des seigneurs

Cette société féodale, initiée par Charlemagne, a modelé l'Europe avec comme fondement le Saint Empire. Nous l'avons vu, la lente émergence du luxe a mis en lumière ses différents domaines (cadre de vie, mode de vie, être et paraître, sacré). Des différences apparaissent entre les individus de manière plus tangible, en fonction de leur conception du luxe. Mais à partir du XIe siècle, cette société va s'organiser autour du seigneur. Le luxe du seigneur, propriétaire et souverain, passant à la campagne le temps qu'il n'emploie pas à guerroyer, consiste en une sorte de cour guerrière, avec de nombreux offices domestiques constituant des cortèges imposants qui accompagneront les seigneurs dans les croisades.

Un exemple de cette vie luxueuse est donné par l'une des plus grandes dames de l'époque, Aliénor d'Aquitaine, qui fut la femme d'un roi de France, d'un roi d'Angleterre et la grand-mère de tous les rois de ces deux pays et qui participa à une des premières croisades dans des conditions que nous allons rappeler.

Elle venait d'avoir sa première fille. En remerciement, son mari, le 31 mars 1146, sur les collines de Vézelay, répondit à l'appel de saint Bernard pour la deuxième croisade pour reprendre les lieux saints et il décida de l'emmener avec lui. Sur cette falaise de Vézelay s'élevait un monastère. Saint Bernard, monté sur un échafaudage dressé devant l'église, d'une voix aiguë, s'écria : « *Maintenant les Sarrasins insultent notre faiblesse. Laisserez-vous blasphémer notre Seigneur ? Abandonnerez-vous vos frères ?* » Une clameur s'éleva : « *Non, non !* » Saint Bernard s'écria à son tour : « *Partir ! partir : Dieu le veut.* » Le roi se leva alors, rejeta son manteau et le saint abbé lui fixa sur la poitrine la croix de drap rouge. Puis il dégrafa la pelisse d'Aliénor, qui apparut dans le clair matin de Pâques toute vêtue de blanc, sans bijoux, et mis sur sa ronde poitrine, le signe rouge de la croix.

C'est au retour de cette croisade qu'elle divorcera de son mari, le roi de France, après une annulation de mariage du pape, pour épouser le futur roi d'Angleterre apportant à ce pays l'Aquitaine qui restera sous domination anglaise pendant trois siècles.

Château féodal et hospitalité d'usage

Abandonnant les villes fortifiées à la hâte, avec défenses de terre et de bois, les seigneurs, pour se protéger de leurs envahisseurs normands, ne tardent pas à édifier sur une motte des constructions en moellons de pierre extraits sur place ; l'ancêtre du donjon. De là va naître le château féodal, alliant luxe et protection contre l'envahisseur.

Plus tard, les enceintes se multiplieront et se hérisseront de tours, marques de haute noblesse, au même titre que chapelle, colombier et donjon. La partie basse de ce dernier sert de réserve au trésor et de salle d'armes, tandis que la salle de l'étage est lieu de vie. Un des premiers luxes est l'hospitalité puisque, dans le château féodal, on est à l'abri…

Quant aux moines ou religieux, ils établissent dans leurs demeures des possibilités d'accueil qui obèrent leurs revenus ; le concile de Latran le reproche à certains évêques. N'était-on pas obligé de vendre les vases d'or et d'argent dans les églises des monastères, pour recevoir ces troupes de visiteurs ? Cette question est tellement importante pour l'Église que le cortège des archevêques fut réduit par les règlements des conciles à cinquante chevaux, celui des évêques à trente. La solidarité et l'accueil nécessaires à cause du manque de sécurité deviennent une marque de charité chrétienne et de secours mutuel.

Cette hospitalité a une longue tradition puisqu'elle était déjà chantée par Homère et si l'on veut se faire une idée de l'esprit des châteaux féodaux, il faut, aussi étrange que cela puisse paraître, relire les premiers chants de l'Odyssée, revoir les descriptions du château d'Ithaque et de la manière dont le jeune Télémaque est reçu dans les palais de Nestor et de Ménélas.

Au début, le château se réduit à une salle, dite « salle noble » ou « salle féodale », héritée de la tradition germanique, que l'on retrouve dans plusieurs régions françaises dans les demeures féodales. C'est le lieu de convivialité par excellence.

Avant l'usage des cheminées, un large foyer rond, dont le tuyau perce le plafond, est établi au milieu de la salle enfumée. Au début, on s'assied sur des bancs et des escabeaux. Il y a plus : on conserve encore en partie l'usage du foin, dont les Gaulois s'étaient servis pour siège.

Mais au XIIe siècle, la salle noble se dotera d'une cheminée, objet de luxe sans pareil et qui remplace le modeste réchaud de braises. L'âtre qu'elle offre est généreux et viennent s'y loger, sur les deux bancs qui se font face, plusieurs personnes. Si la chaleur est le plus doux des luxes, s'y ajoute celui de l'éclairement, rare dans ces citadelles de pierre. On voit à quel point l'innovation luxueuse, le chauffage et l'éclairage forment des jalons de civilisation. Quant aux robustes landiers de l'âtre qui portaient les bûches et les empêchaient de rouler, ils étaient forgés avec le plus grand art (certains d'entre eux, à l'usage des cuisines, étaient hérissés de crochets et de supports destinés aux marmites, broches et saucières).

Dans cette salle, il y avait peu de meubles : un bahut de bois décoré de puissantes ferrures pour entreposer les habits, le linge, l'argent ou les objets précieux, quelquefois un dressoir ou crédence en bois ouvragé et des bancs recouverts de coussins. Les chaires, ces sièges à haut dossier, en bois tourné, en métal, fer ou bronze, portant ou non un dais, étaient réservées aux maîtres de maison.

Aux murs de la salle, en temps de paix, on suspendait l'écusson, insigne de la famille et de son rang. Ce luxe de l'héraldique a un langage codé avec ses appellations ésotériques comme gueules, azur, sinople ou sable, vair et contre-vair, hermine et contre-hermine sur fond d'or et d'argent. Ces armoiries inventées par la noblesse, les corporations et communes ne tarderont pas à les adopter. Plus tard, ce seront des tissus précieux et des tapisseries de France ou de Flandre qui décoreront les murs combattant en même temps le froid.

Viollet-le-Duc, véritable savant qui s'est penché au XIXe siècle sur les rénovations architecturales de cette époque, nous a révélé dans son encyclopédie médiévale un trésor d'enseignements au sujet du Moyen Âge. Les tapisseries et miniatures des livres d'heures en sont un autre pour se familiariser avec ce mode de vie…

Des innovations pour privilégiés

À côté de la vie seigneuriale, le XIe siècle va apporter de nombreux perfectionnements en matière de luxe comme l'horloge, le miroir, la chandelle et les distractions de château.

Naissance de l'horloge

L'horlogerie n'avait produit que des œuvres incomplètes et plutôt rares aux siècles précédents. Les sabliers et les clepsydres étaient les seuls instruments utilisés pour compter les heures. On connaît l'horloge fabriquée par Boëce pour Gondebaud, celle dont Paul 1er fit présent à Pépin le Bref ; mais il est douteux qu'elles ne fussent autre chose elles-mêmes que des clepsydres d'une précision que les anciens n'avaient pas connue. Ces horloges étaient aussi des curiosités d'un assez grand prix.

Plusieurs rappelaient l'horloge que le calife Haroun Al-Raschid avait envoyée à Charlemagne. Les rouages y faisaient mouvoir de petites figures ; des boules d'airain, en nombre égal à l'heure écoulée, tombaient sur un timbre qui résonnait autant de fois ; lorsque les douze heures étaient révolues, douze cavaliers sortaient par douze petites portes.

Déjà, au Xe siècle, Gerbert avait fabriqué pour l'empereur Othon III une horloge sur ce modèle. Mais des perfectionnements plus considérables eurent lieu au XIe siècle ; on commença à marquer la division du temps au moyen de roues dentées, réglées par un balancier. Au siècle suivant, de grandes horloges seront fabriquées pour les monastères ; on y adaptera des marteaux qui sonnent les heures indiquées sur le cadran, en frappant sur un timbre. Si utiles que fussent ces objets, ils étaient à l'époque des objets luxueux par la rareté et par le haut prix qu'il y fallut mettre longtemps[1] pour les acquérir.

Naissance du château

Le château naît au XIIIe siècle. Ce n'est qu'alors que se fait sentir pleinement l'influence des croisades et des accroissements du commerce et de l'industrie sur le luxe de la demeure. Les seigneurs

1. Ces précisions sont fournies par Baudrillart, *op. cit.*, tome III, p. 151.

© Groupe Eyrolles

français, qui ont sous les yeux le souvenir des habitations d'Italie et des palais de Constantinople, veulent de l'air, du bien-être et de l'art, de grandes salles de réunion.

> La France se couvre de ces châteaux, mieux disposés, plus richement décorés, qui se montent à quarante mille, à la fin du XIIIe siècle. Les plus grands, ceux qui appartiennent à des princes, à de hauts barons, ont de vastes cours entourées de portiques, des écuries, des logements pour les serviteurs et les hôtes, en dehors de l'enceinte du palais. Certains châteaux sont en terre comme par exemple celui des Albret à Labrit (origine de leur nom) dans les Landes dont on peut voir les vestiges.

Des jonchées de verdure et de fleurs couvrent souvent le sol ; depuis le XIIe siècle, s'est accru le nombre de tapis de gros tissus de laines de couleur et de tentures.

Naissance du miroir

Avec les premières décorations apparaît le miroir, lui aussi résultat d'une découverte ; commençant par le château, il finira par gagner jusqu'à la plus pauvre chambre. Avant les croisades, on n'imaginait pas d'autres miroirs que les plaques de métal poli dont les anciens faisaient usage.

Naissance de la chandelle de suif

Après la cheminée (apparue au XIIIe siècle, comme nous l'avons dit et qui se développe avec des accessoires de plus en plus luxueux), les tentures, les horloges, le miroir, une innovation luxueuse apparaît : la chandelle de suif. Aux grandes fêtes, il y avait illuminations par lanternes et fanaux. La cire n'était pas inconnue mais on ne l'employait guère que dans les cérémonies publiques. Les rues, dans les solennités, s'éclairaient, à Paris, pendant la nuit, de cierges de cire. Le château du XIIIe siècle va généraliser l'usage des lampes.

Ainsi, le Moyen Âge a-t-il donné naissance aux quatre ou cinq inventions qui vont changer nos modes de vie et marquer la civilisation occidentale.

Naissance des troubadours et jongleurs

Le château féodal va être animé par les chasses et les réjouissances de tables. Enfin, le dernier luxe apparaît, celui de la poésie avec les trouvères, les troubadours et les jongleurs. Dans les derniers siècles de l'Empire romain, ceux de la décadence, ces bouffons, mimes, faiseurs de tours, chanteurs et improvisateurs colportaient la poésie dramatique de leur temps, aux noces, aux funérailles, dans les jeux, sur les places, et l'associaient aux mille prodiges de leur charlatanisme. Ils ne vont pas disparaître et vont laisser quelques traces avant, comme après, Charlemagne. Mais c'est la vie de château avec sa tradition d'amour courtois qui va les faire renaître ; ils sont à l'origine des fabliaux et des chansons de geste.

Tandis que certains de ces chanteurs ou jongleurs faisaient partie de la domesticité, les autres, groupés en corporations, appelés par occasion ou s'invitant eux-mêmes, cultivaient soit le fabliau et la chanson légère, soit des genres plus relevés. Il en est qui avaient des privilèges exclusifs, tels que l'enseignement de l'art musical et de la déclamation. Il existait des fiefs de jonglerie, certains mêmes possédés par des évêques. Ces jongleurs vont aux tournois, aux foires, à l'adoubement des chevaliers, aux noces, aux processions, dans les châteaux et sur les places publiques. Les femmes ne sont pas exclues de ces corporations. Les jongleurs prennent au XIIIe siècle le nom de ménestrels et plus tard de ménétriers.

Ainsi, le spectacle qu'offrent à domicile ménestrels et troubadours, spectacle de danse, musique sur cithare, gigue, orgue de main ou récit de chansons de geste constituent le premier luxe de la représentation.

Le luxe de la propreté

Cette société était propre. La rivière était là pour satisfaire les besoins d'ablutions de la population. Au château, en revanche, le luxe sanitaire existe vraiment, on y trouve « l'étuve », une baignoire en pierre, des fontaines et lavabos à plusieurs cuves pour se laver les mains avant de passer à table et, comble de raffinement, de somptueux aquamaniles pour la table, c'est-à-dire des bassins avec aiguières en vermeil, argent blanc ou étain (d'un luxe outrancier selon Viollet-le-Duc). Entrent dans le même ordre de confort les latrines distribuées dans certains cas à chaque étage du château.

Dans la salle, la table qu'on dresse sur des tréteaux est recouverte d'une nappe ; les convives s'installent tous d'un même côté. On leur apporte une assiette remplie de mets prédécoupés par l'écuyer, car les couteaux, s'ils existaient pour des usages nombreux, n'avaient pas, jusqu'au XIVe siècle, leur place sur la table. Quant aux premières fourchettes, elles servent à manger les fruits, mûres ou poires… et si elles ne possèdent que deux dents, leur manche n'en est pas moins de pierre dure ou d'ivoire, marque de l'ustensile de luxe.

La vaisselle est en abondance : plats, assiettes, coupes, gobelets, cornes à boire dressées sur un support de métal ; argent ciselé ou étain. Les verres, habilement soufflés et travaillés au four, n'apparaissent à table qu'au XIVe siècle et demeurent l'exception... Ils servent à boire les vins de France, d'Italie, de Chypre et d'Espagne.

La gestion de la maison incombe à la châtelaine qui file, tisse et brode.

Chevaliers et destriers en joute

Ces tournois sont au seigneur chevalier un entraînement en temps de paix qui lui garantit l'endurance au maniement des lourdes armes et au port de l'armure. Entre cotte de maille et cuirasse, les armuriers se sont ingéniés à rendre les armures plus légères, plus protectrices, plus fonctionnelles en même temps que plus élégantes. À cet effet, ils ont morcelé à l'extrême, pour mieux l'articuler, le vêtement de fer, travaillant chaque pièce avec minutie et dans un réel souci d'esthétique. À ce propos, ils ont découvert que l'on pouvait séparer le haut du bas pour obtenir plus de souplesse aux mouvements, ce qui va donner naissance au futur pantalon pour les hommes, le premier signe distinctif de la mode masculine et féminine. Cela montre bien l'interaction entre les modes de vie et souligne le fait que l'innovation constante est déterminante sur l'évolution du luxe.

> Le cheval ou destrier représente le luxe du chevalier, sa raison d'être, au point que l'homme et sa monture vont ne faire qu'un. Dans son ensemble, le harnois devient d'un luxe extrême : les selles sont ornées d'ivoire et d'or, de pierres fines et de perles, les brides de vermeil et couronnées d'émaux et de pierres.

Huit siècles plus tard, la selle de cheval va servir d'emblème à l'une des plus grandes maisons du luxe : Hermès.

Le luxe de la lecture...

La culture explique la supériorité de l'aristocratie, hommes et femmes confondus. Les plus jeunes apprennent du chapelain l'étude des langues anciennes, latin et grec, grâce aux livres saints. L'enseignement et la lecture sont, au Moyen Âge, un véritable luxe.

À cette époque ignorante de l'imprimerie, n'est-ce pas un grand luxe que de posséder des livres de parchemin, réalisés de main d'homme et illustrés de miniatures de la plus fine facture ?

La musique est jouée sur des instruments à cordes, comme en attestent les tapisseries de la Licorne ou de Bayeux, soutenant la voix : luth, harpe, tambour ou timbre.

Bien plus que des vêtements et accessoires

L'apparence de la personne dans son vêtement, sa coiffure et ses parures joyaux, se révèle être, pendant le Moyen Âge, de la plus grande complexité et de la plus grande variété car la mode a ses fantaisies et ses exigences.

Le bliaud est une robe de dessus, d'influence byzantine, en tissu léger. Il fut longtemps en vogue pour les femmes avec ses manches longues et son corsage ajusté auquel est attachée une jupe finement plissée. Au XIIe siècle, il subit une simplification extrême qui, pour lui en laisser le nom, ne l'en réduit pas moins à une simple pièce d'étoffe percée d'une fente pour laisser passer la tête et fendue sur les côtés de la jupe.

Dans les contrées plus froides, le peliçon, fait de peau conservant le poil, remplace volontiers le bliaud ; il a de larges manches et souvent est complété d'un camail et d'un chaperon pour abriter cou et tête. La houppelande est cet ample et luxueux manteau, de facture plus tardive, ouvert devant avec de larges manches, crénelées ou fendues, doublé d'hermine ou de vair, décoré de passementerie et de broderies, qu'affectionnent les seigneurs de la cour du duc de Berry, et qui figure à foison sur les miniatures des frères Limbourg. Les braies sont des caleçons plus ou moins longs, plus ou moins larges qui au fil des temps deviennent haut-de-chausses. Les chausses (« bas » de nos jours), peuvent être garnies de semelles de cuir ; elles sont souvent en deux parties, avant et arrière, retenues par un galon de passementerie.

Les chaussures sont déjà objets du plus grand raffinement dans le monde noble ; en peau souple, recouvertes de soie et enrichies de pierres fines. Si les bandelettes de cuir furent d'usage un temps, vite on revient aux boucles et aux boutons. La forme ne tarde pas à s'allonger pour arriver aux poulaines, d'allongement démesuré tant de la pointe que de la bottine… La longueur en sera bientôt codifiée pour éviter les excès.

Les chapeaux ou chapels, avant d'être en feutre et retenus par un cordon, sont, aux premiers siècles du Moyen Âge, des cercles métalliques couverts de pierres précieuses qui servent à retenir les cheveux qu'hommes et femmes portent longs et le plus souvent rassemblés en nattes tombant de part et d'autre du visage. Plus tard, les hommes adopteront une coiffure courte. Quant à la barbe, elle est signe de noblesse.

> La manière de s'habiller est déjà une forme d'originalité. Un chroniqueur de l'époque, Mezerai, en fait une description pittoresque qui va lui valoir des remontrances : « *Les gens sans foi, et, comme dit Mezerai, sans société, étaient des hommes de l'Aquitaine et de l'Auvergne, qui s'abattirent pour ainsi dire sur la Provence et la Bourgogne. (...) Ces hommes vains et légers, lit-on encore dans sa chronique, se montraient aussi peu réglés dans leurs mœurs qu'immodestes dans leurs vêtements ; leurs armures et les harnais de leurs chevaux étaient d'une extrême bizarrerie ; leurs cheveux descendaient à peine au milieu de la tête[1] ; ils se rasaient la barbe comme des histrions et portaient des chaussures indécemment terminées par un bec recourbé, des cottes écourtées, tombant jusqu'aux genoux et fendues devant et derrière ; ils ne marchaient qu'en sautillant.* »[2]

Cet avènement de modes bizarres et d'un luxe soi-disant corrompu fut donc très remarqué et fit scandale ; le chroniqueur déjà cité montre quelles furent l'indignation et les reproches des plus austères représentants du clergé français : « *La nation des Francs, autrefois la plus honnête de toutes, et les peuples de la Bourgogne, suivi-*

---

1. La mode des cheveux courts était une des traditions romaines conservées dans le Midi, tandis que le Nord avait repris la longue chevelure à l'exemple des Francs. M. Henri Martin (*Histoire de France*, tome III, livre XVIII) remarque à ce propos que « *La légèreté est toujours le reproche des gens du Nord aux gens du Midi, les Castillans exceptés. Dans le très ancien poème de Walter d'Aquitaine, dont nous n'avons qu'une version latine, et qui rappelle les luttes des Aquitains contre les Francs, le Franc appelle l'Aquitain bouffon ; l'Aquitain appelle l'homme du Nord brigand* ».
2. Baudrillart, *op. cit.*, tome III, p. 114.

rent avidement ces exemples criminels. (...) Guillaume, abbé de Saint-Benigne de Dijon, homme d'une foi incorruptible et d'une rare fermeté, reprocha vivement au roi et à la reine de tolérer ces indignités dans leur royaume, et il adressa aux seigneurs des remontrances si sévères que la plupart d'entre eux renoncèrent à leurs modes frivoles pour retourner aux anciens usages. »[1]

Chez les femmes, les nattes ne tardèrent pas à se cacher sous des voiles longs avant de se ramasser en chignon que retenait un voile passé sous le menton. Cette coiffure, le touret, eut l'heur de séduire les femmes de basse condition. Aussi, les femmes nobles s'empressèrent-elles d'adopter la résille, puis les coiffures « en cheveux », avec le cou et les épaules dégagés ne renonçant pas dans certains cas à l'usage de faux cheveux.

La bijouterie s'émancipe en France au XIIᵉ siècle, abandonnant son inspiration byzantine. Au XIIIᵉ siècle, elle passe de mode en France. On constate une extrême sobriété en matière de joyaux sur les vêtements : pas de collier, une agrafe pectorale sur les broderies à l'encolure et une ceinture… le reste des joyaux étant concentré dans les coiffures.

Il n'y a pas de corrélation entre la richesse des époques et le luxe. Et s'il y en avait une, elle serait inverse, ce qui fit dire plus tard à Viollet-le-Duc : « *Il est un fait étrange dans l'histoire de notre pays : le luxe des habits semble s'accroître dans les périodes calamiteuses* », ce que les sociologues contemporains spécialistes de la mode confirment de nos jours.

---

1. Baudrillart, *op. cit.*, tome II, p. 115.

Un mercier dans un fabliau énumère ses diverses marchandises. On voit que le luxe y a sa part :

« J'ai des mignonnes ceintures
J'ai de beaux gants pour les demoiselles
J'ai des gants fourrés, doublés, fermes
J'ai de bonnes boucles sanglées
J'ai de belles chaînettes de fer
J'ai des cordes pour les violons
J'ai des guêpières enrubannées
J'ai des aiguilles torsadées
J'ai des écrins pour vos joyaux
J'ai des bourses de cuir pour les monnaies. »[1]

Le luxe des vêtements s'était manifesté vers la fin du XIIe siècle. Vers 1184, le prieur de Vigeois opposait les costumes de ce temps à ceux qui avaient cours de 1106 à 1137 : *« Les hauts seigneurs, comme Eustorge, évêque de Limoges, et le vicomte de Camborn, portaient des peaux de renard et de bélier, dont les petites gens aujourd'hui ne voudraient pas. Pour ces "petites gens", pourvus de quelque aisance, la laine était fabriquée déjà en grande partie en Flandre, en Picardie, en Champagne, en Languedoc. Pour eux encore on fabriquait l'étoffe faite de coton et de fil, nommée futaine, et une sorte de mousseline du nom de mollequin qui servait à faire des jupes de femmes. La soie était d'un usage fréquent. On la tissait dans plus d'un château, sous les yeux et pour les besoins du seigneur... On commençait à se couvrir d'orfèvrerie, à rechercher les fermoirs ou broches de grandes dimensions, les boucles, les bijoux, les plaques de ceinture. »*[2]

1. Cité par Baudrillart, tome III, p. 165.
2. *Ibid.*

Nous reverrons comment c'est par la voie législative que fut régulé le marché du luxe. On a appelé ces lois les « lois somptuaires ». Elles avaient pour but de réglementer le port de certains objets luxueux et l'on commença par les vêtements.

En effet, c'est ce luxe des vêtements que, par sa loi somptuaire, Louis VIII s'était proposé d'atteindre, non pas seulement pour le combattre en tant que tel, mais pour l'empêcher de se mésallier. La loi de 1229 défend aux comtes et aux barons de donner plus de deux robes aux chevaliers et aux autres personnes de leur suite[1]. La même loi enjoignait aux fils de comtes, de barons et de chevaliers bannerets, de ne point porter de robe dont l'étoffe coûtât moins de seize sous l'aune ; elle permettait aux comtes et barons de donner à leurs compagnons une étoffe qui coûtât au-delà de dix-huit sous l'aune. Les écuyers domestiques ne pouvaient porter d'étoffe qui valût plus de six ou sept sous l'aune. On voulait que le luxe des vêtements restât un privilège de haute noblesse, et se contînt même au sein de cette classe dans certaines limites.

Le luxe revient en force au XIVᵉ, sur les vêtements des gentils-hommes : chaînes de pierres précieuses, bracelets et joyaux de chapels et chaperons et, pour les dames, larges ceintures de très grand prix, pour serrer les corsages…

La mode est née

Mais c'est surtout un événement que les historiens interprètent comme un changement décisif dans l'histoire vestimentaire qui va sans doute créer la mode : quand le vêtement de l'homme se

© Groupe Eyrolles

---

1. Il s'agit ici de robes qu'on livrait à certaines époques de l'année, d'où « livrées ».

différencie de celui de la femme. À partir de cette différenciation, les historiens expliquent ce qui va motiver les tendances de la mode. En effet, les habits des hommes et des femmes étaient, jusqu'à cette époque, à peu près identiques, y compris chez les Grecs et les Romains à quelques exceptions près d'accessoires pour les hommes ; soit pour protéger le torse, soit des jambières pour monter à cheval ou guerroyer.

Cette différenciation va intervenir pour des raisons de commodité guerrière : l'homme doit pouvoir pour les tournois enfiler sa cuirasse dont nous avons vu qu'elle comporte maintenant deux parties distinctes : un haut et un bas, chose que ne lui permettait pas la tunique unisexe. En outre, quittant ce harnachement, l'homme doit disposer de vêtements distincts pour la poitrine et les jambes. Au fur et à mesure que les habits masculins se différencient pour le haut et le bas, ils se séparent des habits féminins.

Les femmes à leur tour vont avoir tendance à porter des vêtements différenciés en plusieurs parties. Ce n'est plus alors les raisons de commodité qui l'emportent, mais la coquetterie mettant en valeur leur corps. Elles vont d'abord souligner la poitrine qui jusqu'alors était effacée sous la longue tunique. L'histoire de la mode va commencer. On peut dater cette différenciation du milieu du XIVe siècle : 1350.

La poussée vers une tendance de mode est plus difficile à déterminer. On peut citer toutefois ce texte de Christine de Pisan de 1405, intitulé « Critique de la mode » qui montre qu'à cette époque celle-ci n'est pas acceptée par tout le monde et, en tout cas, pas par cet écrivain : « *Quand un homme ou une femme découvre qu'une autre personne porte un vêtement inhabituel et nouveau, et la copie à la manière dont les moutons se suivent les uns les autres, et qu'ils consistent à se ressembler entre eux, ils en ont le droit, de la même manière qu'un idiot peut toujours suivre un autre idiot. Mais si la majorité des hommes était intelligente, ils ne le feraient pas et cet excès ne serait pas imité. Il serait à souhaiter que l'homme ou la femme qui initie cette mode ne soit pas admiré et qu'ils restent seuls dans leur folie. Je ne vois pas quel est le plaisir de ce message et il n'y a aucune raison qui devrait pousser les gens dans cette mauvaise voie. »*[1]

Christine de Pisan fut une des premières femmes écrivains en France. Sa croisade contre la mode dont elle dénonce les excès est d'autant plus courageuse qu'au début des années 1400, cette différenciation entre les hommes et les femmes dans le vêtement paraît irréversible ainsi que la naissance de la coquetterie féminine.

Quand la bourgeoisie accède au luxe

Dans les villes, au cours de cette deuxième moitié du Moyen Âge, monte la bourgeoisie (les habitants du bourg), classe constituée de marchands enrichis par les profits du commerce. Elle va tenter de copier les nobles tant en érudition que dans le paraître, d'où, là encore, la naissance de la mode.

Dans les villes, souffle un vent d'émancipation. Les corporations d'artisans prennent du pouvoir. Les villes françaises se dotent de charte communale et partagent avec les villes d'Europe un même objectif, à l'exemple des villes italiennes dont la tradition datant des Romains leur avait permis de se développer plus vite grâce aux échanges et au commerce d'Orient, de Venise et de Gênes, ce

© Groupe Eyrolles

---

1. Christine de Pisan, « Critique de la mode », 1405.

qui sera un handicap pour la France, Marseille n'ayant pas joué suffisamment ce rôle de rapprochement avec l'Orient.

Ce qui différencie la France de l'Italie, c'est ce développement, fondé sur les villes pour ce dernier pays, alors qu'en France l'organisation était fondée sur les seigneurs féodaux. Et c'est ce qui explique qu'aujourd'hui l'Italie dispose d'un chapelet de petites villes du Nord – Ravenne, Vérone, Pérouse, Pise, Florence – nées au Moyen Âge à partir des richesses des Lombards, ces banquiers ayant refusé la condamnation du prêt à intérêts par l'Église. Ces villes n'ayant pas à rendre de compte à un suzerain ou à un roi se développèrent à partir de chartes leur donnant des libertés et des droits sur les populations. Elles reprirent les bases des infrastructures solides laissées par les Romains, ce qui leur donnait un deuxième avantage sur les pays voisins. Ainsi elles s'enrichirent du commerce et des échanges, même quand elles n'étaient pas portuaires.

Le modèle de développement français est l'inverse. Il faut distinguer celui du Sud et du Nord. Au Sud, de petites bourgades s'inspirent des modèles de « chartes » qu'Aliénor d'Aquitaine avait inventées pour donner aux habitants des possibilités de se loger et de se défendre contre les seigneurs qui voulaient les exploiter et se révolter contre leur duchesse devenue reine d'Angleterre ; à partir de ce modèle furent créées les bastides, développées autour d'un plan géométrique prédéterminé avec des contraintes architecturales qu'imitèrent à leur tour les seigneurs qui rétrocèdent leurs terres à ces habitants des bourgs, à charge pour eux de respecter les contraintes, avec en contrepartie une obligation de payer une redevance ou de servir dans leur armée. Les vestiges de ces bastides, fort bien conservées ou restaurées, constituent une référence de l'urbanisme français et que l'on retrouve encore aujourd'hui par centaines dans le sud-ouest de la France.

Au Nord, les villes-marchés – Reims, Troyes, Provins, Rouen – servaient de relais entre les échanges drapiers avec l'Europe du Nord. Mais du fait de l'insuffisance des infrastructures romaines, et aussi des destructions des envahisseurs, elles n'ont pas conservé aujourd'hui la beauté et le rayonnement des villes italiennes, voire flamandes, sauf à quelques exceptions près, qui, elles, sont admirables comme Provins, par exemple.

Les abbayes : rien que du faste

À côté de ces foyers de rayonnement luxueux que constituent les villes, il faut rappeler le rôle des abbayes.

L'abbé Suger, abbé de Saint-Denis dont le nom se mêle à tout le mouvement du siècle, vint en aide au commerce de la façon la plus directe et la plus efficace en affranchissant les manants de son territoire. En même temps que la civilisation se développe grâce à l'art (enluminures, vitraux et architecture) et donc à une forme de luxe, la société tend à l'ordre et à la rigueur. La royauté grandit et s'ordonne aux côtés de la révolution communale… C'est à partir de 1121, c'est-à-dire de son élection comme abbé de Saint-Denis, que le rôle de Suger dans les arts religieux décoratifs et sous d'autres rapports encore, dans le luxe de son temps, paraît en pleine lumière.

L'abbaye de Saint-Denis, à titre d'abbaye royale, était, plus que toute autre, un centre de faste et de plaisirs profanes. Telle l'avait trouvée Suger, depuis qu'enfant il y avait été conduit comme oblat et y avait passé ses jeunes années sous son régime d'abbé ; les chasses, les longs festins, les conversations frivoles remplissaient alors tout le temps qui n'était pas impérieusement réclamé par les prières. Habitué à guerroyer, Suger déployait un faste moins mêlé de mollesse ; malgré sa chétive apparence et sa santé délicate, il aimait à revêtir l'habit militaire, à se faire suivre d'une escorte de cinquante ou soixante cavaliers. Le luxe et les fêtes jouaient à Saint-Denis un rôle scandaleux. Des femmes mondaines avaient accès à l'abbaye, où elles mêlaient leurs chants à ceux des jeunes hommes. Saint Bernard s'éleva contre de telles dérives face à la règle et à la sévérité chrétienne. Suger reçut lui-même des lettres amicales, mais accablantes, dénonçant ces abus qui souillaient l'Église et la calomniaient dans l'esprit des peuples. Suger essaya de s'amender mais n'y parvint pas toujours.

Il ne fut pas le seul abbé qui sut concilier ainsi le luxe des arts et des ornements religieux avec ces libérales et utiles pratiques. C'était le temps où se créaient ces centres de travail et de liberté connus sous le nom de villes neuves, villes franches, à l'image des bastides dans lesquelles un seigneur à la fois libéral et habile offrait asile à des familles laborieuses, moyennant une redevance fixe, sous la protection de son épée et sous la garantie d'une constitution de bourgeoisie. Même si les abbayes eurent tendance à monopoliser les métaux précieux comme l'or pour les besoins du culte, ce qui priva d'autant le commerce qui aurait pu s'en servir de monnaie d'échange, on peut dire que, là aussi, l'Église sut donner une impulsion au luxe, bien que ce ne fut pas sa vocation principale.

Pourtant, pouvoir et luxe ecclésiastiques vont de conserve. De tels excès ne peuvent manquer de faire naître des crises de conscience et un retour à ce qui était l'essence de la religion. Des ermites se dispersent, tant dans l'Empire byzantin qu'en Occident, à la recherche d'une éthique perdue. De nombreuses abbayes naissent, régies par la règle de saint Benoît, et parmi elles, Cluny, celles des

Franciscains, ordre fondé par saint François qui, lui, prône la pauvreté, puis plus tard par saint Dominique qui fondera les Dominicains.

Les abbayes jalonnent les routes vers Compostelle. Hasard, simple coïncidence ou volonté délibérée, ce sera aussi la route des vins. En même temps que le rayonnement de Cluny, croissent ses richesses, et ses moines ne tardent pas à afficher un luxe très éloigné de l'éthique bénédictine. Mais il n'y a pas que les pèlerinages qui justifient le rôle et le rayonnement des abbayes. Les mouvements et les déplacements entraînés par les croisades, puis plus tard par l'installation de la papauté en Avignon, vont avoir des répercussions sur le luxe français. Les croisades d'abord, qui commencèrent en 1056 lorsque le pape Urbain II exhorta les chrétiens d'Occident à reconquérir la terre sainte occupée par des Musulmans.

En Espagne, les campagnes contre les Musulmans donnèrent tout d'abord lieu à la reconquête progressive de la péninsule Ibérique et à la naissance de royaumes chrétiens, tels que celui d'Aragon, de Castille et du Portugal laissant le luxe islamique dans la seule province d'Andalousie. De son côté, le roi de France en profita pour mater une hérésie au Sud, celle des Albigeois, puis celle des Cathares tandis que les chevaliers teutoniques, ordre militaire constitué par les Germains et les Danois, convertissaient les Slaves et les peuples baltes de l'est de la Baltique. De part et d'autre de l'Europe, par l'ouverture à l'Ouest provoquée par les croisades pour délivrer Jérusalem, et par les autres échanges qu'elles provoquèrent, le commerce florissant répandit sa richesse, accélérant la croissance des villes.

Ainsi, aussi bizarre que cela puisse paraître, l'histoire du luxe s'est trouvée intimement mêlée à ce grand mouvement des croisades accompli au cri de : Dieu le veut. La pensée est toute religieuse ; la délivrance du tombeau du Christ. Il en sort des conséquences d'ordre matériel les plus inattendues ! On cherchait l'expiation, on rapporte la richesse et la jouissance ; on courait conquérir une relique sacrée, et l'on revient tenant à la main le rameau d'or des arts profanes. Ainsi, la civilisation, à partir du XIe siècle, profite de tout. Les arts créés avec un but religieux reçoivent peu à peu des applications civiles. Des voies de communication établies pour des pèlerins et des croisés vont servir de route au commerce. Ce qui avait été un choc, un heurt violent de l'Occident contre l'Orient, devient une rencontre pacifique où les échanges succèdent aux combats.

Les croisades eurent les effets ordinaires des lointaines aventures. Au départ l'enthousiasme, l'abnégation, l'exaltation idéale ; puis la légèreté et les passions reprennent le dessus. On se jette sur tout ce qui se présente de séduisant et d'imprévu. Sur ce long parcours de Paris à Jérusalem, combien nombreuses sont les tentations ! Comment ne pas se laisser emporter par l'intempérance, par la cupidité et par la luxure ? La légende dit même qu'Aliénor d'Aquitaine découvrit dans les bras de son oncle et du mahométan Saladin (ce qui est moins vraisemblable), les délices de l'adultère et les pâles performances de son mari, le roi de France, dont elle divorcera à son retour de Jérusalem, pour épouser le futur roi d'Angleterre, plongeant l'Europe dans trois siècles de guerre. Avant de punir les infidèles, on commence par piller les Juifs, qu'on fait périr dans des tortures. Le jeu entraîne les seigneurs jusqu'à engager leurs terres, jusqu'à les vendre souvent à vil prix. Après la conquête de Constantinople, les chevaliers jouent aux dés les cités et les provinces de l'Empire grec.

Faucons et grandes meutes, noblesse oblige

Au temps des croisades, les seigneurs entretiennent et emmènent avec eux leurs faucons et leurs grandes meutes. Les faucons, qui figurent à chaque instant dans les chroniques du temps, se confondent tellement avec l'aristocratie féodale que porter un faucon sur le poing est un signe de noblesse.

> Raimbaud, comte d'Orange, troubadour du XIIe siècle, dira à sa maîtresse, dans une chanson d'amour : « *Que jamais il ne me soit permis de chasser, que jamais je ne puisse porter d'épervier sur le poing, si depuis l'instant où vous m'avez donné votre cœur j'ai songé à en aimer une autre.* »[1] « *Gaston Phébus, auteur d'un traité de la chasse, va jusqu'à trouver que la chasse conduit par un chemin direct en paradis, et sert à faire fuir tous les péchés mortels : "Bon veneur aura en ce monde, joie liesse et déduit, et après aura paradis encore."*»[2] C'était aussi l'avis de du Fouilloux au XVIe siècle, dédiant à Charles IX son *Traité de la chasse*.

Ce divertissement est une occasion de rencontres. Combien d'aventures galantes s'y mêlent ! Quels repas, quelles libations ! Les contes qui s'y rapportent sont quelquefois graveleux. La chasse est une occasion de liesse et de folles dépenses. Au Moyen Âge aussi, elle porte sur elle les bons et les mauvais côtés du luxe.

---

1. Cité par Baudrillart, *op. cit.*, tome III, p. 108.
2. *Ibid.*

Avignon, un tournant en matière de luxe

Au moment du schisme pontifical et de la rupture avec Rome (de 1378 à 1429), Avignon deviendra un nouveau lieu de rassemblement et de richesse fondé sur l'installation des nouveaux papes. Le prétexte en fut dominé par le schisme intervenu au moment où les rois de France ne reconnurent plus l'autorité du pape à Rome et décidèrent de procéder à une nouvelle élection avec le siège du pontificat en Avignon. Trois papes (de 1378 à 1429) s'y installent, donnant à cette cité le rayonnement attaché à cette fonction. À côté du schisme qui entraîne la papauté en Avignon, le faste et la vie de plaisirs qui s'étalent dans la cour pontificale sont objet de scandale.

> Le poète Pétrarque a exprimé avec une particulière vivacité et une abondance de preuves ses griefs contre la vie fastueuse de la cour d'Avignon. Ses lettres familières et ses églogues en vers en sont remplies : *«Avignon est devenu en enfer, la sentine de toutes les abominations. Les maisons, les palais, les églises, les chaires du pontife et des cardinaux, l'air et la terre, tout est imprégné de mensonge ; on traite le monde futur, le jugement dernier, les peines de l'enfer, les joies du paradis de fables absurdes et puériles.»*[1]

Pétrarque exprime sans doute les ressentiments de ses compatriotes, devant la dépossession de Rome au profit d'une ville étrangère. Mais d'autres témoignages concordent et ce ne fut pas la période la plus admirable de l'Église. Avignon en a conservé un admirable palais, aujourd'hui la base d'un festival de théâtre qui

---

1. Cité par Baudrillart, *op. cit.*, tome III, p. 255.

est unique au monde et accueille chaque mois de juillet plus de cent mille personnes.

Mais ce qui restera de plus marquant comme caractéristiques du luxe de cette époque furent les bâtiments religieux, les cathédrales et les châteaux forts.

Les cathédrales : toujours plus haut... et sculptées

Deux types d'architecture ont marqué les églises du Moyen Âge, l'architecture romane, puis gothique.

Symbole de puissance, l'architecture des églises romanes est le parfait exemple du luxe dans sa simplicité et son dépouillement qui lui donnent un caractère grandiose. Il faut y ajouter des décors. Ce seront des fresques et des mosaïques en Italie, et ailleurs de foisonnantes et subtiles sculptures de tympans, frises, bas-reliefs et chapiteaux de colonnes qui enseignent l'histoire sainte ou représentent le quotidien. Après l'art roman, vient l'art gothique au XIII\ :sup siècle. Inspiré par un semblable enthousiasme collectif, il met lui aussi en œuvre les forces vives pour édifier les cathédrales. Celles-ci sont le reflet d'une société nouvelle et dynamique en pleine émancipation.

L'architecture traduit la transcendance céleste en se voulant immatérielle... Tout est luxe et tout est sculpté, fins piliers s'élançant vers les hauteurs, aiguilles, flèches, pignons, pinacles, épis et dentelles de roses, statues-colonnes. En élançant les flèches des cathédrales, en créant et développant l'ogive, l'église s'anime et s'orne d'un monde nouveau créé par l'art. La sculpture fouille la

© Groupe Eyrolles

pierre, la perce à jour, la travaille avec une dextérité infinie ; elle en fera jaillir d'étonnantes figures d'hommes et d'animaux, d'anges et de démons, d'images touchantes, d'une naïveté gracieuse ou grinçante. Les formes les plus pures de l'art du Moyen Âge vont apparaître vers les XIIᵉ et XIIIᵉ siècles.

Quelques siècles plus tard, viendra s'ajouter à ce luxe celui des vitraux, dons de princes ou seigneurs. À leur luxuriance de couleurs répondent dans certains cas des motifs géométriques relevés d'or et d'argent.

Les cathédrales italiennes sont plus dépouillées, mais la peinture y est reine, à la différence de la France où elle est quasiment absente. Les diptyques ou polyptyques sur fond d'or traduisent un univers de grâce, auquel Giotto apportera un tour admirable en s'appliquant à traduire les expressions des drames humains. Ce sera le début de la révolution de la peinture italienne qui va annoncer le grand siècle (le quattrocento et la Renaissance). Fra Angelico va retrouver des thèmes religieux, mais les sommets seront atteints avec Piero Della Francesca qui ne nous a laissé qu'une petite centaine d'œuvres, les autres ayant sans doute disparu, mais toutes admirables, et les innombrables peintres de la Renaissance, Botticelli, Filippo Lippi, Masaccio, etc.

La France n'a pas l'équivalent et il faudra attendre l'École de Fontainebleau et surtout le XVIIᵉ siècle, avec notamment Poussin, pour que la France rivalise avec la peinture italienne, flamande ou espagnole.

En France, le mobilier d'église va gagner en richesse. Aux massives armoires du roman feront suite des crédences, lutrins et lectrins circulaires, les somptueux jubés et stalles en bois sculpté du gothique. D'autres objets de culte – croix, croix votives à suspendre dans les églises et reliquaires – relèvent de cette forme religieuse du luxe fondée sur le don et l'ostentation. On donnait à ces reliquaires toutes les formes : portraits de saints en majesté, bras, main ou pied, révélant la partie du corps qui y était contenue. On sait aussi qu'ils étaient faits de toutes les matières du moment : ivoires d'éléphant ou de morse (des contrées septentrionales), marqueterie de bois, cuivre émaillé, or ou argent, repoussé, ciselé ou émaillé…

Au temps de la chevalerie, le pommeau d'épée devint reliquaire, comme l'observera plus tard Viollet-le-Duc. Ultérieurement, on habillera ces châsses de flèches et d'épis, à la manière gothique. La Sainte-Chapelle, que Louis IX (Saint Louis) fit édifier à Paris pour abriter la couronne d'épine du Christ et un morceau de la vraie croix qu'il rapportera de croisade, n'est pas autre chose qu'un somptueux et monumental reliquaire. Objets d'une autre forme de culte, mais combien luxueux encore, sont les sépultures sous forme de gisants qui meublent les sanctuaires !

La longue maturation de la société médiévale, avec ses idées et ses techniques, a préparé les éclosions qui se feront jour à la Renaissance : les grandes découvertes de l'imprimerie et des contrées outre-Atlantique…

Le luxe de la solidarité, de la trêve et des croisades

Les idées de sociabilité adoucissent les rigueurs de la guerre et trouvent en outre une expression admirable dans cette déclaration que, lors même qu'on est en guerre avec une ville ou un État, il faut respecter les propriétés particulières de cette ville ou de cet

État. De plus, il y a des moments de répit pour permettre aux hommes de se ressaisir ; c'est la trêve de Dieu.

Cette remarque d'inspiration philosophique va amener une ère nouvelle : la solidarité. La communication des sciences, l'imitation mutuelle des découvertes et des procédés datent de ce temps, et il serait impossible d'énumérer tout ce que le luxe utile va leur devoir...

> L'Orient nous fait découvrir le corail, l'ambre et même la canne à sucre. Diverses espèces de fruits et de légumes précieux – oranges, citrons, dattes –, raffinement d'abord coûteux, aujourd'hui consommation courante, vinrent également enrichir dès cette époque les tables de nos ancêtres.

Les rapports avec l'Orient, avec des peuples habitués à jouir de certains biens matériels, ont inspiré aussi à des gens de métier, à des hommes ingénieux l'ardent désir d'apprendre à mettre en pratique les procédés qu'ils ignoraient. Comment pouvait-on séjourner à Damas sans chercher à savoir comment s'y travaillent les métaux et les tissus ? Comment pouvait-on visiter Tyr, ville à cette époque paisible et rayonnante, sans y dérober le secret de ces verreries qui devaient honorer et enrichir Venise en créant toute une classe d'objets d'un art exquis et d'un luxe dispendieux ?...

> C'est en parlant de Tyr qu'Albert d'Air écrivit ces lignes : « *On fait aussi, avec du sable qui se trouve dans la même plaine, la belle qualité du verre. Le verre, transporté dans les provinces les plus éloignées, fournit la meilleure matière pour exécuter les vases de la plus grande beauté, remarquables surtout par leur transparence.* »[1]

---

1. *Histoire littéraire de France*, tome XV. Collection traduite des *Histoires de France* : Albert d'Air.

Les croisades avaient amené une certaine division de la propriété foncière, tout en laissant subsister de grands domaines et de hautes maisons princières : à côté du grand luxe, il y eut, aussi, un luxe disséminé pour ainsi dire. C'est un mouvement qui commence, fécond en conséquences de toutes sortes, lié dans toutes ses parties au mouvement général de la civilisation, dont nous suivrons les développements jusqu'à nos jours et dont le tournant sera la Révolution française avec la vente des propriétés aristocratiques.

Le luxe d'un mieux-être pour tous

À côté de l'apparition de la mode, le XIVᵉ siècle va marquer une étape dans l'histoire du luxe grâce au progrès social. Le travail est moins asservi et plus fécond ; l'agriculture offre souvent dans les provinces un état relativement satisfaisant. Les populations rurales présentent des preuves réelles de bien-être. Les paysans, si on les compare à ceux des bas temps du Moyen Âge, ont évolué. Les plus simples cultivateurs ont du linge de table ou de corps ; l'usage de la chemise est alors fréquent. Quelques tristes périodes, traversées par la France d'abord dans les guerres anglaises, puis dans les guerres de religion, enfin avant la révolution, ont trop fait étendre à tous les temps l'idée d'une misère générale peu conforme aux réalités. Il y eut aussi des périodes fastes au Moyen Âge.

Quel nom en dit plus que celui de Jacques Cœur ? L'opulent, le puissant argentier du roi Charles VII sera l'ancêtre des sommités de la finance. Il traite les plus grandes affaires avec les rois de France et avec les gouvernements étrangers : personnification du luxe solide autant que brillant qui convient à la vraie richesse, on le voit encore par cet hôtel élevé à Bourges, si sévère au-dehors, orné et magnifique au-dedans.

On comptait huit libraires seulement à Paris à la fin du XIIIe siècle ; il n'en restera que trois au début du XIVe siècle (1313), qui ne feront que végéter. Et puis ils renaîtront. En France, ce beau luxe des livres revient surtout aux princes. Saint Louis avait formé sa bibliothèque de la Sainte-Chapelle, où il venait lire lui-même et qu'il ouvrait aux savants : précieux dépôt, rempli de beaux manuscrits et dispersé après sa mort, pour être réparti entre plusieurs monastères. Charles V avait fait davantage. Il réunit dans une bibliothèque permanente, qui occupait une tour de son palais, près d'un millier de volumes de littérature sacrée et profane. Dispersée, puis réformée, réorganisée, complétée par les rois, depuis Louis XI jusqu'à Henri IV et ses successeurs, cette bibliothèque sera le germe des bibliothèques dites « royales » abondantes autant que magnifiques. Ces ouvrages, soit utiles, soit splendides chefs-d'œuvre d'édition et d'enluminures, sont rassemblés aujourd'hui dans de vastes bibliothèques.

Paris voit se développer la circulation des chevaux aux XIVe et XVe siècles. C'était un genre de luxe porté loin dans certaines cours comme celle des ducs de Bourgogne. Dans les tournois et les joutes, il n'est pas rare de voir les chevaux couverts de damas gris, ornés de velours noir, chargés d'orfèvrerie dorée et argentée. La question du luxe devient, au cours de ces siècles, une question sociale et politique de première importance, qui commence à mettre en présence le riche et le pauvre dans les grandes cités et dans la société. En même temps, Paris lui-même s'embellit par de grands travaux, comme les quais de Nesle et de l'Horloge, comme l'agrandissement du Palais, accru de la tour de l'Horloge, décoré des statues des rois qui ornent la grande salle et qui suscitent l'admiration jusqu'à leur destruction en 1618. Le Louvre, Vincennes, Villers-Cotterêts sont les premières marques des munificences du roi.

Une femme fondatrice d'une famille illustre a joué un rôle important à cette époque dans cette histoire du luxe. Il s'agit de la reine Jeanne de Navarre. Elle seconda souvent le roi Philippe soit dans ses efforts pour mettre un frein aux folles dépenses de sa cour, soit dans l'appui qu'il accordait aux lettres... Cette reine qui tint, selon Mezeray, tout le monde enchaîné par les yeux, par les oreilles, par le cœur, belle, éloquente et généreuse, avait demandé à Joinville d'écrire son *Histoire de saint Louis*. Elle fit traduire du latin *Le Miroir des dames* et fut la fondatrice du célèbre collège de Navarre. Elle sera une ancêtre du futur Henri IV.

Parallèlement, nous en avons déjà cité d'autres, des édits somptuaires frappent le luxe de nouveau à cette époque. Ils atteignent la table où triomphait la bourgeoisie opulente. Les ordonnances la réduisent au plus médiocre ordinaire : « *Deux plats, trois plats au plus quand c'est la fête, avec le potage au hareng tous les jours de jeûne, et non compris le fromage.* »[1] Elles atteignent non moins durement la toilette. On se figure la douleur et l'indignation des dames de la bourgeoisie, voyant éclater pour ainsi dire de tels interdits : « *Nulle bourgeoise n'aura char. Nulle bourgeoise ne portera vair ni gris, ni hermine, et se délivrera de ceux qu'elle a, de Pasques prochaines en un an. Elle se portera ni ne pourra porter or, ni pierres précieuses, ni couronne d'or ni d'argent. Nulle damoiselle, si elle n'est chastelaine, n'aura qu'une paire de robes par an.* »[2]

Entre un Paris qui fait envie à l'Europe et les défaites de la guerre de Cent Ans, Poitiers, Crécy, etc., quelle est la part du luxe ? En d'autres termes, une dérive luxueuse explique-t-elle ces défaites ? Là encore, il faudra être nuancé. Le retard des Français pour inté-

---

1. *Ordonnances des rois de France*, Baudrillart, *op. cit.,* tome I, pp. 324 et 541.
2. *Ibid.*

grer les inventions militaires et guerrières est-il imputable à l'intérêt qu'ils portaient au luxe ? Plus grave : l'esprit de jouissance a-t-il enlevé le courage des guerriers ? La question ne sera jamais tranchée face à ce cri d'indignation : « *Les voilà, disait-on, ces beaux fils, qui aiment mieux porter perles et pierreries sur leurs habits, riches orfèvreries à leur ceinture et plumes d'autruche à leur chaperon que glaives et lances au poing. Ils ont bien su despendre (dépenser) en tels bobans et vanités notre argent levé sous prétexte de guerre, mais pour férir sur les Anglesches, ils ne le savent mie !* »[1] Une fois encore, le luxe est considéré comme la source de nos maux. Plusieurs siècles plus tard, la perte de la guerre de 1939-1940 sera attribuée de la même manière aux manques de rigueur de nos concitoyens et à leur mollesse.

À la conquête de l'or

Lorsque, dans le commencement du XVe siècle, les vaisseaux portugais s'avancent jusqu'à l'île de Madère, et regardent comme le premier point d'une terre nouvelle ce dernier terme des navigateurs de l'Antiquité, ils montrent la route à Vasco de Gama, qui ouvrira la route des Indes par le sud de l'Afrique. Il est certain que les efforts des navigateurs qui l'ont précédé, sans aller aussi loin, ont préparé son œuvre.

La civilisation aux XIVe et XVe siècles marque un signe qui présage l'avenir. Un des grands mobiles et un des agents les plus puissants de l'industrie et du commerce qui se développent à cette époque,

---

1. Cité par Baudrillart, *op. cit.*, tome III, p. 270. « *C'est ainsi que déjà pour la bataille de Crécy un chroniqueur n'hésite pas à en attribuer la perte à la "deshonneteté des habits" c'est-à-dire le gaspillage qu'ils reflètent et au faste des nobles.* »

*Quelques-uns présentaient à des enfants un œuf, un fruit, et les atti-
raient à l'écart pour les dévorer. Un homme étala de la chair humaine
sur le marché de Tournus. Il ne nia point, et fut brûlé ; un autre alla,
pendant la nuit, déterrer cette même chair, la mangea et fut brûlé de
même. »*[1]

Cette époque est catastrophique, d'autant plus que le monde a été
envahi par les sorciers et les sorcières. L'agitation est démoniaque :
des flagellants courent par milliers, hurlent des cantiques funè-
bres, se déchirent le corps à coups de pointes de fer, attaquent les
fous considérés comme des possédés... Comment s'étonner que
des ornements décoratifs d'églises fassent une part si grande à la
représentation figurée des formes les plus grotesques et les plus
effrayantes ?

Seules certaines abbayes florissantes contrastent avec cette époque.
C'est le cas du monastère de Fécamp, de l'abbaye de Saint-Victor,
de nombreuses et riches églises à Paris, à Orléans, à Poissy, à
Étampes, à Senlis, à Autun, ainsi que la fondation d'autres, dont
plusieurs opulentes, comme Cîteaux, Fontevrault, Clairvaux dues
à saint Bernard.

Mais bientôt, les abus de luxe dans la vie privée, ecclésiastique et
laïque, accompagnent ces excès avec d'autant plus d'élan que l'on
en a été sevré autour de l'an mille.

Parlant de la France, Grégoire VII écrit : « *Les habitants d'une
même contrée, les amis, les proches, mus par la cupidité, s'arrêtent les
uns les autres, et le plus fort torture son captif pour lui arracher ses
biens. On regarde comme rien les parjures, les sacrilèges, les incestes,*

---

1. Baudrillart, *op. cit.*, tome III, p. 91.

DE LA PARURE AUX CATHÉDRALES

c'est l'or. Il offre des rapports avec le travail, et combien aussi avec le luxe ! Poètes et philosophes se sont chargés de le maudire. L'or fut d'abord ce métal précieux, par les services qu'il rendait autant que par sa valeur. C'est l'instrument d'échange qui, sous un si petit volume, condense une valeur immense. Il donne, dès le XVe siècle, des ailes au commerce. Souple, agile, il aide l'industrie à produire ses œuvres, prêt à prendre toutes les formes. Niveleur puissant et méconnu, il contribue à ôter à la propriété son caractère de privilège pour la rendre mobile et divisible.

Isabeau de Bavière ou la dégénérescence du luxe

La France connaît peut-être sa plus grande décadence luxueuse au temps d'Isabeau de Bavière, l'infortunée et infidèle femme de Charles VI, le roi fou qui laisse le pays s'entre-déchirer entre les Armagnacs et les Bourguignons.

Il faut se représenter Isabeau à Vincennes avec les dames de la cour, dont les nudités sont à peine voilées par leurs rivières de pierreries, mises à la mode, nudités rendues visibles par ces découpures d'étoffe que d'ingénieux prédicateurs appelaient « fenêtres d'enfer ». Elles font traîner par terre l'immensité de ces étoffes dont on ne retrouvera peut-être jamais les dimensions, ce que dénoncera Christine de Pisan ; elles portent sur leurs têtes ces cornes qui achèvent de donner à la coiffure une hauteur gigantesque et à la mine un air d'effronterie. La France ne retrouvera peut-être cet air d'impudeur qu'à de rares époques de désarroi comme par exemple le Directoire. Ces femmes, plus que parées, surchargées d'ornements, qui composent le cortège d'Isabeau,

sont livrées à la fièvre ou à l'abandon des sens. Chargées d'embon-
point comme des Flamandes, et comme la reine elle-même, elles
entourent cette reine de France, superbe encore en ses vices, ma-
jestueuse en ses atours.

> Cette société est décrite par un moine de l'époque, où l'on voyait
> régner à la cour : « *Dame Vénus, accompagnée de ses suivantes
> inséparables, la Gourmandise et la Crapule, qui corrompent les
> mœurs et énervent les courages des gens de guerre.* »[1]

Le nombre des diamants sur la coiffe d'Isabeau était de quatre-
vingt-treize, associés à des saphirs, à des rubis, à des perles sans
nombre. Qui fera le compte de ce que chacune de ces nobles
dames porte de bracelets, de colliers, de bijoux, et aussi de ces
diamants déjà taillés au moins en partie ?

L'air séducteur chez les femmes de la cour date du temps
d'Isabeau. Les dames font usage de bottes. Elles mettent des
gants de peau de chamois et de peau de chien. Elles se coiffent de
chaperons à cornette, et même de chapeaux de fourrure. La
plupart portent des houppelandes qui tombent très bas. La bizar-
rerie atteint son comble dans les costumes extravagants du sexe
masculin. Le jeune duc d'Orléans, frère de Charles VI, obéissant
aux caprices de la mode, porte des robes garnies de perles, où
étaient écrites en broderies les paroles d'une chanson, notées sur
chacune des deux manches à l'aide de 568 perles.

Mais on ne peut réduire le Moyen Âge à cette vision. N'oublions
pas qu'après la folie de Charles VI vint le miracle de Charles VII
qui délivra, avec Jeanne d'Arc, la France des Anglais, après cent

---

1. Cité par Baudrillart, *op. cit.*, tome III, p. 287.

ans de guerre et trois siècles d'occupation du sud-ouest de la France. Ce petit roi, dit roi de Bourges car il n'avait plus que cette partie du royaume, sut chasser les Anglais de France en 1453 à l'occasion d'une bataille dans le Bordelais à « Castillon la Bataille » qui restera un mystère. Car c'est ce jour-là que les Anglais, qui avaient occupé pendant trois siècles l'Aquitaine, rembarquèrent leurs troupes. Non seulement la guerre de Cent Ans était finie, mais il ne fut plus question pour eux d'occuper ces territoires où ils séjournaient depuis trois siècles. Auparavant, Jeanne d'Arc avait délivré Orléans avant d'être brûlée vive à Rouen par les Anglais.

La première femme galante de la cour

Son successeur, Louis XI, homme austère et cruel, s'opposera au luxe et habilement absorbera à la couronne les territoires bourguignons de Charles le Téméraire. Cette partie du royaume, ce morceau de Toison d'or, avait sa tradition luxueuse d'inspiration flamande. À partir de cette époque, les femmes vont jouer un rôle accru.

La première maîtresse reconnue d'un roi fut celle de Charles VII, Agnès Sorel, pour qui il fit construire un magnifique château à Beauté-sur-Marne. Ce fut, cinquante ans avant le XVIe siècle, l'une des premières femmes galantes[1]. Le fils de Louis XI, Charles VIII, fera le premier voyage en Italie suivi par deux successeurs : Louis XII et François 1er. Le Moyen Âge s'achève au contact de la frivolité et du goût italiens.

---

1. Jean Castarède, *Les Femmes galantes du XVIe siècle*, France Empire, 1999.

Et le luxe dans tout cela ?

Ce luxe qui dégénère ne doit pas faire oublier qu'au Moyen Âge il se caractérise par une évolution lente. Voilà pourquoi il est subtil, car il est principalement axé sur la survie, quel qu'en soit le domaine (combat, demeure...). C'est un luxe « existentiel », par opposition aux effusions et à la luxuriance de la Renaissance pour laquelle le luxe sera ostentatoire et entraînera, avec lui, les autres caractéristiques du luxe : le culte de l'excellence et de l'exigence esthétique. Il faut tout de même reconnaître que même si cette partie d'histoire à la fois française et européenne n'a pas été extraordinairement créatrice en matière de luxe, c'est elle qui a inventé d'abord la différenciation entre habits masculins et féminins et cette forme luxueuse de l'habitat qu'est le château à partir de la salle féodale qui va devenir forteresse. Enfin et surtout, elle est à l'origine de cet habitat regroupé que seront d'abord les bourgades, voire les bastides et les villes, avec l'organisation luxueuse que cela a entraîné, notamment les foires, les marchés, les voyages pour obtenir les denrées rares et celles du luxe (la soie ou les épices). Sans oublier l'usage de la montre grâce à l'entrée dans les mœurs du calcul des heures. Ainsi se caractérise le Moyen Âge qui va contraster avec la période suivante, celle de la Renaissance inaugurée par une date mythique : 1492, chargée de sens par deux inventions, celle de l'imprimerie et la découverte de l'Amérique, deux découvertes essentielles dans l'histoire du luxe. ■

PARTIE II

La cour, le faste, l'excès… et la satire

L'Italie, plus en contact que notre pays avec les fastes orientaux, a apporté à notre pays certains produits comme le parfum ou les bijoux. Il en est résulté avec la dynastie des Valois un certain art de vivre et de liberté de mœurs autour des châteaux royaux de la vallée de la Loire où séjourna Léonard de Vinci. Henri IV, qui n'était pas raffiné mais avait une vision du luxe, en faisant cultiver la soie et en développant l'agriculture et le bien manger, Louis XIII en continuant les aménagements de la capitale, et surtout Louis XIV en créant le luxe de cour avec le château de Versailles et les manufactures royales, ont placé la France au premier rang des pays luxueux. Les écrivains *ou philosophes du XVIIIe siècle en deviendront les chantres comme Voltaire, ce qui n'empêchera pas Jean-Jacques Rousseau et, avant lui, Molière de se moquer de cette « vaste enflure », de ces « petits pourpoints qui pendent sous les bras et des grands collets qui vont jusqu'au nombril ».*

Chapitre 4

Le XVIe siècle et le luxe de la Renaissance

Le luxe de la Renaissance va être marqué par l'apport éclatant de l'Italie avec ses parfums et ses peintures, adoucissant par une nouvelle architecture nos châteaux forts dont les fenêtres ciselées et les alcôves frémissantes de galanterie s'ouvrent sur des jardins bien ordonnés à la française.

L'imprimerie et la navigation au long cours

Les siècles ne coïncident pas toujours avec les millésimes exacts. Le XVIe siècle n'échappe pas à la règle ; lui qui marque aussi la fin du Moyen Âge ne s'est pas terminé en 1500, mais à une date que les historiens s'accordent pour être mythique : 1492. C'est le hasard si, cette année-là, deux inventions vont bouleverser l'histoire de l'humanité : à la fois la découverte de l'imprimerie et la découverte du continent américain, avec la première traversée de Christophe Colomb.

L'écriture avait toujours servi de support aux formes de progrès ; qu'il s'agisse de celle des Égyptiens avec les hiéroglyphes ou celle « cunéiforme » que les Mèdes et les Perses avaient apportée autour de la Méditerranée. L'écriture a trois fonctions. Elle transmet des informations et peut servir de base aux échanges et aux contrats. C'est sa fonction utilitaire. Elle permet de laisser des traces, c'est sa fonction historique. Enfin, elle aboutit à la création d'œuvres d'art spécifique, au même titre que l'architecture, le dessin, les arts vivants (théâtre, danse, musique, etc.). Au Moyen Âge, dans sa deuxième fonction de transmission et d'archivage, les moines étaient passés maîtres, au point de devenir incontournables dans la confection de manuscrits qu'ils agrémentaient d'enluminures en les transformant en objets de luxe et d'art.

Le plus grand bouleversement dans cette longue histoire de l'écriture a été apporté par Gutenberg, moine allemand qui a inventé, avec les caractères d'imprimerie, le moyen de reproduire les écrits que les moines passaient leur vie à retranscrire. Avec l'imprimerie, était né l'art de la diffusion enlevant au manuscrit son caractère exclusif et permettant à un grand nombre d'avoir accès à la lecture.

> La deuxième révolution intervint dans la navigation. Jusqu'alors, elle était un luxe réservé à quelques peuples maritimes. Il fallait savoir canaliser le vent avec des formes de voile sophistiquées pour orienter le bateau. Mais la découverte du gouvernail à étambot[1] fut déterminante. Il joua un rôle décisif dans le développement du commerce de certaines villes côtières de l'Italie (Gênes, Venise) ou du nord de l'Europe qui s'enrichirent grâce aux échanges, devenus avec l'agriculture la deuxième source de profits.

Les navigateurs, hommes de luxe et de conquêtes, eurent l'intuition qu'il existait d'autres contrées lointaines. Grâce aux caravanes qui traversaient l'Asie, chargées de soie, de pierres précieuses et de tapis, ils étaient certains de l'existence d'un continent riche. Les explorateurs leur avaient parlé de l'Inde car ils avaient poussé plus à l'Est. Pour l'atteindre par la mer il fallait contourner l'Afrique, ce que va faire Vasco de Gama en 1497 en passant par le sud de l'Afrique et le cap de Bonne-Espérance. La Chine, l'Inde et le Japon avaient toujours été des terres inconnues et magiques.

Christophe Colomb, pendant une dizaine d'années et arrivé au Portugal en 1476 où il se maria, tenta d'intéresser les souverains à un autre projet. Sachant que la terre est ronde, il pensait retrouver l'Inde en partant vers l'ouest. Le roi d'Espagne accepta de l'aider.

---

1. L'étambot est une pièce de bois qui forme la limite arrière de la carène. La courbe d'étambot était une pièce de bois courbe qui servait à réunir l'étambot à la quille dans les navires en bois.

© Groupe Eyrolles

En 1492, il accosta sur une terre inconnue peuplée d'habitants à la peau jaune qu'il appela les Indiens. En réalité, il venait de découvrir l'Amérique du Sud qui sera bientôt colonisée par les Espagnols et les Portugais. Malheureusement, ils ne respectèrent pas les bases de la civilisation des Mayas et des Aztèques, qui disparaîtra un siècle plus tard.

Alors que l'imprimerie avait rendu accessibles les chefs-d'œuvre écrits de l'humanité, le gouvernail avait permis par la navigation d'accéder à de nouvelles terres inconnues qui seront un jour exploitées dans leur sol et leur sous-sol pour donner de nouveaux produits ne poussant que sur ces terres (tabac, maïs, cacao, café, sucre, indigo) ou existant dans les mines (or, argent et autres minerais rares). Les champs du luxe et aussi ceux du commerce et de la richesse s'étaient étendus. L'espace infini de la terre était devenu à la portée d'une élite de ses habitants.

Un troisième élément va intervenir à la fin du XVᵉ siècle, lié au progrès économique, au commerce et au luxe : l'explosion culturelle. Pourquoi le phénomène a éclaté en Italie et non en Espagne à cette époque l'une des premières nations européennes ?

Le rayonnement culturel de Florence et Venise

L'Italie du Moyen Âge connaissait l'élégance de la vie privée, le dynamisme des villes et du commerce, l'éclat des fêtes. Elle répandait sur l'Europe les produits de l'Orient qu'elle recevait dans ses ports (Venise et Gênes). Ses communes étaient formées de républiques dotées d'une vie économique et politique autonome. Les riva-

119

lités qu'entretenaient ces petits États devenaient facteurs de progrès et de concurrence. S'y ajoutèrent hélas des luttes fratricides. Mais cette liberté, facteur d'émulation, allait permettre de faire éclore la poésie, la peinture, la sculpture et l'architecture grâce aux financements de grandes familles mécènes sur fond d'inspiration religieuse. Ce modèle dont Florence va devenir le symbole grâce à la famille des Médicis, est unique dans l'histoire des civilisations. Pourquoi est-il né là, plutôt qu'ailleurs, en Espagne ?

Deux facteurs favorables au luxe ont joué dans le développement de Florence : l'appétit des jouissances et le désir de briller. La Florentine éprise de toilettes, de galanterie et de souci de paraître, passe des heures à se plâtrer le visage et à se teindre les cheveux, le blond était la couleur à la mode, au point que les brunes tendent à disparaître. Pour éviter les excès, la loi règle le luxe dans cette République, en contrôlant les présents des noces dispendieux et en limitant à trois plats de viande le repas.

Dès le XIIIe siècle, des familles comme les Rossi ont encouragé les arts. C'est le cas des Sforza à Milan, qui ont introduit la licence dans la vie privée, éblouissant leurs voisins florentins par des chevaux caparaçonnés d'or, des armées de faucons et de chiens de chasse.

C'est du XIVe siècle que date l'introduction du luxe en Italie mais aussi la corruption à Florence.

Dans son histoire de l'économie politique au Moyen Âge, l'historien italien V.L. Librario établit un parallèle entre le XIIIe et le XIVe siècles en ces termes : « *Le XIIIe siècle eut les vices et les vertus des peuples encore barbares : le XIVe nous offre la corruption des nations civilisées, les coups et blessures, les meurtres, les violences privées, les* *soulèvements contre les seigneurs oppresseurs. Les vices en un mot et les crimes qui proviennent de la violence et de la barbarie, étaient peut-être plus fréquents au XIIIe siècle, mais nous trouvons la foi dans les contrats, des monnaies de bon aloi, des habits simples, une nourriture frugale et, dans les charges publiques, d'autant plus de probité que le peuple était moins tolérant. Le XIVe siècle, au contraire, nous apparaît avec ses pompes et ses mollesses orientales, un abus presque aussi grand de la force avec moins de loyauté : aucun respect pour la foi conjugale, les unions illégitimes fréquentes, aucune pudeur chez les pères pour en reconnaître les fruits, aucune honte chez les fils à s'appeler bâtards, bien que, dans la langue polie des Italiens, ils s'appelassent fils de l'amour. »*[1]

Le même écrivain ajoute : *« Deux scélérats, tyrans de Lombardie, Bernabo et Jean Galeas Visconti, dit comte de Virtu (et Pierre le Cruel, le roi féroce de l'Espagne), furent les premiers à vouloir honorer la qualité de concubine et à élever celle-ci au rang de l'épouse. Domina, maîtresse de Bernabo, Nisota, de Jean Galeas, avaient une espèce de cour, des musiciens et des ménestrels à leur service. Elles envoyaient aux princes voisins des chiens, des chevaux, des casques, et recevaient d'eux d'autres présents en échange. »*[2] Il faudra attendre le XVIe siècle en France pour que les maîtresses acquièrent un tel statut.

En même temps apparaît le luxe des vêtements : *« Les seigneurs étalent, avec une incroyable profusion, des broderies, des pierres précieuses et de superbes fourrures. On ne voit que pourpoints parsemés d'étoiles d'or, que tuniques de velours couvertes de mille pièces d'or battu, que justaucorps, simarres, riches houppelandes, cloches, bergamasques de fin drap d'or et de soie, avec*

---

1. V. L. Librario, *Histoire de l'économie politique au Moyen Âge*, tome 1, livre 1, chapitre IV.
2. *Ibid.*

121

des broderies représentant des lions et des mâtins, des ruches et des abeilles, des aigles et divers oiseaux, des rivières avec des poissons et des animaux aquatiques. D'autres fois, on y voit représentés des dames et des chevaliers, des fleurs de lys, des fleurs de genêt et de bourrache, des feuilles de chêne. Ces vêtements ont des "taillades" et des découpures de satin vermeil ou noir, des "orfèvreries branlantes", des clochettes et des franges d'or et d'argent. Les dames nobles portent, brodés sur leurs habits, les blasons de leur famille et de leur mari. On emprunte à l'Orient les "sarrasines" et les "esclavines". Amédée VI, dans son voyage aux pays orientaux, se procure des vêtements tartares. »[1]

Tout était prêt pour l'explosion artistique qui éclata en Italie avec ces nombreux peintres qui, sous prétexte de décorer des chapelles ou de peindre des Vierges, exaltèrent les traits féminins, leurs formes et leur visage. Mécènes, les Médicis seront inégalés. Les cathédrales françaises avaient été le fruit des sacrifices d'un peuple. Là, Côme ou Laurent de Médicis va jouer un rôle décisif dans l'éclosion des arts en même temps que le pape Jules II procédera aux commandes romaines de la papauté, pour la basilique Saint-Pierre à Michel Ange. Les trois génies que furent Michel Ange, Léonard de Vinci et Raphaël étaient une coïncidence. Ils contribuèrent à l'influence qu'exerça l'Italie sur le reste de l'Europe.

La France fascinée par le luxe italien

On fait remonter l'éclosion du luxe moderne en France à l'attraction qu'exerça l'Italie sur les trois rois qui se livrèrent à des équipées qui n'étaient pas que guerrières : Charles VIII, Louis XII et

---

1. *Ibid.*

François Ier furent fascinés par l'Italie. Anne de Bretagne, qui épousa successivement les deux premiers, demeura longtemps seule, éloignée d'eux dans ses châteaux. À partir de leurs épopées guerrières et galantes, ces rois lancèrent la mode du voyage en Italie, auquel aucun aristocrate n'échappera au XVIe siècle. Les mariages des rois de France (Henri II et Henri IV) avec deux Médicis favorisèrent l'importation du luxe italien en France. Ce luxe moderne diffère du précédent dans ce sens qu'il est moins lié au religieux. Il va devenir accessible aux individus prêts à investir dans le paraître, la jouissance, l'acquisition d'objets.

Catherine de Médicis introduira les parfums, le tabac et Marie de Médicis sera la première reine de France à poser pour les peintres, couverte de bijoux. Catherine intensifiera la vie à la cour, organisant, en 1562, pendant deux ans un voyage en France avec ses enfants, se déplaçant de château en château autour de ceux qui avaient été construits sous l'influence de Léonard de Vinci dans la vallée de la Loire mais également dans le sud de la France. L'influence des courtisanes, immortalisée par le rôle des femmes de « l'escadron volant » de Catherine de Médicis, n'a pas été négligeable non plus.

Du XIIe au XIVe siècle, Florence avait été marquée par la rivalité de deux familles : les Guelfes et les Gibelins. Avec les Médicis, le calme succéda à la tempête, les lettres et les arts allaient triompher. Le premier Médicis, Jean, s'est enrichi au XIVe siècle dans le commerce. Le plus célèbre, Cosme, riche banquier et habile commerçant, protecteur des arts et des industries de luxe, finança les sculptures de Donatello et de Brunelleschi ainsi que les peintures de Masaccio, des deux Lippi (Filippe et Filippino) et de Fra Angelico. Puis vint Laurent dont Stendhal, dans son histoire de la peinture en Italie, écrivit : « *Laurent le Magnifique fut à la fois un grand homme, un homme heureux et un homme aimable. Il régna plutôt à force de finesse qu'en abaissant le caractère national. Il aima le jeune Michel Ange, qu'il traita comme un fils ; souvent il le faisait appeler pour jouir de son enthousiasme, et lui voir admirer les médailles et les antiquités qu'il rassemblait avec passion. Cosme avait protégé les arts sans s'y connaître. Laurent, s'il n'eût été le plus grand prince de son temps, se serait trouvé l'un des premiers poètes. Il eut sa récompense : le sort fit naître ou se développer sous ses yeux les artistes sublimes qui ont illustré son pays ; Léonard de Vinci, André del Sarto, Fra Bartolomeo, Daniel de Volterre, etc.* »[1]

À côté de Florence, Venise a créé ses célèbres usines de verrerie à Murano. La France les copiera grâce à Henri II, Charles IX et surtout Henri IV, qui établira à Rennes, Paris et Nevers des usines privilégiées. Venise avait déjà inondé l'Europe de ses produits achetés en Orient et, Commines, le grand historien de Saint Louis, avait qualifié le grand canal au XIVᵉ siècle comme « *la plus belle rue et la mieux maisonnée du monde* » ce qu'on pourrait dire aujourd'hui de la Cinquième Avenue de New York ou de la rue du Faubourg Saint-Honoré de Paris. Dès le XIIIᵉ siècle, Venise élève la basilique Saint-Marc d'inspiration byzantine, où se confondent l'Occident et l'Orient.

Les grands aristocrates italiens impressionnent les Français. Il n'y a qu'à lire pour s'en persuader la description faite par Brantôme de l'entrée à la cour de Chinon de Louis XII d'un des plus illustres et aussi sanguinaires, César Borgia : « *Quant au dit duc, il était monté sur un grand et gros coursier, harnaché fort richement, avec une robe de satin rouge et drap d'or... et bordée de force*

---

1. Stendhal, *Histoire de la peinture en Italie*, Introduction.

riches pierreries et grosses perles. À son bonnet, étaient à double rang, cinq ou six rubis, gros comme une grosse fève, qui montraient une grande lueur. Sur le rebord de sa barrette avait aussi grande quantité de pierreries, jusques à ces bottes, qui étaient toutes dardées de cordons d'or et brodées de perles... Son cheval qu'il chevauchait était tout chargé de feuilles d'or et couvert de bonne orfèvrerie, avec force perles et pierreries. Outre plus, il avait une belle petite mule pour se promener par la ville, qui avait tout son harnais, comme selle, bride, poitrail, tout couverts de roses de fin or, épais d'un doigt. »[1]

Mais rien n'égale l'association du pape Jules II et de Michel Ange qui fit construire le tombeau monumental en marbre avec les figures de saint Paul et de Moïse. Cette œuvre devait être continuée par le pape Léon X, lui aussi un Médicis, fils de Laurent le Magnifique.

Deux attitudes contrastées face au luxe (Charles VII et son fils Louis XI)

Cette influence de l'Italie avait trouvé un terrain prédisposé en France avec la naissance d'une cour libertine qu'inaugura Agnès Sorel. Cette maîtresse va dominer la cour de Charles VII, quelques années, car elle mourut très jeune ayant eu de lui quatre enfants, lui faisant oublier le rôle héroïque, et donc peu comparable, joué auprès de lui par Jeanne d'Arc. Avec goût et finesse, elle va changer l'ameublement, les tapisseries, le linge, la vaisselle

1. Brantôme, *Grands Capitaines étrangers*, tome II, Édition Lelanne, pp. 210 et 211.

au grand dam de l'épouse légitime qui lui donnera, elle, plus de dix enfants dont l'aîné régnera ; il s'agit de Louis XI qui agrandira encore le royaume de France par la Bourgogne.

Les femmes se piquèrent d'imiter Agnès la favorite : « *Et comme entre les belles elle était tenue la plus belle, elle fut appelée mademoiselle de Beauté, tirant pour ceste cause, comme pour ce que le roi lui avait donné le château de Beauté-les-Paris.* »[1] : « *Elle n'étudiait qu'en vanité jour et nuit, pour dévoyer gens et pour faire et donner exemple aux prudes femmes de perdition d'honneur, de vergogne et de bonnes mœurs, dont ce fut pitié que la plupart de France et des marches adjacentes tout le souverain sexe s'en trouva beaucoup ensorcelé. Et fit pareillement la noblesse du royaume, qui, toute quasi donnée à vanité par son exhortation et par son exemple, se dévoya.* »[2] Ce style vieux français est savoureux, emphatique et traduit bien l'impression laissée par cette première courtisane qui ne fait qu'inaugurer une longue série que connaîtra la cour de France à sa suite mais dont profitera l'industrie du luxe.

Des favorites moins brillantes succédèrent à Agnès : « *Après la belle Agnès morte, le roi Charles appointe en son lieu la nièce de la dite belle Agnès, laquelle était femme mariée au seigneur de Villequier, et vivait avec son mari ; elle était bien aussi belle que sa tante, et avait aussi cinq ou six damoiselles des plus belles du royaume, de petit bien, lesquelles suivaient le dit roi Charles partout où il allait, et étaient vêtues et habillées le plus richement qu'on pouvait, et tenaient moult grand et dissolu état, le tout aux dépens du roi, et le plus grand état qu'une reine ne ferait.* »[3] Il est curieux de noter que

---

1. Enguerrand de Monstrelet, *Chroniques.*
2. Georges Chastellain, *Chronique*, collection du Panthéon littéraire, p. 255.
3. Jacques du Clerc, *Mémoires*, collection du Panthéon littéraire, p. 95.

les premiers fondements de la cour de France et de son côté luxueux furent ainsi dus aux femmes illégitimes.

À cette époque, l'art et l'industrie s'unissent en France dans le luxe, avec une supériorité et une continuité remarquables, l'art gardant presque toujours la haute main. L'industrie du luxe dont les procédés furent d'abord défectueux, fut gouvernée par l'art. On peut y ajouter une autre caractéristique ; le luxe doit s'incarner en une personnalité qui en assure la promotion et le symbolise. À cet égard, outre les rois, on peut nommer quelques grands intendants. Par exemple Jacques Cœur, que l'on a déjà cité, qui s'est fait construire de multiples maisons et hôtels dont le si riche hôtel de Bourges qui a résisté aux siècles.

> Le fils de Charles VII, Louis XI, modéra les excès du luxe. On raconte qu'un jour, voyant entrer dans sa chambre un militaire, le corps serré dans un pourpoint de velours, il demande : « *Quel est cet homme ?* » et apprenant qu'il commande à ses gens d'armes, il s'écrie : « *À moi ne sera jamais. Je le renie. Comment, diable ! Il est vêtu de soie ; il est plus joli que moi !* » Et il le fait mettre hors de ses compagnies, « *attendu qu'il ne voulait pas de tels pompeux à son service* ». Mais ce roi encourageait les fabriques de soie de Lyon et de Tours, source d'industrie et de revenus.

Louis XI mit un frein au faste de la féodalité princière, qui lui portait ombrage, en annexant à la France la province de Charles le Téméraire et sa maison de Bourgogne. Elle personnifiait le luxe féodal princier avec trop de magnificence. Le faste inouï des ducs de Bourgogne disparut avec leur naufrage. Après Louis XI, Charles VIII, puis Louis XII, en épousant chacun à son tour Anne de Bretagne, allaient rattacher cette province de Bretagne à la France.

Les Valois installent la première cour de France et son luxe ostentatoire

Le règne de Charles VIII a créé la vraie cour, formée par de jeunes seigneurs et par l'introduction des filles d'honneur, qui entouraient sa femme, Anne de Bretagne. Ce sera la première cour officielle française[1]. Cet esprit de cour a succédé à l'indépendance féodale. Les influences féminines y découvrent leur centre d'action, favorable au luxe comme à la galanterie et à la faveur. Des habitudes plus polies tirent de la cour leur nom même : le dérivé le plus caractéristique du mot cour est courtoisie, lié à l'entourage du roi en contrepoint de la société chevaleresque et féodale, proche de la vie de château, de la même manière que les mots « politesse », « urbanité » et « civilité » sont relatifs à la vie des cités et à la civilisation (*polis* en grec signifie « ville » d'où viendra ensuite « politique »).

Les expéditions d'Italie ont donné un modèle de richesse et de culture, de vie frivole et de galanterie. La France devait s'en ressentir. Cet éblouissement, elle l'éprouve à la vue des merveilles répandues en Italie. C'est-à-dire la capacité exclusive du roi à décider suivant la formule « *car tel est notre bon plaisir* », ce que l'on appelle le pluriel de majesté au sens du latin *placere*, « ce qui plaît ».

Ainsi, l'étiquette royale date de François Ier qui a introduit la règle du bon plaisir. La noblesse se presse dans les antichambres et brigue la faveur d'assister à un certain nombre de manifestations royales (plus tard, à son lever et à son coucher). Les dépenses de luxe de la cour deviennent dispendieuses, autour des châteaux de

---

1. Voir notre livre sur les femmes galantes déjà cité et le chapitre d'Anne de Bretagne.

la Loire qui en sont les vitrines : Chambord, Blois, Chenonceaux offrent le gracieux mélange du génie de la Renaissance et du Moyen Âge. Léonard de Vinci, nous l'avons dit, s'installe sur les bords de la Loire et conseille l'agencement de plusieurs demeures, dont celle du grand argentier Robertet, à Tilly. Le roi fait construire le château de Fontainebleau orné de peintures de cette école, dont celle du Primatice.

Pour éblouir le roi d'Angleterre, François Iᵉʳ l'invite près de Calais dans le fameux camp du Drap d'or avec une ville reconstituée, de plus de 4 000 personnes et 2 000 chevaux, où il fit venir ces femmes de la cour qu'il appelle la « petite bande » et qui préfigurent l'escadron volant. Jamais dans l'histoire de France, on atteindra un tel sommet dans le luxe d'ostentation. Le luxe a rempli ce jour-là pleinement sa fonction de domination par l'ostentation de la même manière utilisée par Hannibal pour impressionner les Romains avec ses éléphants.

Diane et Catherine, les dames galantes et l'escadron volant

Les deux femmes qui ont contribué à promouvoir le luxe de cour et le luxe en général en France furent deux rivales, maîtresse et femme de Henri II : Diane de Poitiers et Catherine de Médicis. Curieuse destinée que celle de ce roi qui, comme l'un de ses successeurs, Henri IV, n'aurait jamais dû régner, étant le second fils de la famille. Mais pour les deux, un accident du frère aîné les propulsa à la succession. Pour Henri II, amené prisonnier en Espagne en échange de la libération de son père François Iᵉʳ, privé de sa mère qui mourut alors qu'il était adolescent, il n'y eut qu'un recours : s'en remettre aux soins attentifs d'une femme plus âgée que lui, Diane de Poitiers. Celle-ci le choya comme une mère, puis devint sa maîtresse. Rien ne le prédisposait à régner. On le maria, contre son gré, à une descendante des Médicis, Catherine. Le ménage fut considéré comme une mésalliance, les Médicis n'apportant que leur richesse face à la noblesse de la royauté française. Mais comme il s'agissait d'un homme qui n'était pas destiné à être roi, on y consentit. Catherine pénétra à la cour de France et découvrit sa rivale. Elle supporta cette épreuve avec l'aide de son beau-père, François Ier, qui avait une certaine affection pour elle.

Après la mort de son frère aîné, son mari Henri II sera dauphin puis roi, ce qui était inattendu. Cette femme sera donc non seulement reine, mais plus tard, à la mort de son mari, régente et mère de trois fils qui régneront sous sa houlette : François II, Charles IX, Henri III. Elle va donner à la France, malgré son origine italienne, une impulsion bénéfique. Le sang Médicis va apporter le luxe : celui des bijoux, incarné plus tard par sa nièce, la future épouse d'Henri IV, Marie de Médicis, et des parfums. Pour la fastueuse Florentine, tout est une occasion de luxe à l'image de son grand-oncle, le pape Léon et d'un autre oncle, le magnifique Laurent. Elle amena avec elle une cour d'argentiers qui firent merveille, dont l'un d'entre eux, Zameti, francisera son nom en Zamet et deviendra le banquier des rois.

Brantôme la loua d'avoir « *donné toujours quelque récréation à son peuple ou à sa cour, comme en festins, bals, danses, combats, couvrements de bagues* »[1].

---

1. V. Pierre de Bourdeille dit Brantôme, *Dames illustres : Catherine de Médicis*. Il décrit aussi la fête des Tuileries, donnée à l'arrivée des Polonais à Paris, et où seize dames, représentant les seize provinces de la France, exécutent un corps de ballet « *très bizarrement inventé* ».

Une cour de femmes aussi nombreuse que somptueuse, telle est la nouveauté de ce luxe introduit par une femme.

> La reine les tient prêtes à la parade, en représentation, les envoie en mission auprès des gentilshommes de l'époque pour extorquer des renseignements utiles sur la politique. C'est elle qui va fonder cette escouade de « séductrices espionnes », « l'escadron volant » composé des plus belles filles du royaume venant des meilleures familles qui n'hésitent pas à échanger leurs charmes pour la raison d'État. Les futures « Mata Hari » ne seront pas autre chose avec un peu moins de charme et d'élégance.

Diane, sa rivale tant qu'Henri II fut vivant, affiche de son côté son concept du luxe. Portant un nom mythologique, elle s'appuie sur les artifices du luxe. À quarante-huit ans, quand son amant en avait vingt-neuf, elle l'ensorcelle en son château d'Anet que Philibert Delorme avait orné de statues, la représentant dans les poses de son modèle de chasseresse. Les taillis, les viviers, les volières, fauconneries et héronnières attirent ce roi, grâce à sa distraction préférée : la chasse. Elle organise pour lui une existence féerique de divertissements, de fêtes, de tournois. Jean Goujon, sculpteur célèbre de l'époque et qui laissera dans Paris de merveilleuses fontaines, la représente en Diane chasseresse, au jarret ferme et à la cuisse agile, nue et peu chaste, entourant de ses bras de marbre le cou d'un cerf, préfigurant l'enlacement que l'on retrouve sur les bâtiments publics de leurs initiales H et D (Henri et Diane), de la même manière qu'Henri IV le fera avec celui de sa maîtresse, Gabrielle d'Estrées, H et G (Henri et Gabrielle) que l'on retrouve au Louvre. Le luxe et la liberté conjugale n'ont jamais fait aussi bon ménage si on peut dire.

Henri III, le fils le plus luxueux de Catherine et d'Henri II, va imposer un tout autre modèle aux allures mystiques et efféminées.

Il y mêle le bouffon, le lugubre et le religieux. Il organise des processions avec des flagellants vêtus de blanc portant des cierges, lui-même couvrant sa tête de cilice. Il crée la mode des petits chiens que ses mignons caressent (dont le duc de Joyeuse, grand amiral de la flotte et le duc d'Epernon). Au chapeau d'homme, Henri III substitue la toque de velours enrichie de diamants. Il se couvre de cendres et fidèle à son goût morbide, place des têtes de mort sur ses boutons d'argent, exhalant les parfums de l'Italie. Car, après l'Italie, la France va donner le ton aux cours d'Europe y compris en matière de peinture, grâce à l'École de Fontainebleau et de l'un de ses peintres, le Primatice. Elle va aussi marquer son influence en matière de mode...

Le luxe des autres États européens

Dès le XVIe siècle, les modes de Paris commencent à influencer les cours d'Allemagne, d'Angleterre et de Lombardie. Les Italiens se plaignent que, depuis le passage de Charles VIII, on affecte chez eux de s'habiller à la française et de faire venir de France ce qui sert à la parure. Les autres nations condamnent ou restreignent l'usage de certaines jouissances. Le tabac, le café, le thé deviennent, en plusieurs pays d'Europe, l'objet de défenses rigoureuses.

L'Espagne avait déployé un grand luxe monarchique, inauguré avec Ferdinand et Isabelle. Elle garde sa propre étiquette et son cérémonial imposant, ses trésors fournis par le Nouveau Monde. Avec les découvertes des conquérants d'Amérique, elle aurait pu s'en servir. L'interrogation sur l'occasion manquée de l'hégémonie espagnole s'applique dans le domaine du luxe, bien qu'au XVIIe siècle l'Espagne reprenne un certain ascendant en ce domaine, mais éphémère.

L'Angleterre offre un contraste absolu avec la société espagnole. Son luxe est le fruit de son agriculture, de son industrie, de son commerce. Au XVIIe siècle ou au XVIIIe, il se mêlera à l'idée du bien-être. Henri VIII, malgré ses excès, ses nombreux mariages et sa rupture avec le Vatican et l'Église catholique, ressemble à un François Ier britannique. Moins artiste, il n'est pas moins fastueux avec sa toque de velours, ombragée d'une plume d'autruche, posée sur l'oreille et sa recherche des couleurs voyantes, de la soie et de velours.

L'Allemagne, écartelée entre ses États, puisqu'elle ne réalisera son unité qu'au XIXe siècle, suit la marche générale, importe le café, le thé, le tabac, les sucreries, comme l'Angleterre ou les autres pays ; elle s'illustre par ses jardins d'agrément, avec fleurs rares et oiseaux de luxe, accroissement du confort dans les demeures, etc. Le luxe de la noblesse rurale s'accroît. Mais il y manque le fédérateur d'une grande cour qui en définitive sera la principale chance de la France que nous soulignerons dans la conclusion de cet ouvrage. L'État de Saxe (mais d'autres États aussi) prendra une avance sur la France en matière de porcelaine copiant les porcelaines de Chine, bien avant que Louis XV ne réagisse en installant la manufacture de Sèvres.

Cornes d'abondance et mets savoureux

Dès la fin du Moyen Âge, l'art de la table – qui n'est pas encore à cette époque considéré comme un art ou un luxe – a joué un rôle parmi la société ; l'histoire de la table demeure inséparable de celle de la conversation, de la musique et de la danse.

Il faut attendre Rabelais, avec sa truculence, pour que la gourmandise et l'ivresse soient portées au rang des beaux-arts. La table devient le symbole de la gaieté et de la sociabilité. La table seigneuriale et celle des abbayes deviennent des institutions de l'accueil et de l'hospitalité : « tenir table ouverte » est le propre de l'altruisme et de la générosité.

Partager le pain et le vin, à l'image de la dernière Cène du Christ, est le comble de la convivialité que l'on retrouve dans presque toutes les cultures avec la pratique du « toast », qui consiste à honorer ses hôtes par un discours de bienvenue et que certains pays étrangers dont la Russie pratiquent systématiquement.

> Les repas seigneuriaux s'agrémentent de ces oiseaux de luxe que sont le paon ou le faisan, présentés avec leurs plumes, au centre de la table, et servis par une dame. Les écuyers et les chevaliers étendent la main sur l'oiseau pour prononcer des vœux. La licence de l'esprit gaulois inspire la décoration des pâtisseries, offrant aux yeux des représentations scandaleuses, avec des parties du corps présentées d'une manière obscène. Maître Taillevent, maître-queux du roi Charles VII, s'il n'est pas moins sensible à la décoration des services qu'aux bons plats, raconte le festin donné pour le comte d'Anjou, sur une incomparable table, garnie d'un dormant représentant une pelouse verte, offrant sur les bords de son pourtour de grandes plumes de paon et des rameaux fleuris, auxquels sont attachées des violettes et d'autres fleurs odorantes. Du milieu de la pelouse s'élève une tour argentée munie de créneaux, creusée en volière, pleine d'oiseaux vivants, à la huppe et aux pattes dorées.

Les gélinottes se vendent jusqu'à deux écus la pièce, l'équivalent de nos jours de plus de vingt euros. Les pluviers sont particulièrement recherchés. Le lapin, méprisé aux époques antérieures, n'est apprécié qu'au xive siècle, selon le *Ménagier de Paris*[1] moins peut-être que le hérisson et l'écureuil. On vante le saumon de la Loire ou de l'Adour, les anguilles de l'Eure, espèce d'anguille, les brochets de Chalon-sur-Saône, les truites d'Andelys, les aloses ou les lamproies de la Gironde, etc. Mais on mange aussi des poissons pêchés au loin grâce aux progrès de la marine, la baleine, du chien de mer et du marsouin. On méprise l'écrevisse, et on apprécie ses œufs qu'on apprête avec des épices. En revanche, on sert des grenouilles sur les meilleures tables. Les huîtres ne devaient retrouver qu'au xviie siècle la vogue qu'elles avaient connue, chez les Romains, décrite par Ausone en Aquitaine. On est friand des escargots qu'on élève dans des parcs. On connaît depuis les Romains la cerise originaire de Cerasus en Asie Mineure. On commence au xve siècle à goûter l'abricot apporté d'Arménie. La pêche venue de Perse n'est que la pêche de vigne et de plein vent. La prune avait été empruntée à la Syrie. Les maîtresses de maison s'enorgueillissent d'offrir aux yeux et au goût des variétés de poires, de pommes, de figues. Les pyramides de fruits disposées avec un art ingénieux vont devenir pendant des siècles l'un des luxes des desserts français[2].

Le sucre est apprécié sur le plan de l'agrément et de la santé, car il est employé comme médicament et vendu chez les apothicaires. Il s'agit d'une denrée rare et chère, malgré les développements de la culture, née dès le xiiie siècle en Sicile, pour passer à Grenade et à Madère et se répandre, grâce aux conquêtes maritimes, au Brésil et dans le reste de l'Amérique. On l'emploie au xiiie siècle comme

---

1. Le livre de base de l'époque, sorte de manuel de savoir-vivre et de bonne gestion d'où viendront les mots « ménage » ou « manager » (voir bibliographie).
2. V. Le Grand d'Aussy donne ces détails dans *Vie privée des Français*, tome III.

sucre cristallisé. Au XVIe siècle, ce raffinement culinaire est considéré comme un produit de luxe. Il deviendra au XVIIIe et surtout au XIXe d'un usage général dans toutes les classes de la société et perdra alors un caractère de luxe. Il faudra attendre le XIXe siècle pour que la découverte du sucre de betterave, imposée en raison du blocus par Napoléon Ier, réduise l'importance du sucre de canne[1].

Le raffinement des tables s'enrichit de vins d'un goût délicat. Pendant le séjour des papes à Avignon, les moines de Cluny fournissaient à la cour papale le vin de Châteauneuf-du-Pape qui restera jusqu'à nos jours une appellation prestigieuse. Pétrarque prétend que ce vin figurait parmi les motifs pour lesquels certains cardinaux ne voulaient pas que le pape retournât à Rome.

À table, de l'art véritable

Jamais le service de table n'a eu plus de rapport avec l'art, comme l'ont montré Benvenuto Cellini et Bernard Palissy.

> C'est à ce genre de luxe que Cellini consacra d'abord son génie. Il créa ses premières aiguières pour des cardinaux, et sous ses mains la salière devint un chef-d'œuvre. Un jour, il envoya soixante bassins destinés au lavement des mains à Ambrogio, premier secrétaire de Paul III. L'orfèvrerie de table a été influencée par son art ; les orfèvres français imitèrent les orfèvres italiens sous peine de céder la place à leurs rivaux.

Une autre concurrence surgit : la faïence. Les aiguières ou salières en faïence, petites. La révolution de la cuisson de ces pièces de Bernard Palissy permit de faire des objets plus conséquents.

© Groupe Eyrolles

---

1. Voir à ce sujet le livre de Henri Troyat sur la famille Lebaudy, 2000.

Les Italiens qui accompagnaient Catherine de Médicis ont mis à la mode, jusqu'à l'abus, les liqueurs qui, pour la plupart, étaient ignorées jusqu'alors. Les anciennes étaient d'ordinaire des potions cordiales et salutaires ; les nouvelles furent des boissons agréables et voluptueuses : telles le rossolis, le populo, etc., auxquels devaient se joindre plus tard les liqueurs des îles, les liqueurs huileuses, diverses liqueurs étrangères ou inventions indigènes. Ces boissons s'accréditèrent tellement que Sully, examinant quels objets de luxe coûtent le plus aux Français, y fit figurer les festins et les liqueurs : « *Nous voyons qu'on ne se contente pas en un dîner ordinaire d'avoir trois services ordinaires, le premier de bouilli, le second de rôti et le troisième de fruit, et encore il faut d'une viande en avoir cinq ou six façons, avec tant de sauces, de hachis, de pâtisseries, de toutes sortes de salmigondis, qu'il s'en fait une grande dissipation. Chacun aujourd'hui se mêle de faire festin, et un festin n'est pas bien fait s'il n'y a une infinité de viandes sophistiquées pour aiguiser l'appétit et irriter la nature.* »[1] On voit dans le même écrit que ce goût raffiné des plaisirs de la table avait fait établir à Paris des restaurants fort renommés, tellement qu'on y trouve les noms des plus célèbres restaurateurs de Paris sous Charles IX : « *Chacun, aujourd'hui, veut aller dîner chez le More, chez Sanson, chez Innocent et chez Havart.* »[2]

Bien avant, Louis XII, par son ordonnance mal avisée de 1506, défendait aux orfèvres de fabriquer « *aucune pièce de grosse vaisselle* » et ne leur permettait que de menus ouvrages tels que salières ou cuillers, ou, tout au plus, des tasses et des pots dont le poids n'excéderait pas trois marcs. Mais, comme les Français se

1. Sully, *Économies royales.*
2. *Ibid.*

mirent à acheter leur argenterie en pays étrangers, les orfèvres firent remarquer que cette concurrence les ruinait, et, en 1510, Louis XII révoqua son ordonnance.

Musiques enivrantes...

Les siècles antérieurs au XIVe avaient déjà fait une certaine part à la musique, au chant et à l'esprit. Les textes du XIIe et du XIIIe siècles font souvent mention de chansons à refrain, répétées en chœur par tous les convives. Les dames faisaient quelquefois entendre leur voix en des sujets plus tendres. Quant aux chansons dites « bachiques », elles sont beaucoup plus récentes.

Un autre usage de ces siècles avait été d'obliger chacun des convives à dire son conte. Louis XI, vicieux et libertin, passe pour avoir corrompu cette innocente et joyeuse coutume en n'admettant plus que des sujets obscènes. Tout cela était fort éloigné du luxe mais devait y conduire. Ces entremets spectacles sont portés à un tel degré de raffinement qu'ils vont annoncer ce qui deviendra plus tard le théâtre. La salle contenait cinq niveaux d'échafaudage pour les spectateurs qui n'étaient pas du souper, avec une foule d'étrangers attirés par le bruit de cette fête.

Ces décors, ces scènes déjà dramatiques, cette musique instrumentale et vocale qui tient une si grande place dans ces festins s'adaptant si bien aux situations – musique religieuse, guerrière ou amoureuse selon l'occasion –, ce mélange d'éléments combinés avec un commencement d'art, sans oublier la danse qui y jouait un rôle considérable, ne constituent-ils pas en partie l'opéra ou le théâtre ? L'opéra va naître chez les Italiens au début du XVIIe siècle. Ces entremets spectacles du Moyen Âge en sont l'origine.

Vêtements et mode : au pays des merveilles

Sans doute la mode sous Charles VII s'est-elle affinée par rapport au règne précédent : les couleurs sont devenues plus sévères, la jaquette simplifie le vêtement. Mais la même exagération qui, au dernier siècle, avait fait les vêtements trop longs et trop compliqués, raccourcit la jaquette d'année en année, tellement que vers la fin du règne elle tombe à peine au-dessous des reins.

La chaussure, elle aussi, va se modifier. Les patins à talons en forment un enjolivement très contestable. Les souliers montant et lacés de côté à épaisses semelles ne nous choquent point, mais les grandes bottes (houseaux) couvrant plus de la moitié des cuisses à la façon des cavaliers produisent, en revanche, un effet singulier.

> Les chapeaux affectent des formes parfois fort bizarres : « *Une infinité d'agréments du plus mauvais goût prend place sur les chapeaux ronds. Tantôt, c'était une crête d'étoffe éclatante ou une guirlande de frange de soie, cousue par le travers de la forme : tantôt, c'était une touaille ou pièce volante bizarrement découpée, qui recouvre tout le dessus de la coiffe. Avec cela des plumes couchées ou droites, des houppes, des branlants ou bouquets en graines d'épinards et feuilles de clinquant vacillantes.* »[1]

Chez les femmes, par un simple changement dans le genre d'exagération, les atours en hauteur remplacent l'ampleur de ceux du temps d'Isabeau. La chevelure disparaît presque, et les cheveux sont retroussés avec une tension violente. On note aussi les ceintures posées sur les seins pour les compresser et bouclées par-derrière, et

---

1. Jules Etienne Joseph Quicherat, *Histoire du costume en France*, p. 282.

encore des longues robes traînantes. Mais il faut attendre la Renaissance et Henri II pour que s'impose la mode de la cour. Chaque roi va inspirer la sienne. Après Henri II, qui trouvera la mort dans un tournoi, ses deux fils, Charles IX et Henri III, vont marquer leurs empreintes vestimentaires. Seul François II, l'époux de la très élégante et originale Marie Stuart, ne laissera pas de trace car il n'a régné que deux ans. Mais, au-delà des modes, il faut rappeler les critères de beauté de la Renaissance :

Trois blanches : la peau, les dents et les mains

Trois noires : les yeux, les sourcils et les paupières

Trois rouges : les ongles, les joues et les lèvres

Trois longues : le corps, les cheveux et les mains

Trois courtes : les dents, les oreilles et les pieds

Trois larges : la poitrine, le front et l'entre-sourcil

Trois étroites : la bouche, la taille et le coup de pied

Trois grosses : le bras, la cuisse et le mollet

Trois déliées : les doigts, les cheveux et les lèvres

Trois petites : les seins, le nez et la tête.

Les formes opulentes à la Rubens ou Renoir ne viendront que plus tard.

Tournois et fêtes, luxe suprême de l'aristocratie

Les tournois répondent à un cérémonial codifié. Chaque chevalier est appelé à l'entrée de la lice par une dame richement parée qui le guide par un ruban d'or, elle-même montée sur une haquenée.

© Groupe Eyrolles

La dame descend, donne un baiser au chevalier, l'exhorte à se comporter vaillamment puis prend place sur une estrade couverte de tapisseries. Henri II faisait scandale en étant encouragé avant d'affronter ses adversaires par sa maîtresse, Diane de Poitiers. Il mourut la tête transpercée par une lance, au cours d'un tournoi, qui souleva sa visière au niveau de l'œil.

À côté des tournois, il y a les grandes fêtes monarchiques destinées à accueillir un autre souverain. En dehors du camp du Drap d'or, dont nous avons déjà parlé, où le roi François Ier voulait éblouir son collègue anglais pour ménager son alliance contre Charles Quint, il y en eut d'autres, à l'occasion des déplacements royaux.

> Ce tour de France, qu'effectuera Catherine de Médicis de 1562 à 1564, donnera lieu dans chaque ville à des réjouissances somptueuses, notamment lors des rencontres à Bayonne avec la famille royale espagnole.

Au siècle suivant, lors des mariages entre les enfants de la cour de France et ceux de la cour d'Espagne, les échanges des enfants royaux parés de leurs plus beaux atours et accompagnés de nombreux seigneurs se faisaient sur des barques sur la Bidassoa, rivière qui sépare les deux pays, dans le Pays basque. Lorsque Marie de Médicis débarqua sur le sol de France pour épouser Henri IV, son bateau luxueux et étincelant était escorté de nombreux autres navires pavoisés. Quelques semaines auparavant, en octobre 1600, elle avait donné un spectacle musical à Florence, avant d'entamer ce voyage pour rejoindre son mari. Les historiens considèrent que ce premier spectacle musical intitulé *Euridice*, copié ensuite par le duc de Padoue, est l'ancêtre de l'opéra. Cela devait donner naissance à d'autres œuvres, notamment celles de Monteverdi, prélude de ce que devait devenir, plus tard, cet art lyrique.

Une grande innovation sous Henri IV a été le feu d'artifice perfectionné par les Italiens.

Les fêtes populaires s'accompagnent de spectacles qui vont anticiper ce qui sera, un demi-siècle plus tard, le théâtre. Il y avait pourtant encore des mystères inspirés de fabliaux du Moyen Âge ou de récits bibliques pouvant durer des journées entières. On y goûtera les farces, comme celle de maître Patelin qui va préfigurer les comédies de Molière ou de la *Commedia dell Arte* de l'auteur italien Goldini. Henri III sera épris de ces réjouissances auxquelles il ajoutait les défilés de flagellants, déjà cités, conformes à son mysticisme ambigu.

C'est de ces fêtes d'Henri III que le meilleur observateur, Pierre de L'Estoile, qui publiera la rubrique de cette époque sous forme de journaux sur le règne d'Henri III et d'Henri IV et dont tous les historiens se sont inspirés, écrira : « *Il faisait joutes, ballets et tournois, et force mascarades, où il se trouvait ordinairement habillé en femme, ouvrait son pourpoint et découvrait sa gorge, y portait un collier de perles et trois collets de toile, deux à fraise et un renversé, ainsi que lors le portaient les dames à la cour.* »[1] Certains y ont pu voir une forme de décadence. Dans un festin, des femmes vêtues en habits d'homme faisaient le service ; dans un autre, « *furent employées à faire le service les plus belles et honnêtes de la cour, étant à moitié nues et ayant leurs cheveux épars* »[2].

---

1. Journal de Pierre de L'Estoile.
2. *Ibid.*

Albert Dürer rapportera plus tard du voyage qu'il fit dans les Pays-Bas en 1520 le souvenir de scènes semblables : *« Le magistrat d'Anvers*, écrit-il à son ami Melanchthon, *avait arrangé, lors de l'entrée de Charles Quint, sur son passage dans la rue, toutes sortes de spectacles où figurèrent les plus belles et plus nobles demoiselles de la ville, presque toutes nues, sans chemise, couvertes seulement de robes de gaze très fine. »* Le jeune et sérieux empereur ne regarda pas de leur côté, mais Dürer avoue que, pour lui, en sa qualité de peintre, il ne se fit pas faute de les contempler[1].

Ces fêtes n'avaient pas toujours bonne presse, critiquées par le peuple qui n'y voyait que gaspillage et débauche. Mazarin aura plus tard à ce sujet un mot cruel : *« Le peuple chante, il paiera. »* On rencontre dès cette époque la problématique récurrente du luxe : le développement économique doit-il s'accompagner de ce genre de distractions et n'y aurait-il pas d'autres utilisations plus enrichissantes des deniers publics, ne serait-ce que par des investissements dans les infrastructures durables ? En d'autres termes, le luxe est-il gaspillage ou facteur de développement économique ? Nous répondrons plus tard à cette question et notamment dans le chapitre consacré au XVIIIᵉ siècle.

La somptuosité du mobilier, de la céramique et des tapisseries

Aux XVᵉ et XVIᵉ siècles, on assiste à l'affinement de la technicité des différents métiers. Ainsi furent séparées les fonctions de charpentiers et de menuisiers. Le mobilier lui-même, bien que peu

---

1. Cité par M. Taine, *Philosophie de l'art dans les Pays-Bas*, p. 98.

confortable, présente déjà des caractères de commodité qu'il va développer aux XVIe et XVIIe siècles. La fabrication des meubles français s'inspire, en ce temps-là, de deux courants : le bourguignon qui vient des Flandres, le lombard qui vient de l'Italie.

Mais le XVIe siècle marque surtout le développement en France de la céramique. Il y a toujours eu en France une tradition de céramique nationale, antérieure à la domination romaine. Nous avons vu que les échantillons de poterie romaine et de poterie gauloise sont très différents.

La grande éclosion repose sur le génie de Bernard Palissy, créateur d'une des merveilles de l'art décoratif français de la Renaissance. Palissy n'inventa ni la poterie française ni la poterie d'art. Elles existaient. Pour témoin, les lettres du roi de France qui mentionnent, dès 1456, des droits à percevoir sur les poteries de Beauvais, dont Rabelais s'amuse à faire figurer les pièces dans le trophée de Panurge, où l'on voit une saucière, une salière de terre et un gobelet de cette fabrique. Mais Palissy y consacra sa vie et sa fortune puisqu'il brûlait même ses meubles pour parvenir à la cuisson de ses chefs-d'œuvre, ce qui prouve que l'on peut être, même dans ce domaine, un génie inconnu.

Au XVIIe siècle, la Flandre, la Hollande, l'Allemagne parviendront aussi à la perfection de leurs œuvres céramiques. Le célèbre anglais Wedgwood ne fera qu'améliorer les faïences fines qui se répandirent sous le nom de terre de pipe. Mais le vrai inventeur en est Bernard Palissy, originaire d'Agen, qui mourut dans le dénuement.

La même démonstration s'offre avec d'autres arts de luxe, comme la tapisserie. La France partage avec la Flandre l'honneur d'avoir donné à la tapisserie ses plus beaux développements en Europe au Moyen Âge. On trouve en France des tissus de laine et de soie avec dessins dès le XIᵉ siècle. Telle était, à Bayeux, au Moyen Âge, la fameuse tapisserie de la reine Mathilde, où sont représentées plusieurs scènes de la conquête de l'Angleterre par les Normands.

Au XVIᵉ siècle, la protection royale a créé des manufactures modèles. La manufacture de tapis fondée à Fontainebleau par François Iᵉʳ répond à cette pensée. Le peintre Le Primatice en a fourni les modèles. Henri II fonda sur les mêmes principes une manufacture à Paris qui continua à prospérer sous Henri III. Aux siècles suivants, la Savonnerie, les Gobelins, Beauvais maintiendront cet art à un niveau élevé. Plus tard, Lebrun incarnera cet art français sous des formes supérieures, comme on le verra au siècle de Louis XIV.

Le luxe funéraire

Il est caractérisé par les magnifiques tombeaux réservés aux rois dans la basilique de Saint-Denis, malheureusement détruits à l'époque de la Révolution. On surélevait les tombes en les décorant d'effigies exécutées en bronze coulé ou repoussé. Le Moyen Âge aimait à entourer le mort dans les tombeaux d'images gracieuses de la vie. On ensevelissait le trépassé au milieu de fleurs et de couronnes.

En Italie, le célèbre « Campo Santo » de Pise n'est ni une église, ni un cimetière en pleine campagne, mais un cloître qui élève le luxe jusqu'à l'art et donne une idée mystérieuse de la mort, illustrée par une des peintures d'Orcagna intitulée *Le triomphe de la mort*, où de brillants cavaliers et de belles châtelaines parées déploient un appareil de fête sur fond de tombe ouverte à trois hideux cadavres,

145

l'un gonflé, l'autre empli de vers, le troisième décharné qui rappelle que nous sommes poussière. Et que dire du jugement dernier de ce même peintre où les figures atroces, les contorsions hideuses des diables et damnés anticipent les œuvres qui illustreront plus tard ce thème, faisant écho à d'autres tableaux sur le même thème peints dans les Flandres par Jérôme Bosch ?

Le cérémonial des obsèques va devenir plus luxueux au fil des siècles. Les pompes réservées aux rois et où le successeur se faisait un devoir d'accompagner son prédécesseur jusqu'à sa dernière demeure, vont s'étendre dès le Moyen Âge à l'aristocratie, puis au reste de la population. Certains rois, dont Henri IV, ne connaîtront pas de cérémonies funéraires somptueuses. L'effigie était en général portée sur le cercueil et celui-ci promené dans les rues tendues de noir. Ces effigies deviendront doubles. Au lieu de sépulture, l'époux ou l'épouse attendra son conjoint qui viendra un jour le ou la rejoindre dans la mort. Isabeau de Bavière figure, éplorée, aux côtés de Charles VI qu'elle a pourtant beaucoup trompé. D'autres tombeaux furent plus scandaleux, tel le monument élevé à Agnès Sorel, première maîtresse en titre d'un roi de France, enterrée en l'église Notre-Dame de Loches et dont des médecins viennent aujourd'hui d'étudier les causes de la mort par absorption de doses massives de produits toxiques, ce qui repose la question des causes de son décès. Son élégant tombeau se visite aujourd'hui dans la tour d'Agnès qui fut témoin de ses splendeurs et de ses folies évoquant, par la présence des deux anges tenant l'oreiller où s'appuie la dame de beauté, la repentance des Marie-Madeleine. La bourgeoisie avait marqué son avènement par le luxe funéraire. La femme de Jacques Cœur eut droit à de tels hommages.

Le souffle de la Renaissance va rehausser cet art funéraire et le XVIᵉ siècle laissera d'incomparables monuments funéraires qui ne sont pas à l'abri d'un certain goût matérialiste, tel que le mausolée de Louis XII et de la reine Anne ou le célèbre mausolée de François 1ᵉʳ ou d'Henri II. Quel heureux mélange de marbre et de bronze attribué à Philibert de Lorme !

La mise en question du luxe

Luxe et hommes d'Église

Le paradoxe est que la remise en cause du luxe au Moyen Âge visait les communautés religieuses. Le concile de Paris, au XIIIᵉ siècle, a défendu aux religieuses de danser, aux religieux de porter des gants blancs et d'avoir des couvertures de bonnet[1].

À Cîteaux, cette antique abbaye célèbre par ses austérités, où l'on se nourrissait de pain et d'avoine, d'herbes cuites sans huile ni graisse, de pois et de fèves, régime qui ne souffrait pas d'exception, le chapitre général défend aux abbés de se faire servir à genoux dans leurs voyages par les convers, et de chevaucher avec des gants fourrés à l'intérieur. Il leur ordonne de se contenter, pour éclairage, de deux chandelles attachées à la muraille.

Dans le procès-verbal des délibérations, un abbé de Beaulieu, en Angleterre, désigné nominativement et cité devant le chapitre, est accusé de s'être conduit à table, devant trois comtes et quarante chevaliers, « *d'une manière inouïe* » : il avait bu à garçoil (à

---

1. C'était le nom qu'on donnait à une ancienne étoffe dont on se couvrait la tête.

plein gosier) ; il avait attaché à son lit, comme gardien, un chien retenu par une chaîne d'argent ; il se faisait servir à genoux dans des vases précieux !

La rivalité s'exerce d'une abbaye à l'autre. La maison des Cîteaux reproche à celle de Cluny : « *D'user de fourrures et de chausses, de multiplier les matelas de leurs lits ; de recevoir en grâce, plus de trois fois, un frère coupable d'apostasie ; de négliger les jeûnes, le travail des mains, etc. ; de posséder des paroisses et des dîmes, et d'usurper ainsi ce qui n'appartient qu'à ceux qui prêchent et administrent les sacrements ; de posséder des seigneuries et même des banques.* »[1] Elle lui reproche aussi : « *Les grands repas où l'on apporte mets sur mets, et quantité de grands poissons délicatement assaisonnés, pour se dédommager de l'abstinence de la viande ; où l'on sert tant de vins différents, qu'à peine peut-on goûter de chacun : vins parfumés, emmiellés, déguisés de mille manières ; et l'abus de luxe de vêtement tel que, dans la même pièce d'étoffe, on taille un manteau pour un chevalier, ou un froc pour un moine, de sorte qu'un prince ne dédaignerait pas l'habit religieux, à la forme près.* »[2] Ornements d'or, sculptures, peintures, vitraux coloriés, riches tapis, voix des chantres trop efféminée, raffinements culinaires, pâtisseries excitantes, épices, usage journalier de l'écarlate, tout est passé en revue. Que répond Cluny à ce grief ? Que la nuance écarlate du vêtement des religieux indiquait qu'ils étaient toujours prêts à répandre leur sang pour Jésus-Christ.

La réponse la plus efficace aux luxueux excès du Moyen Âge fut la création des Ordres mendiants et des autres ordres religieux qui

---

1. *Histoire littéraire*, tome XIII – *Histoire ecclésiastique*, tome XIV cités par Baudrillart, *op. cit.*, tome III, p. 643.
2. *Ibid.*

prêchèrent la pauvreté par l'exemple. Un jour que l'abbé de Cîteaux partait avec ses moines dans un magnifique appareil, pour aller en Languedoc travailler à la conversion des hérétiques, deux Castillans qui revenaient de Rome, l'évêque d'Osma et l'un de ses chanoines, qui n'était autre que le futur saint Dominique, n'hésitèrent point à leur dire : « *C'est pieds nus qu'il faut marcher contre les fils de l'orgueil ; ils veulent des exemples, vous ne les réduirez point par des paroles.* » Les cisterciens descendirent de leurs montures et suivirent les deux Espagnols.

Mais les mœurs religieuses ne se reformèrent pas complètement pour autant. Sous Louis XI, le chanoine poète Guillaume Coquillard se moque des relations entre les moines et les femmes :

> « *Mesdames, sans aucun vacarme,*
> *Vont en voyage bien matin,*
> *Dans la chambre de quelque carme,*
> *Pour apprendre à parler latin.* »[1]

Il ne fait pas grâce au luxe des habillements et aux excès de la toilette de ceux qui :

> « *Lavent trois fois le jour leur tête*
> *Afin qu'ils aient leurs cheveux jaunes.* »[2]

Et il s'emporte contre les perruques :

> « *De la queue d'un cheval peint,*
> *Quand leurs cheveux sont trop petits,*
> *Ils ont une perruque feinte.* »[3]

---

1. Cité par Baudrillart, tome III, p. 657.
2. *Ibid.*
3. *Ibid.*

La vision de Montaigne sur le luxe

Cette critique du luxe est une constante des siècles. On en trouve des traces y compris sous la Renaissance. Montaigne a écrit sur le sujet. Lui qui trouvait déjà critiquable l'habitude de changer le linge dont on se servait à table aux différents services, devait se montrer plus sévère pour des raffinements moins innocents. Tout en faisant entendre qu'il ne faut pas se distinguer des autres, et qu'il est sage de se soumettre aux coutumes établies, Montaigne est choqué de cette mobilité déraisonnable qui prétend chaque fois avoir atteint ce qu'il y a de mieux, et qui ensuite déclare laid et ridicule ce qu'elle trouvait beau la veille. C'est là un travers, selon l'auteur des *Essais*, propre au peuple français : « *Je me plains de sa particulière indiscrétion, de se laisser si fort pipper et aveugler à l'autorité de l'usage présent, qu'il soit capable de changer d'opinion et d'avis tous les mois, s'il plait à la coutume, et qu'il juge si diversement de lui-même. Quand il portait le busc de son pourpoint entre les mamelles, il maintenait par vives raisons qu'il était en son vrai lieu ; quelques années après, le voilà avalé jusques entre les cuisses, il se moque de son autre usage, le trouve inepte et insupportable. La façon de se vêtir présente luy fait incontinent condamner l'ancienne, d'une résolution si grande et d'un consentement si universel, que vous diriez que c'est quelque espèce de manie qui lui tourneboule ainsi l'entendement.* »[1] Il ajoute avec non moins d'énergie : « *Parce que notre changement est si subtil et si prompt en cela, que l'invention de tous les tailleurs du monde ne saurait fournir assez de nouveautés, il est force que bien souvent les formes méprisées reviennent en crédit, et celles-là mêmes tombent en mépris tantôt après ; et qu'un même jugement prenne en l'espace de quinze ou vingt ans deux ou trois, pas diverses seulement,*

---

1. Montaigne, *Essais,* livre I, chapitre XIX.

mais contraires opinions, d'une inconstance et légèreté incroyables. Il n'y a si fin entre nous qui ne se laisse embabouiner [1]*, de cette contradiction, et éblouir tant les yeux internes que les externes insensiblement.* »[2] Que dirait-il de nos jours des revirements de modes qui ne sont que d'éternels revirements ou recommencements ?

Il établit une distinction, que devaient faire après lui de sages économistes, entre dépenses qui dévorent de grandes sommes pour des satisfactions passagères, et ce luxe plus solide et moins frivole comme l'ameublement parce qu'il dure un long temps et se transmet aux héritiers. Il réunit ces diverses idées dans un passage digne d'être rappelé : « *C'est*, dit-il, *une espèce de pusillanimité aux monarques et un témoignage de ne sentir point assez ce qu'ils sont, de travailler à se faire valoir et paraître par dépenses excessives. Ce serait chose excusable en pays étranger ; mais parmi ses sujets, où il peut tout, il tire de sa dignité le plus extrême degré d'honneur où il puisse arriver. Comme à un gentilhomme il me semble qu'il est superflu de se vêtir curieusement en son privé : sa maison, son train, sa cuisine, répondent assez de lui. Le conseil qu'Isocrate donne à son roi ne me semble pas sans raison : Qu'il soit splendide en meubles et ustensiles, d'autant que c'est une dépense de durée qui passe à ses successeurs, et qu'il fuit toutes magnificences qui disparaissent immédiatement et de l'usage et de la mémoire.* »[3]

Les critiques de Montaigne sur le luxe s'appliquent aussi aux fêtes et aux spectacles. Montaigne condamne certaines fêtes et certains plaisirs publics. Mais il s'élève contre le préjugé qui condamnait la

---

1. On dirait de nos jours « embobiner » mais l'expression ancienne est plus savoureuse.
2. *Ibid.*
3. Montaigne, *Essais*, livre III, chapitre VI.

profession des comédiens. Il part de ce principe que l'homme, né pour la société, a besoin de réunions et qu'il ne saurait non plus se passer de divertissement. On doit s'appliquer à satisfaire ce penchant. Cette opinion de Montaigne sur les spectacles, contraire aux idées dominantes dans l'Église, et que Bossuet combattit avec tant d'énergie au siècle suivant, est motivée par l'auteur des *Essais* en des termes très nets et très frappants. Il apparaît comme visionnaire et en avance sur son époque. Elle devrait faire partie d'une théorie complète sur le luxe : « *J'ai toujours accusé d'impertinence ceux qui condamnent ces ébats, et d'injustice ceux qui refusent l'entrée de nos bonnes villes aux comédiens qui le valent, et envient au peuple ces plaisirs publics. Les bonnes polices prennent soin d'assembler les citoyens et de les rallier comme aux offices sérieux de la dévotion, ainsi qu'aux exercices et jeux.* »[1]

Il met ainsi sur le même plan les rassemblements sur les lieux de culte ou ceux du jeu et de la distraction. Les Romains disaient déjà le pain et le cirque.

On ne saurait dire d'une façon plus franche et plus hardie que, s'il faut des églises pour le culte, il faut aussi aux peuples des théâtres pour le divertissement. « *La société et amitié s'en augmente, et puis on ne leur saurait concéder des passe-temps plus réglés que ceux qui se font en présence d'un chacun et à la vue même du magistrat.* »[2] Il faudrait, à l'en croire, dans les villes populeuses, donner aux théâtres plus de permanence et de régularité, parce qu'il y voit une sorte de diversion « *de pires actions et occultes* »[3]. Ainsi, c'est au nom de la morale que Montaigne a cru les spectacles nécessaires. Sans eux, les peuples

---

1. Montaigne, *Essais*, livre III, chapitre IX.
2. *Ibid.*
3. *Ibid.*

iraient chercher, dans des plaisirs souvent criminels et cachés, des diversions plus grossières pour distraire leur existence monotone. Cette opinion réfléchie d'un tel moraliste sur la fameuse question des spectacles, sur cette question encore discutée contradictoirement en plein XVIIIᵉ siècle avec l'éclat que l'on sait par d'Alembert et J.-J. Rousseau, présente tout son intérêt au cœur du XVIᵉ siècle.

Enfin, encore plus audacieux, Montaigne n'est pas favorable aux lois somptuaires. Il leur reproche de s'attacher à des détails qui ont peu d'importance si on les compare à la corruption générale des mœurs. L'homme visé est le chancelier Lhopital pour avoir rendu des édits de ce genre. Il s'étonne que ce personnage, « *duquel il a la mémoire en vénération singulière* »[1], allât « *au milieu de nos plus grands maux* »[2], quand il n'y avait ni loi, ni justice, « *publier je ne sais quelles chétives reformations sur les habillements, la cuisine et la chicane. Ce sont amusoires dont on paie un peuple mal mené, pour dire qu'on ne l'a pas oublié. Les autres font de même qui s'arrêtent à défendre à toute instance des formes de parler, des danses et les jeux à un peuple abandonné à toute sorte de vice exécrable. Il n'est pas temps de se laver et décrasser, quand on est atteint d'une bonne fièvre* »[3].

Il accuse les mêmes mesures de manquer leur but par l'importance même de l'attrait qui s'attache dès lors à ce qu'on interdit : « *Car dire ainsi qu'il n'y aura que les princes qui mangent du turbot, et qui puissent porter du velours et de la tresse d'or, et l'interdire au peuple, qu'est-ce autre chose que de mettre en crédit ces choses-là et susciter l'envie à chacun d'en user ?* »[4] Il conclut sur ce sujet par

1. *Ibid.*
2. *Ibid.*
3. *Ibid.*
4. *Ibid.*

cette spirituelle boutade que « *la loi devrait dire au rebours que le cramoisi et l'orfèvrerie est défendue à toute espèce de gens, sauf aux bateleurs et aux courtisans* ».[1]

Il rappelle Saleucus, ordonnant « *que la femme de condition libre ne puisse mener après elle plus d'une chambrière, sinon lorsqu'elle sera ivre ; ni ne puisse sortir hors la ville, de nuit, ni porter joyaux d'or alentour de sa personne, ni robe enrichie de broderie, si elle n'est... femme de mauvaise vie* »[2]. C'est ce que l'auteur des *Essais* appelle : « *Divertir ingénieusement par des exceptions honteuses les citoyens de superflus et délices pernicieux.* »[3] Montaigne montre dans ces extraits à quel point le luxe rentre dans ses préoccupations. Ce grand philosophe, bien avant Voltaire, émet les jugements les plus pertinents sur ce sujet. Ils mériteraient de figurer dans une anthologie sur le luxe. Montaigne fait la part des choses et sait, au sein du luxe, trier le bon grain de l'ivraie.

Le luxe jugé par les chroniqueurs

C'est l'époque où les historiens commencent à porter les jugements les plus fins et les plus pertinents sur leur temps. Avant, on avait comme chroniqueurs les Commines, les Villehardouin. Maintenant, on a des historiens comme Auguste de Thou, ou des juristes comme du Vair.

Du Vair met sous nos yeux le tableau brillant de la France dans la première moitié du XVIe siècle et l'affligeante décadence morale et

---

1. *Ibid.*
2. *Ibid.*
3. *Ibid.*

matérielle qui en marque la fin. Il s'en prend à la transformation funeste opérée dans les mœurs françaises au XVIᵉ siècle. Il n'hésite pas à faire remonter le mal aux règnes de François Iᵉʳ et de Henri II, où le royaume « *vécut fort dissolument* ». Il estime que pendant la jeunesse des derniers rois, ce royaume a entièrement changé, tant les mœurs se sont perverties par l'imitation de l'Italie. Il accuse la noblesse d'avoir dégénéré de ses qualités essentielles, qui avaient fait la gloire même du nom français : « *On n'a omis*, écrit du Vair, *aucun artifice pour le dénaturer et décourager, noyer dans le luxe, la volupté et l'avarice (amour de l'argent) cette ancienne générosité dont elle avait hérédité de ses pères, et lui faire perdre l'amour et la charité qu'elle devait avoir vis-à-vis de la grandeur et la conservation de l'État.* »[1] Il est intéressant de noter comment les chroniqueurs mettent toujours en cause le luxe comme facteur de dérive d'une société. Mais, il faut aussi faire la part dans leur critique des engagements politiques ou religieux. Comme dans beaucoup de domaines, le luxe condamnable est souvent celui de l'autre, celui des opposants que l'on veut abattre.

On rencontrera des observations du même genre dans les *Mémoires* de Tavannes. Catholique zélé, mais parlant de la réforme des mœurs au même titre que les protestants, qui avaient justifié leur réforme par l'absence d'austérité de certains membres de l'Église catholique, il gourmande la mollesse des nouvelles générations et se plaît à rappeler les antiques souvenirs de ferme vertu et de patient héroïsme. Il en est de même pour le protestant Lanoue. La censure morale du temps et les vœux les plus patriotiques sont l'âme de ses éloquents *Discours politiques et militaires*. Il faudrait

---

1. Œuvres de du Vair 4ᵉ partie : « De la constance et consolation des calamités publiques. »

citer encore maints passages de la *Satire Ménippée*[1]. C'est la satire honnête, sensée, spirituellement éloquente des vices du temps. La même critique se retrouve jusque dans les exagérations violentes des pamphlets du temps de la Ligue. Mais il faut faire la part de la polémique politique dans ces attaques sur fond de moralité.

L'écrit plus important intitulé *Discours sur « l'excessive cherté, présenté à la reine, mère du roi »* (c'est-à-dire Catherine de Médicis, mère de Henri III et dont les deux autres frères avaient régné avant lui), par un sien fidèle serviteur en 1586, est rempli de renseignements à cet égard, c'est-à-dire trois ans avant l'accession au pouvoir d'Henri IV. Il censure l'excès des bâtiments, des ameublements, comme celui des tables : « *Il n'y a pas trente ans*, dit-il, *que cette superbe façon de bâtir est venue en France. Les meubles étaient simples ; on ne savait ce que c'était que tableau et sculptures ; on ne voyait point une immensité de vaisselle d'argent et d'or, point de chaînes, bagues, joyaux, comme aujourd'hui pour entretenir ces excessives dépenses, il faut jouer, emprunter et se déborder en toutes sortes de voluptés, et enfin payer ses créanciers par des cessions et faillites... On ne se contente plus à un dîner ordinaire de trois services, consistant en bouilli, rôti et fruits (...) et, quoique les vivres soient plus chers qu'ils ne furent jamais, rien n'arrête. Il faut de la profusion, il faut des ragoûts sophistiqués pour aiguiser l'appétit et irriter la nature.* »[2] C'est une des premières fois qu'un texte fait une critique aussi globale du luxe sous tous ses aspects.

---

1. La *Satire Ménippée* est un ouvrage collectif destiné à critiquer le pouvoir des Valois.
2. Anonyme, *Discours sur « l'excessive cherté, présenté à la reine, mère du roi »*, 1586.

Et le luxe dans tout cela ?

Malgré les éléments positifs apportés au monde en matière d'élégance, de raffinement, de culture et d'art, mais aussi de liberté et de remise en cause des idées reçues pour le bien de l'humanité et le progrès, la Renaissance n'a pas échappé, comme les autres périodes de forte civilisation, à des jugements contrastés sur le luxe. Tout se passe comme si, à la manière d'un balancier, chaque avancée luxueuse s'accompagnait d'un contrepoids critique. Une telle récurrence doit inciter à réfléchir sur la leçon à tirer pour notre époque.

La Renaissance a marqué l'une des plus grandes avancées du luxe en France. Enfin, en introduisant un esprit de libertinage à la cour, elle a incité la femme à plus d'esprit de séduction, plus de liberté, une certaine assurance et plus d'émancipation par rapport à sa situation antérieure.

Ce siècle a surtout donné à la France le goût du décor et des châteaux que l'on admire le long de la vallée de la Loire. L'usage des parfums et du tabac, le culte de la toilette datent de cette époque. Ces avancées du luxe sont à porter au crédit d'une dynastie, celle des Valois, qui va s'éteindre en 1589 pour céder la place à Henri IV qui installera, pour deux siècles, celle des Bourbons qui va porter le luxe français à l'un de ses sommets.

Seule limite à cette époque : notre manque d'audace pour nous servir des conquêtes maritimes et développer les territoires découverts en Asie et en Amérique latine, même si la formule de la colonisation n'était pas le mode le plus juste, ni le plus humain. On en aura la preuve devant le désintérêt porté par Henri II face à l'occupation par un de ses officiers de marine, le capitaine de vaisseau de Villegagnon, en 1550, d'une partie du Brésil et notamment de Rio de Janeiro que la France aurait pu partager avec le Portugal. Ce roi et ses trois enfants qui lui succéderont n'avaient pas l'intuition de la richesse du Brésil et de ce que ce pays apportera plus tard en matière de luxe. ∎

Chapitre 5

Le XVIIᵉ siècle et le luxe royal

Versailles, le Roi-Soleil et le grand siècle marqué par une littérature qui ne sera plus jamais égalée et dont les noms sont Corneille, Racine, Molière, La Fontaine, Boileau, La Bruyère ou Bossuet vont illuminer et codifier ce luxe du XVIIᵉ siècle qui va faire la grandeur de la France.

La préfiguration du luxe moderne

Le luxe du Moyen Âge et du début de la Renaissance était militaire et religieux, bien que le luxe de la Renaissance ait amorcé une évolution laïque et civile. Dans l'Antiquité et au Moyen Âge, l'art dominait l'industrie ; le beau ou le fastueux était supérieur à l'utile. Avec les temps modernes, l'industrie prend le pas sur l'art et le luxe tend au bien-être et au confort. L'art continuera à jouer un grand rôle, mais avec une certaine forme d'industrialisation. La diffusion de l'élégance et du superflu va progressivement pénétrer les classes sociales et apparaître comme nécessaire. La royauté qui joue un rôle fondamental va développer les manufactures du luxe qui en France seront primordiales pour la fabrication de produits luxueux : soie, tapis, céramique, verre.

Le XVII\ :sup:`e` siècle français, après l'éclosion de la Renaissance, apparaît comme un siècle charnière qui porte en germe les fastes futurs et le développement des industries du luxe qui ont accru le commerce et la renommée de la France et de l'Europe. Le luxe français va devenir une profession et rayonnera sur le monde.

À partir du XVII\ :sup:`e` siècle, la royauté a redoublé d'éclat, imposant le luxe monarchique. Le luxe religieux avec les cathédrales passe au second rang. On assiste à une profusion des réjouissances élégantes, qui commencent à pénétrer dans les couches de la société. Le choix fondamental de la promotion volontaire de ces industries revient à Henri IV, au début du XVII\ :sup:`e` siècle, qui, en liaison avec son ministre Sully, a initié une véritable politique industrielle du luxe.

La soie : une affaire d'État

Au début du règne d'Henri IV, la France importe la quasi-totalité de sa consommation de soie. De son côté la cour, éprise de tout ce qui brille, en consomme une grande partie (environ un sixième). Dans un premier temps, les soies brutes sont importées de Perse et du Levant (en échange d'autres marchandises : draps et toiles) pour être manufacturées à Tours et à Lyon. Henri IV décide de faire élever des vers à soie, de planter des mûriers, et cela partout où le climat le permet : en Languedoc, en Provence, en Comtat, en Touraine. C'est ainsi qu'il établit les premières plantations dans les allées des Tuileries, au parc de Fontainebleau, à Saint-Germain. L'État se met à distribuer des plants à travers toute la France. Telle est la véritable promotion étatique du luxe français.

Avec son exceptionnelle puissance de conviction, le roi a fait venir en France les meilleurs ouvriers italiens pour enseigner aux Français les secrets de cette industrie. Il a ordonné la participation du clergé par l'obligation, imposée à chaque diocèse, d'implanter 50 000 mûriers. Il a octroyé des privilèges de vente et des promesses d'anoblissement au bout de douze ans d'existence manufacturière.

Comme pour tout ce qui est agricole, Henri IV s'appuiera sur un professeur érudit, Olivier de Serres, dont il fera son ministre de l'Agriculture et dont les écrits guideront toutes les exploitations agricoles pendant plusieurs siècles. Son ouvrage *La Cueillette de la soie* sera refondue dans son grand livre, qui fera autorité pendant plusieurs générations, intitulé *Le Théâtre de l'agriculture* dont Henri IV se fait lire le texte à l'heure des repas. Pour lui, la soie est l'or enfoui dans la terre. Grâce à la stimulation de cette produc-

© Groupe Eyrolles

tion, ses prévisions seront dépassées. Cela permettra à la France, qui était largement importatrice, de pouvoir exporter une partie de cette production. Le pari est gagné pour le plus grand bien de la nation.

Louis XIV va continuer cette œuvre grâce à Colbert qui encouragera le groupement des ateliers des « soyeux de Lyon », leur permettant d'accéder au rang de « grande fabrique » par diverses mesures dont la suppression des douanes intérieures. La ville de Lyon est décrétée seul bureau de douanes pour les soies et soieries. Colbert institue des droits protecteurs sur les soies en provenance des pays étrangers. Il s'occupe de réglementer, à plusieurs reprises, les rapports et les droits respectifs des maîtres marchands, maîtres ouvriers et ouvriers.

Sully a inspiré au roi de grands projets d'économie, et jusqu'à ces sages réponses comme celle qu'il fit lorsque, étant venu au Havre en 1603, les députés de la ville voulurent lui offrir une fête : « *Employez mieux votre argent, en le donnant à ceux qui ont souffert de la guerre ; ils y trouveront leur compte et moi le mien.* »[1] C'était sa manière de condamner le luxe festif.

C'est la gloire de Sully d'avoir combattu le mauvais luxe, accru le travail, l'ordre, l'économie, par nombre de mesures financières conçues avec intelligence, exécutées avec énergie. Mais Sully reste ferme. Au terme d'un grand débat à ce sujet avec le roi qui se fait en quelque sorte l'avocat du luxe, Sully lui réplique, comme il le décrira dans ses *Économies royales* qui restent l'ouvrage de référence de ce temps : « *Puisque telle est votre volonté absolue, je n'en parle plus. Le temps et la pratique vous apprendront que la France*

---

1. Cité par Baudrillart, *op. cit.*, tome IV, p. 16.

n'est nullement préparée à de telles babioles. »[1] Ce sont pourtant ces fameuses babioles qui feront la gloire de la France comme on le verra exposé tout au long de cet ouvrage. Fidèle à sa réputation, Sully recevra la députation des marchands de soie de Paris, réclamant contre une mesure qui les atteignait.

> Le sire Henriot, chargé de la harangue, ayant mis genou en terre avant de la commencer, Sully le releva brusquement, et, après l'avoir tourné de tous côtés pour contempler à l'aise son habit à l'antique, doublé de soieries de diverses couleurs, selon les habitudes de sa profession : « *Eh ! là, mon bonhomme, venez-vous ici avec votre compagnie pour vous plaindre ? Mais vous êtes plus beau que moi ! Comment donc ! Voici du taffetas, voici du damas, voici du brocart !* » Et il se moque de la députation sans l'entendre, d'une manière si cruelle, que les marchands, confus, disaient en s'en allant, parlant de Sully : « *Le valet est plus rude et plus glorieux que le maître.* »[2]

Le génie de Sully fut de mélanger quelques idées traditionnelles à des vues modernes dans le programme qu'il soumit au roi. Il signale pêle-mêle comme principales causes de l'affaiblissement de la monarchie : « *Les subsides outrés, les monopoles, principalement sur le blé ; le négligemment du commerce, du trafic, du labourage, des arts et métiers ; le grand nombre des charges ; les frais de ces offices ; l'autorité excessive de ceux qui les exercent ; les frais, les longueurs et l'iniquité de la justice ; l'oisiveté, le luxe et tout ce qui y a rapport ; la débauche et la corruption des mœurs ; la confusion des conditions ; les variations dans la monnaie ; les guerres injustes et imprudentes ; le despotisme des souverains, leur attachement aveugle à certaines*

---

1. Sully, *Économies royales.*
2. *Ibid.*

personnes, leur prévention en faveur de certaines conditions ou professions ; la cupidité des ministres et gens de faveur ; l'avilissement des gens de qualité, le mépris et l'oubli des gens de lettres, la tolérance des méchantes coutumes et l'infraction des bonnes lois ; la multiplicité des édits embarrassants et des règlements inutiles. »[1] Sully, Richelieu, Colbert ont inventé un style de « gouvernance » comme on dit de nos jours, alliant la rigueur et l'imagination.

L'ivresse que procure le tabac...

Il existe un exemple de réglementation au profit de cette industrie du luxe que constitue le tabac. Le tabac fut introduit en France vers le milieu du XVIᵉ siècle grâce à l'ambassadeur Jean Nicot qui l'avait découvert au Portugal, en provenance des Amériques et le conseilla à Catherine de Médicis pour ses maux de tête. Il continua de se répandre en Europe au long du XVIIᵉ siècle.

> Le tabac, fumé ou prisé – technique apparue sous Louis XIII qui consiste à introduire des pincées de poudre de tabac dans le nez –, fit l'objet d'un engouement croissant. On le consommait par goût, par plaisir, comme un luxe. Le tabac était alors considéré comme un bien précieux. On ne le fumait qu'en petite quantité : chez les marins – des chiqueurs qui, par cette coutume, évitent des maladies dangereuses – et chez les grands. Comme l'alcool, le tabac était donc utilisé, à l'origine comme médicament.

Dans la plupart des pays, une consommation excessive engendra des réactions qui entraînèrent soit son interdiction totale – comme en Perse, où le roi décréta que fumer méritait d'avoir le nez coupé –,

---

1. *Ibid.*

soit des restrictions par le jeu d'impositions fiscales assez lourdes. Les rois de France furent plus adroits. Si la consommation du tabac ne fut contrariée par aucune loi, au début du siècle on la greva d'un droit à la consommation relativement faible que Richelieu éleva par la suite. En 1674, l'usage de priser et de fumer devenant de plus en plus populaire – malgré le prix –, Colbert crut nécessaire de créer un monopole d'État pour la fabrication, la vente et la distribution. L'impôt du tabac représente de nos jours en France l'une des plus fortes recettes fiscales. Mais malheureusement, on sait aussi les dégâts qu'il cause.

Propreté et hygiène : le savon convoité

Si la découverte du savon date de l'Antiquité, il ne semble avoir acquis d'importance qu'au XVIIe siècle. Les principales causes qui favorisèrent le développement de l'industrie savonnière sont l'aisance des populations, l'emploi fréquent du linge et des habitudes de propreté et d'hygiène inconnues jusque-là.

Au XVIIe siècle, on ne se lave guère. La toilette « sèche » consiste à changer de linge plusieurs fois par jour. Les odeurs corporelles étaient masquées par les parfums forts et tenaces, composés de musc, de civette ou d'ambre gris. L'eau est utilisée pour se rincer les mains ou le visage, plus que pour se laver le corps. L'odeur corporelle n'est pas considérée comme une tare. On se souvient de l'injonction prêtée à Henri IV à sa maîtresse, Gabrielle d'Estrées : « *Demain, je serai dans vos bras. Ne vous lavez pas en attendant.* » Mais on n'est pas sûr de son authenticité.

La France disposait sur son territoire des deux éléments essentiels au savon : la soude naturelle (dans les plantes salines) et l'huile d'olive.

Colbert, dont le système industriel était fondé sur l'idée du luxe utile, va développer la fabrication du savon, qui connut un essor rapide tant en France qu'à l'étranger. Mais même si le savon était excellent, la production restreinte et le prix trop élevé l'empêchèrent de devenir usuel. On sait que L'Oréal devenue une des plus grandes entreprises mondiales de parfum et de cosmétique commença en France au XXe siècle par une fabrication artisanale de savon.

À côté du savon, à la fin du XVIIe siècle, le parfum, utilisé comme palliatif d'un manque général d'hygiène pour occulter les mauvaises odeurs, évolue vers des représentations raffinées. Objet de luxe, il se présente dans un flacon. Des verreries se créèrent au XVIIe siècle où l'on polissait, taillait, gravait et teintait cet accessoire.

Dentelles, tapis et autres métiers de luxe

Henri IV intervint dans l'établissement d'une manufacture de dentelle. Comme Bruges était célèbre pour ses dentelles, il demanda à deux Flamands d'apprendre sa fabrication aux habitants de Senlis. Pour le cuir, il fit appel à des Suisses en les payant à prix d'or. Les manufactures furent établies à Poitiers, La Rochelle et Nérac, dont les vieilles maisons de tanneurs bordent encore la Baïse. Sa mode exige de tendre les murs de luxueuses tapisseries ; la France les tissera elle-même.

Aux Pays-Bas, l'on débauche deux maîtres, Marc de Comans et François de La Planche, qui enrichissent leurs œuvres de rehauts d'or et d'argent. En 1607, le roi les installe aux Gobelins, les subventionne, les anoblit, leur garantit un monopole de quinze ans.

De même, Jean Fortier va proposer ses services à Henri IV pour établir en France l'industrie des tapis d'Orient. Agréé, il recevra 1 000 livres d'avance et les locaux nécessaires.

Les corps de métiers du luxe sont concernés. Sous le règne de Louis XIII, des démarcheurs vont solliciter à domicile et à prix d'or des ouvriers vénitiens habiles dans l'art de couler les glaces pour la manufacture royale. À Liège, on recrute des fondeurs de cuivre ; en Espagne, des chapeliers ; en Italie, des brodeurs, des dentelliers, des ouvriers d'art. Colbert développa ces activités. Parmi les centaines de manufactures créées, la plupart réussirent. Parmi les nombreux succès on compte : forges, glaceries, papeteries, manufactures de laine, de toile et de soie, fabriques de bas, fabriques de meubles et de tapis, ateliers d'orfèvrerie, savonneries.

On savait à l'époque qu'un corporatisme protectionniste tuerait l'invention. C'est pourquoi Henri IV s'était réservé le droit de placer par privilège, hors des règles, tout artisan en possession d'une technique nouvelle. Il logeait au Louvre qui était aussi son habitation, des ouvriers d'art, peintres, horlogers, orfèvres, sculpteurs, médailleurs, forgeurs d'épées, menuisiers, graveurs en pierres précieuses, fabricants de tapis, qui travaillaient pour lui et le public, avec l'obligation d'avoir un talent original, forme de mécénat exemplaire en faveur du luxe.

L'horlogerie : une sophistication perpétuelle

Le métier d'horloger à cette époque exige de l'artisan des connaissances étendues, une habileté manuelle et un sens averti de la mécanique. L'horloger doit souvent fabriquer la boîte, l'orner, la graver, y sertir des joyaux, même si, en raison des lois somptuaires, elle est rarement en or mais en cuivre ou en argent. Ce métier, estimé parce que difficile et précis, offre à la personnalité de l'ouvrier bien des moyens d'expression. Jamais on a vu à ce point les pendules se multiplier et se perfectionner. C'est la quintessence du luxe qui exprime à la fois la nécessité de l'homme de se situer dans le temps et en même temps de le faire d'une manière originale, sophistiquée et élégante. Au XVIIe siècle, les mécanismes horlogers imaginés et construits deviennent compliqués et prennent moins de place.

> On voit naître des horloges sophistiquées, comme celle de l'horloger genevois Jean-Baptiste Duboule qui indique l'heure, le mouvement de la Lune, le quantième, contient un réveil et une sonnerie, ou comme celle de la cathédrale de Strasbourg qui indique le temps moyen, le vrai temps, le temps sidéral, les mouvements du Soleil, de la Lune et des planètes, le quantième, le mois, les fêtes dominicales, les fêtes mobiles, et qui est munie de sonneries et d'automates.

De tels résultats s'expliquent par la collaboration qui s'instaure entre les savants et les horlogers. L'horloger doit faire appel au savant capable de calculer les éléments d'une horloge astronomique. Parfois l'initiative vient du savant souvent astronome ou mathématicien qui a besoin de l'artisan pour concrétiser ses conceptions.

À la fin du XVIIe siècle, les horloges et les montres reçoivent des perfectionnements grâce auxquels elles pourront devenir les horloges de précision et des chronomètres modernes qui figurent parmi les instruments les plus précis que l'homme ait inventés.

L'orfèvrerie : goût et élégance

La magnificence de l'orfèvrerie exécutée sous le règne de Louis XIV a été annoncée par la production du règne antérieur. Louis XIII (1610-1643), son épouse Anne d'Autriche, Richelieu, les princes, dont le prince de Condé, appréciaient les objets de luxe. Les modes espagnole et italienne ont inspiré les orfèvres français. Leurs somptueuses créations ornent les garnitures de toilette et la vaisselle. La fourchette, qui vient d'être inventée à trois dents, reste un privilège des tables aisées.

Le mobilier impose le style Louis XIII, puis Louis XIV, avec des lits et des tables, des armoires, des chaises et des fauteuils. Il atteindra des sommets de goût et d'élégance avec le style Louis XV et Louis XVI. Ces meubles sont rehaussés de marqueterie ; certains sont de véritables œuvres d'art.

Dès le début de son règne, Louis XIV, décidé à éblouir son peuple et à étonner les étrangers, va imposer l'image de sa grandeur. Ce roi qui « *aimera en tout la splendeur, la magnificence, la profusion* »[1], comme le dit Saint-Simon dans ses *Mémoires*, va transformer les arts et le luxe.

> Saint-Simon ajoute : « *Ce goût, il le tourne en maxime par politique et l'inspire à sa cour. C'était lui plaire que de se jeter en table, en habit, en équipages, en bâtiment, en jeu. C'étaient des occasions pour qu'il parlât aux gens. Le fond était qu'il tendait et parvint par là à épuiser tout le monde en mettant le luxe en honneur et pour certains en nécessité.* »[2]

---

1. *Mémoires* de Saint-Simon.
2. *Ibid.*

On ne peut trouver meilleure définition du luxe. Il passa des commandes de pièces somptueuses, imposantes par la taille et raffinées par leur décoration ; il rechercha l'environnement des métaux précieux pour orner et meubler ses appartements, ainsi que les lieux où il recevait pour des audiences ou pour des fêtes. Sensible à la virtuosité des orfèvres, il se rendait dans les ateliers officiels et se faisait présenter leurs ouvrages. Il logeait des orfèvres au Louvre et aux Gobelins. Il attira même des étrangers tels que Verberckt ou Claude de Villiers.

Louis XIV ne comprit pas que les ressources financières du royaume s'épuisaient avec les guerres qu'il entreprenait et son goût pour l'opulence. Ses prédécesseurs, même les Valois sous la Renaissance, avaient été plus sages en promouvant les lois somptuaires qui édictaient l'interdiction de porter des objets trop luxueux : dentelles, bijoux, etc. Ainsi, en 1689 (guerre de Succession d'Espagne), le roi fut contraint d'envoyer à la fonte son orfèvrerie la plus précieuse, soit 25 000 kilogrammes d'argent, afin de subvenir à ses dépenses. Luxe et guerre n'ont jamais fait bon ménage.

Outre les très rares pièces qui ont échappé au temps, on connaît l'orfèvrerie de la cour par des témoignages graphiques : inventaire du mobilier de la couronne ou descriptions dessinées ou gravées (Charles le Brun, Alexis Loir, Jean Lepautre, Le Titien), peintes ou tissées aux Gobelins. Pour les séries des Maisons royales, Le Brun, directeur de la manufacture, fournit les cartons.

D'une manière plus générale, on peut dire que le XVIIᵉ fut le siècle du luxe royal par excellence. Pourtant, certaines familles de la noblesse donnaient des fêtes somptueuses. Ces fêtes étaient l'occasion d'assister à des comédies-ballets. À cette époque, les spectacles de danse, puis d'opéra, constituaient le summum du luxe. Un des exemples de ces fêtes fut donné au château de Vaux par l'intendant Fouquet, protecteur d'artistes célèbres dont La Fontaine, qui irrita tellement le roi qu'il le fit incarcérer.

Les souverains de cette époque ont fait rayonner le luxe français. Amateurs de fastes, constructeurs de monuments splendides ou promoteurs des industries du luxe, Henri IV, Louis XIII et Louis XIV ont chacun compté dans le luxe au XVIIe siècle.

Sous Henri IV, l'épanouissement des sciences, des lettres et des arts

Pour Henri IV (1589-1610), l'élégance et la beauté forment un élément essentiel de la civilisation d'un grand pays. Non seulement il bâtit des hôpitaux et agrandit l'Hôtel-Dieu, fonde des églises, multiplie les fontaines, perce des rues nouvelles, élargit les anciennes, jette des ponts, établit des quais, transforme, assainit des quartiers, mais il construit ou achève la place Royale, le pavillon de Flore, des parties admirables de l'Hôtel de Ville et du palais de Fontainebleau. Il ajoute au Louvre des galeries. Les sciences, les lettres, les arts s'épanouissent durant son règne. Il crée le Jardin des Plantes et développe le Collège de France.

La mode, à cette époque, est excessive : parures, étoffes. Le luxe s'étale à la cour. Les femmes renchérissent avec le vertugadin, des profusions de broderies, de dentelles et de pierres précieuses. La reine donne l'exemple de cette surcharge de perles et pierreries, qui va jusqu'à gêner ses mouvements. Pour le baptême du futur Louis XIII, les historiens rapportent que Marie de Médicis portait une robe brodée de 39 000 perles et 3 000 diamants.

Sous Louis XIII, un Paris métamorphosé

Sous le règne de Louis XIII (1610-1643), le luxe se révéla grâce à la transformation de la capitale et des arts décoratifs. Il existe pour Paris une période Louis XIII, qui a marqué son histoire et l'histoire du luxe. Henri IV avait commencé en restaurant le Louvre, le château de Saint-Germain et celui de Fontainebleau, en créant le Pont-Neuf et la place des Vosges, s'inspirant d'une place gasconne, celle de la Bastide d'Armagnac où il possédait une maison quand il résidait en Navarre, appelée place Royale. Louis XIII et Richelieu ont poursuivi des chantiers de grande ampleur : le palais du Luxembourg de Marie de Médicis avec les tableaux de Rubens est achevé ; les académies sont initiées par Richelieu.

L'étendue des travaux, pendant cette période, est impressionnante. Nombre de quartiers ont été construits, comme le quartier du Marais, de Montmartre, le Pré-aux-Clercs. L'Imprimerie royale a été créée, le Louvre agrandi, l'Hôtel de Ville accru, la place Royale (des Vosges) achevée, l'église et le collège de la Sorbonne restaurés. Une politique d'encouragement à la construction d'hôtels particuliers sur l'île Saint-Louis a été menée. Le Paris moderne commence et avec lui la vie élégante des cercles, des salons, le théâtre et le début des triomphes des pièces de Corneille. Le Marais passe de l'état agricole à la dignité de quartier à la mode. L'île Saint-Louis offre un ensemble de belles maisons. Le grand et le petit Pré-aux-Clercs, voient leurs prairies et leurs jardins remplacés par de nombreuses habitations. Rubens a été appelé par le roi pour peindre vingt-quatre tableaux pour la galerie du Luxembourg. Nicolas Poussin est, en 1640, chargé de décorer la grande galerie du Louvre.

Après le règne d'Henri IV, une réaction se dessine, dénoncée par Molière : la préciosité, c'est-à-dire une forme excessive de luxe sophistiqué. Mais le langage y gagne en délicatesse, la politesse se réintroduit dans les mœurs.

Après les extravagances du règne précédent, une certaine sobriété apparaît dans les costumes de la cour. Entre 1624 et 1635, il devient plus sévère, en partie à cause des interdictions de Richelieu contre les garnitures. Parallèlement à cette discrétion, la frivolité demeure.

> Ce règne voit l'apparition des mouches, points de taffetas noir que les femmes s'impriment sur le visage, mode qui durera jusqu'à la Régence. L'époque se caractérise par l'abus des fards et des odeurs utilisées tant sur le linge et les habits que sur les gants et les chaussures. La céruse et le vermillon gardent leur empire. On note quelque excès dans les bijoux. On se pare de carcans posés autour du cou, de colliers étalés sur la poitrine. Les pendants d'oreilles accroissent leurs dimensions. Les anneaux qui décorent les doigts prennent le nom de bagues. Les femmes de haute lignée portent la montre à la ceinture et l'éventail à la main.

Les concours de joutes oratoires se multiplient à la suite de la préciosité entrée dans les mœurs. Les fêtes se succèdent, surtout lorsque Louis XIII en prend le goût grâce à Marie de Hautefort, une amie de cœur plus qu'une maîtresse. L'influence de la préciosité se fit sentir par l'introduction de spectacles de ballets et de musique de chambre.

Une autre facette du luxe à la cour est l'engouement pour les voitures à attelage, qui rivalisent d'élégance. Les sorties permettent d'exhiber un luxe, celui des laquais et des toilettes. La circulation des voitures est favorisée par l'élargissement des rues et des quais. On est loin du temps où Diane de Poitiers venait le matin de Saint-Germain à Paris sur « *un courtaud raide et bien allant* », c'est-à-dire à cheval sans aucun cortège. La magnificence recommande des voitures haut perchées, mal suspendues, que distinguent la richesse et la finesse des draperies qui revêtent les panneaux, la beauté de l'attelage, l'habillement du cocher et des laquais. Il y a aussi les carrosses où s'étalent les riches toilettes, roulant au Cours-la-Reine, au faubourg hors de la porte Saint-Antoine. La mode s'en répand ; les principales villes de province fondent leur mail ou leur cours pour ces promenades en voitures.

Poussin et Lesueur ont décoré les édifices des œuvres de leur pinceau, car le gouvernement est empressé à réclamer le concours du génie. À cette époque s'est créée la villa Médicis[1], c'est-à-dire l'École française de Rome ; les artistes sont hébergés en ce lieu somptueux pour peindre des chefs-d'œuvre en ramenant leur inspiration à Paris pour faire une rivale des villes d'Italie et l'une des capitales de l'art en Europe.

Sous Henri IV, on avait commencé à nettoyer les rues de Paris, en faisant enlever les boues, moyennant une taxe réglée par chaque maison.

Sous Louis XIII, des lois somptuaires ont prétendu régler le luxe des repas. La qualité en avait été augmentée, particulièrement chez les traiteurs célèbres. Il fut décrété en 1629 que chez les traiteurs on ne pourra dépenser qu'un écu par tête. Chez soi, on n'aura sur sa table que trois services. À chaque service un seul rang de plats, et dans chaque plat, six pièces. On condamna à quarante

---

1. La villa Médicis à Rome accueille encore les artistes français.

livres d'amende les convives qui ne dénonçaient pas les infractions dont ils étaient témoins.

« Un autre édit du 18 novembre 1633 défend à tous sujets "de porter sur leurs chemises, collets, manchettes, coiffe, et sur tout autre linge aucune découpure et broderie de fil d'or et d'argent, passements, dentelles, points coupés, manufacturés tant dedans que dehors le royaume". Enfin, l'édit de mai 1639 prohibe pour les habillements l'emploi de drap d'or ou d'argent, fin ou faux et broderies où ces matières sont employées. La même pensée se manifeste dans les moindres détails de l'ordonnance. Les plus riches habillements seront de velours, satin, taffetas, sans autre ornement que deux bandes de broderies de soie. Les pages, laquais et cochers ne pourront être vêtus qu'en étoffe de laine, avec des galons sur les coutures. Les carrossiers ne pourront faire, vendre, ou débiter des carrosses ou litières brodés d'or ou d'argent ou de soie, et en dorer les bois. »[1]

Comme on le voit, c'est un mouvement subtil de va-et-vient d'encouragement et de restriction du luxe, auquel on assiste.

Louis XIV, roi qui « *aima en tout la splendeur* »

Les historiens s'accordent pour considérer Louis XIV (1643-1715) comme le monarque le plus fastueux de France. Son règne a consacré le luxe royal. Louis XIV éprouvait une passion pour le luxe. Au-delà d'une inclination personnelle fondée sur une volonté d'autres explications, plus rationnelles, ont été avancées.

---

1. Cité par Baudrillart, *op. cit.*, tome IV, pp. 64 et 65.

Le luxe a permis au souverain de réduire la noblesse à l'état de satellite en la mettant sous son autorité ; il n'a jamais oublié les soulèvements de la Fronde et il aura ainsi, en fondant une cour, une meilleure autorité sur les seigneurs, autrefois prêts à se révolter. Le luxe permet à Louis XIV de faire preuve d'un faste qui rend impossible toute rivalité et fait rayonner le prestige de la royauté aux yeux des peuples. Le luxe fait partie d'une conception de la politique de grands travaux. Commander des costumes ou organiser des fêtes implique de produire et de faire appel au travail national.

Le roi se montre exigeant sur la qualité et l'éclat des costumes. Sa volonté fait la loi. Il applique un esprit minutieux à la toilette. Il suffit d'une remarque de sa part pour que les manches trop fendues des pourpoints soient reprises, et pour qu'une mode qui n'est pas à son goût disparaisse. Le roi s'est appliqué à refréner le faste des habits masculins, à l'exception des siens. Louis XIV finit par nommer un Grand Maître de la garde-robe : l'importance et la dignité du costume sont ainsi officiellement consacrées.

L'influence du roi s'exerce en d'autres domaines : les bâtiments, l'ameublement, la forme et l'ornementation des jardins, celui de Versailles avec Le Nôtre et l'ensemble des arts décoratifs. En mécène et protecteur des arts et des lettres, le goût royal donne le ton aux beaux-arts et à la littérature.

Versailles ou l'apothéose de la magnificence

Louis XIV n'aime aucun des bâtiments de ses prédécesseurs : le Louvre, Saint-Germain, Fontainebleau. Il fait construire Versailles, création de lui seul. Paris est une vaste capitale, et le Louvre ne montre pas assez le roi. Louis XIV rêve d'une ville dépendant d'un palais, à distance de Paris qui lui rappelle trop les souvenirs de la Fronde et de sa fuite.

La période pendant laquelle il s'installe à Versailles au cours des années 1680 correspond avec le début de la seconde partie de son règne, où il est la proie de revers politiques et de critiques incessantes. Cette période voit la révocation de l'édit de Nantes, l'une de ses plus grandes maladresses qui va coûter cher à la France et à son luxe. Elle s'accompagne d'exécutions et de bannissements et sera catastrophique. La famine poussera les pauvres à assiéger le palais. Enfin, des revers guerriers feront perdre au Roi-Soleil son ascendant politique en Europe.

> Il reste de cette action le chef-d'œuvre qu'est le château de Versailles. Ses plus proches conseillers réprouvent cette entreprise. Colbert écrivait à tort : « *La mémoire éternelle qui restera du roi par ce bâtiment sera pitoyable. Il serait à souhaiter que le bâtiment tombât en ruine quand le plaisir du roi sera satisfait.* »[1]

Colbert s'est heureusement trompé, et le peuple français tire toujours une fierté justifiée de cette construction qui fait envie au monde entier et est source, comme d'autres monuments, de visites touristiques étrangères ! Plusieurs millions de visiteurs, chaque année, contribuent, aujourd'hui, à faire de notre pays une des plus grandes attractions touristiques du monde[2].

---

1. Papiers et correspondances de J.-B. Colbert publiés par P. Clément. M. Clément a classé cette note qui n'est pas datée à l'année 1665. Il pourrait bien se faire, dit-il, qu'elle fût de 1662 ou 1663.
2. Parmi les monuments les plus visités en France, il faut citer dans l'ordre : Notre-Dame de Paris, le Louvre, le centre Georges-Pompidou, Versailles, la tour Eiffel, le mont Saint-Michel.

Louis XIV crut justifier sa pratique par une théorie, dans la boutade déjà citée : « *Un roi fait l'aumône en dépensant beaucoup* » ; expression de cette idée très juste que la dépense engendrant le travail vaut mieux que l'aumône. Il affirme aussi que toute dépense produit de la main-d'œuvre ; il n'a pourtant pas encore assimilé la différence qui existe entre un emploi fructueux de la richesse et une dépense qui ne laisse rien après elle. Il n'a pas pris conscience que l'encouragement donné avec excès aux commerces frivoles est pris sur le fonds de productions plus utiles.

Les favorites : un scandaleux budget

Succédant aux dames galantes des Valois et aux maîtresses d'Henri IV, les caprices de ce prince prirent l'importance d'affaires d'État. Les favorites se trouvent élevées à la hauteur de personnages historiques. On peut en sourire ou s'en indigner. Toutes les favorites n'ont pas eu un rôle politique. Mais elles ont coûté cher à l'État. Combien de fonds secrets, dont la trace est perdue, dans cette histoire des royales galanteries !

C'est un des petits côtés de l'histoire déjà dénoncé à propos des dons d'Henri IV à Gabrielle d'Estrées dont nous avions fait le recensement dans un précédent ouvrage[1].

---

1. Cf. Jean Castarède, *Gabrielle d'Estrées ou la Passion du roi*, Acropole, 1985.

Le luxe des princes

Le luxe déployé à Chantilly par le grand Condé est à peine moins étonnant que celui de Versailles. Ce prince n'est pas le seul aristocrate mû par la passion des bâtiments, des parcs, des eaux jaillissantes. Les fêtes sont ruineuses autant que brillantes. Celle que Condé donne au roi, en avril 1671, est telle qu'il ne fallait pas moins que *« loger et nourrir la France entière »*[1], d'après Madame de Sévigné dans une de ses lettres. On tapissa, on parfuma de jonquilles les allées et les salles de festin ; il y avait pour 1 000 écus de jonquilles. *« Jugez du reste à proportion »*[2], ajoute-t-elle, racontant à propos de cette fête la mort tragique du cuisinier Vatel[3]. La chasse au clair de la lune et des lanternes, le souper du roi à son arrivée, un feu d'artifice qui coûta 16 000 livres, les ports de mer mis en réquisition pour le poisson, tout cela revint à 180 000 livres. Il faudrait citer la fête illuminée de deux mille lanternes, avec souper et bal, de la duchesse de Guise, les somptuosités chez les gouverneurs et les aristocrates aux États de Bretagne, les magnificences du duc de Chaulnes, ses soupers et ses choix pour les vins, etc.

Et l'on peut citer d'autres exemples… *« Les coiffures, par exemple, qui montent ou descendent, selon la mode. Dans les années 1660, on porte encore des bouclettes sur le front et des serpenteaux le long du cou – voyez les portraits de Madame de Sévigné –, puis on en vient à des cheveux frisés à l'hurluberlu. Dans la dernière partie du règne, les coiffures hautes "à la Fontanges" l'emportent, avec leurs dentelles et leurs rubans noués tombant sur les épaules.*

---

1. Cité par Baudrillart, *op. cit.*, tome IV, p. 152.
2. *Ibid.*
3. Voir le film qui en a été tiré : *Vatel* de Roland Joffé.

© Groupe Eyrolles

L'art de vivre des riches se manifeste aussi dans la gastronomie, qui conquiert ses lettres de noblesse sous le Grand Roi. On nous livre dix-neuf manières d'accommoder l'agneau et le mouton, douze le veau, sept le cerf, dix-sept le brochet, neuf les anguilles et les huîtres. C'est que les soupers royaux, princiers, voire bourgeois se composent d'une succession impressionnante de plats. On aime jusqu'à l'indigestion les ragoûts, les sauces, les potages, les entremets, les poulets, les poulardes, les dindons, les pigeons, les perdrix, les fricandeaux farcis, les poissons et les huîtres…

À Paris comme en province, la demeure habituelle de la noblesse est l'hôtel particulier. La haute aristocratie investit le boulevard Saint-Germain, tandis que ces messieurs de la robe ou de la finance font bâtir au faubourg Saint-Honoré. »[1]

Le luxe utile de Colbert

Le système de Colbert est fondé sur l'idée du luxe utile. L'industrie française avait reçu des précédents rois ce caractère indélébile : le goût. Colbert employa, pour cette idée, l'autorité.

La soie devient de plus en plus abondante en gagnant en perfection ; les velours sont d'un emploi plus fréquent dans les classes aisées. Les tapis de Perse et de Turquie sont remplacés par des tapis plus nombreux, produits par les manufactures d'Aubusson et de Beauvais, imités par des fabrications à meilleur marché.

---

1. Extrait de « La France de Louis XIV », Jean-Christian Petitfils, *Le Figaro magazine* du 5 août 2006, p. 79.

André-Charles Boulle, avec des bois de l'Inde et du Brésil, ou avec du cuivre et de l'ivoire artistement découpés, a imité dans ses ouvrages les animaux, fruits et fleurs, représentant des sujets historiques, des batailles, des chasses, des paysages. Les fabricants emploient l'ébène pour la confection des meubles de prix, et relevés par des incrustations en cuivre doré.

La France a joué au XVIIe siècle un rôle d'initiative. Elle avait été soldat. Devenue laboureur avec Henri IV et Sully, elle fut avec Colbert industrielle et artiste. Il en reste des traces. Les orateurs de la chaire n'accomplissaient que leur devoir en essayant de prémunir les âmes contre ces séductions accrues ; par exemple, le Père de la Rue prononça un sermon ayant pour titre « Le luxe des habits ».

La fin du règne de louis XIV a connu plus de retenue grâce à Madame de Maintenon et à ses critiques répétées du faste féminin. Cette femme éminente aimait à mêler les considérations divines et les conseils de prudence mondaine. Sa réforme de l'École de Saint-Cyr, où était élevée l'élite, s'inspirera de cette sage conception. Ses lettres et ses livres sur l'éducation ont entamé une guerre en règle contre fantaisies et raffinements de la toilette. Madame de Maintenon écrivait comme elle s'habillait, avec plus de goût que de magnificence. Enfin, et ce sera une tache noire dans l'histoire du luxe français, Madame de Maintenon en incitant le roi à réviser l'édit de Nantes – décidé par Henri IV, qui avait accordé la libéralité de religion aux protestants – fera partir de France des milliers d'artisans horlogers et autres qui s'installeront en Suisse, dans les Flandres ou en Allemagne et priveront notre pays de leur savoir-faire et de leur talent.

La Bruyère et l'ironie

On est frappé, en lisant les réflexions de La Bruyère sur la cour, sur la ville, sur les modes, du ton sérieux qui domine l'agréable raillerie, chaque fois qu'il signale ces abus vaniteux et dispendieux. Il les lie même à toutes les corruptions du temps : à la cupidité, à l'ambition des places, au libertinage, à la passion de se distinguer par des moyens de mauvais aloi et de sortir de son rang.

Nous touchons ici à un des côtés les plus marqués de sa critique. C'est toujours assurément un sage conseil à donner aux hommes que de les rappeler au sentiment de leur condition, que ce soit dans ses courtes pensées ou dans la description ironique qu'il fait de notre société. Montesquieu reprendra ce thème dans ses *Lettres persanes*, avec toujours le même regard acéré qu'il porte désignant nos excès de luxe.

D'Aguesseau crie au scandale

À la fin du règne se fait entendre la voix grave de d'Aguesseau. Il signale dans le luxe la source d'une foule de désordres scandaleux et déplore qu'il ait envahi jusqu'à la magistrature. Dans sa cinquième mercuriale, en 1702, consacrée à l'amour de la simplicité, il s'élève contre le luxe.

Et dans la huitième en 1706, il ajoute : « *Ce n'est pas par des paroles sur l'Homme public, que l'excès du luxe peut être réprimé. Le luxe est une maladie dont la guérison est réservée à l'exemple. Heureux les magistrats, si leur vie privée pouvait rendre ce grand service à l'État, et si, après avoir inutilement essayé*

de le réformer par leurs discours, ils opposeraient au dérègle-
ment de leur siècle comme une censure plus efficace la sagesse
de leur conduite, ce serait alors qu'ils exerceraient véritablement
cette magistrature privée, qui n'a point d'autre fondement que la
vertu du magistrat, d'autres armes que sa réputation, d'autre
contrainte que la douce et salutaire violence de son exemple... »[1]

Il apportait ainsi son approbation aux édits somptuaires de
Louis XIV contre le luxe de la parure et il inaugura la grande série
des articles qui allaient paraître au XVIIIe siècle sur le luxe.

Molière, la satire et l'humour

La satire n'a pas épargné le luxe. Molière s'en est chargé sur ce
point comme sur d'autres. C'est Pierrot dans *Don Juan* (1665), qui
se moque de ces affiquets en son patois ; c'est Sganarelle raillant
dans l'*École des maris* la mise des *« jeunes muguets »*, les *« petits*
chapeaux », la *« vaste enflure »* des cheveux blonds qui offusquent le
visage, les *« petits pourpoints »* qui se perdent sous les bras, et les
« grands collets » qui pendent jusqu'au nombril.

De la même manière, il se moque dans cette pièce :

> *« De ces manches qu'à table on voit tâter les sauces*
> *Et de ces cotillons appelés haut-de-chausses,*
> *De ces souliers mignons de rubans revêtus*
> *Qui vous font ressembler à des pigeons pattus,*
> *Et de ces grands canons, où, comme en des entraves,*

---

1. D'Aguesseau, *Histoire mercuriale.*

> *On met tous les matins ses deux jambes esclaves,*
> *Et par qui nous voyons ces messieurs les galants*
> *Marcher écarquillés ainsi que des volants.* »[1]

Molière semble avoir approuvé les lois somptuaires. Il louait l'édit de 1661 et Sganarelle pouvait, aux applaudissements de bien des maris dans la salle, s'écrier :

> « *O trois et quatre fois béni soit cet édit*
> *Par qui des vêtements le luxe est interdit !*
> *Les peines des maris ne seront plus si grandes,*
> *Et les femmes auront un frein à leurs demandes.* »[2]

Ainsi, même en ce siècle glorieux pour le luxe, la querelle éclatait déjà sans perdre le sens de l'humour.

---

1. Molière, *L'École des maris*.
2. *Ibid.*

Et le luxe dans tout cela ?

Ce luxe du grand siècle, où l'on aurait tort d'occulter la part décisive d'Henri IV dans ce domaine, comme dans bien d'autres, et celle non négligeable de Louis XIII et de Richelieu grâce à l'embellissement de Paris et de la province, a été marqué par la personnalité et les fêtes de Louis XIV et sa construction de Versailles. C'est cette image que la postérité a gardée alors que, malgré la magnificence de cette construction sublime, son action n'a pas été aussi bénéfique que l'on aurait souhaité, même si elle a été orchestrée par Colbert, comme elle le fut par Sully pour Henri IV. Louis XIV a repris l'idée des manufactures même si elle n'était pas de lui et les a développées, parce qu'elles correspondaient à l'attente du moment. Pourtant, le Roi-Soleil du grand siècle incarne le luxe avec ce chef-d'œuvre qu'est le château de Versailles. Seule ombre au tableau, mais elle est de taille, et handicapera à jamais notre industrie du luxe qui se serait bien mieux développée sans cette erreur : la révocation de l'édit de Nantes. ∎

Chapitre 6

Le XVIIIe siècle et le luxe philosophique

Paradoxalement, c'est la crise de la conscience européenne qui va donner au luxe sa légitimité philosophique et économique et permettra à un des plus grands écrivains français, Voltaire, d'en être le chantre.

Le siècle des Lumières, le siècle des jouissances

Le XVIIIᵉ siècle a été une époque charnière dans l'histoire de la France comme de l'Europe. Au cours de ce siècle, la société française, de nature principalement religieuse, dans laquelle les actes d'ici-bas étaient orientés en fonction de l'au-delà, est devenue à la fois rationaliste, contestataire et libertine. L'*Encyclopédie* de d'Alembert allait faire le point des connaissances. D'autres auteurs libertins comme Sade ou Choderlos de Laclos bénéficient d'une scandaleuse renommée et leurs ouvrages, clandestins, connaissent des tirages flatteurs. Le feu du libertinage se propage à partir de la Régence (époque où le Régent, qui règne à la mort de Louis XIV, va mener une vie de débauche) pour gagner le pays et culminer à la fin du règne de Louis XV.

Le mot « libertin », qui vient du latin *libertinus* – « fils et affranchi » –, avait désigné au cours des temps des phénomènes liés à la transgression, religieuse ou morale. Au XVIIIᵉ siècle, il s'est répandu pour désigner celui qui refuse les contraintes, se rebelle contre l'ordre établi sans pour autant heurter la morale. Les libertins, héritiers des humanistes, se sont interrogés sur la religion et le savoir en discutant de la relativité et des limites de la connaissance. Ainsi, le libertinage des mœurs et celui de la pensée se sont confortés quand ils ne se confondaient pas. Le libertinage philosophique, contraint de s'avancer masqué au siècle précédent, s'expose au grand jour et obtient ses lettres de noblesse : les libertins se baptisent alors philosophes et se font reconnaître comme tels. Le libertinage de la pensée s'étant haussé au rang de philosophie avec une connotation positive, le mot tend alors à ne plus désigner uniquement le dérèglement des mœurs.

Dès lors, il n'est pas étonnant que le luxe de la pensée et de la réflexion s'accompagne du luxe du paraître et de l'illusion. Au XVIIIe siècle, l'apparence de l'individu et de ses possessions est devenue l'élément indispensable pour se créer une place au sein de la société, d'autant plus que les spéculations financières, grâce au système de Law, ont introduit de la mobilité dans les couches de la société, en favorisant l'ascension sociale. Le bourgeois peut être anobli. Le rang aristocratique n'est plus le seul critère de considérations. Ce changement trouvera son expression lors de la société industrielle du XIXe siècle. Il faut savoir montrer que l'on a des moyens et le luxe est l'une des bonnes manières de le faire. Au XXe siècle, les entreprises industrielles appelleront cela leurs relations publiques, à partir d'événements qu'elles créeront de toutes pièces. L'événementiel est né lorsque le roi n'en a plus eu le monopole et lorsque les individus s'en sont servis pour leur politique relationnelle.

C'est l'époque où certaines formes de raffinements vont se répandre et où l'idée de confortable va se mêler à celle de faste. Le siècle des Lumières va devenir celui des jouissances. Les philosophes proclament le culte de la sensation. La morale du plaisir, et donc du luxe, enlève aux hommes leurs scrupules.

La crise de la conscience européenne

Les courants et les faits sociaux qui marquent de leur empreinte le siècle des Lumières feront le lit de la Révolution française. En même temps que se pose pour la première fois la question de son existence, en tant que tel, le luxe du XVIIIe siècle sera lié aux sens. Paul Hazard, dans son livre *Crise de la conscience européenne*, fait naître ce mouvement à la charnière du XVIIe et du XVIIIe siècles. Pour lui, tout a commencé avec la fin du règne de Louis XIV.

Par-delà les luttes d'idées, on retrouve dans ce livre les questions qui nous tourmentent aujourd'hui, le combat entre la tradition et l'avenir, entre l'ordre et le progrès, entre la foi et la science, etc. Si Paul Hazard, étudiant les grands courants en France, en Angleterre, en Allemagne, en Italie, entre 1680 et 1715, offre un tableau des idées sous l'Ancien Régime, il permet de percevoir le drame où se joue sans cesse le sort de l'humanité. Parlant de la naissance du XVIIIe siècle, il note : « *La majorité des Français pensait comme Bossuet ; tout d'un coup, les Français pensent comme Voltaire ; c'est une révolution.* »[1]

Comment s'est opéré ce bouleversement ? Entre 1680 et 1715 s'étend une zone d'apparence confuse, mais dont l'importance est capitale dans l'histoire intellectuelle et sociale où s'affrontent les idées les plus contradictoires et les plus puissantes. Dès la fin du XVIIIe siècle, se font sentir la destruction progressive des valeurs traditionnelles et l'apparition des valeurs nouvelles. L'ordre classique, qui avait repris force après la Renaissance, paraissait éternel. Or, vers 1680, un air semble souffler dans le solennel édifice ; des esprits peu respectueux ont l'audace de prétendre que les modernes valent les anciens, que le progrès doit l'emporter sur la tradition, la science sur la foi.

---

1. Paul Hazard, *Crise de la conscience européenne*.

« Il s'agissait de savoir, écrit l'auteur, si on croirait ou si on ne croirait plus, si on obéirait à la tradition, ou si on se révolterait contre elle ; si l'humanité continuerait sa route en se fiant aux mêmes guides ou si des chefs nouveaux lui feraient faire volte-face pour la conduire vers d'autres terres promises. »[1]

La querelle du luxe

Ce siècle va être marqué par la découverte du luxe par les penseurs, les philosophes et les théoriciens. Les philosophes de cette époque s'intéressent à ce secteur non seulement selon ses aspects intellectuels et scientifiques, mais aussi mercantiles. Voltaire, par exemple, a profité du désarroi de l'horlogerie suisse et française pour installer à Ferney une manufacture. En même temps, son rayonnement intellectuel s'étendait de la cour du roi de Prusse Frédéric II à celle de Catherine de Russie[2].

Dans la société traditionnelle, telle qu'elle était conçue avant cette époque, le faste était admis parce qu'il exprimait aussi l'ordre et la hiérarchie du monde voulus par Dieu et incarnés par les élites. Ainsi, le luxe découlait des richesses dévolues par le doigt de Dieu au prince ou aux puissants, y compris religieux. Il ne pouvait être contesté même s'il était perçu comme jouissance inégalitaire. Le luxe était la figuration d'un ordre social, symbolique et immuable, c'est-à-dire la marque du pouvoir et de l'ascendant que le chef doit avoir à l'égard de ses sujets. Ce n'est pas seulement *« je pense*

---

1. *Ibid.*
2. Les 40 000 ouvrages de la bibliothèque de Voltaire se trouvent aujourd'hui à Saint-Pétersbourg. Leur analyse a fait l'objet d'un corpus publié vers les années 1980, en six volumes.

donc je suis », mais *« je règne donc j'ai droit au luxe pour conforter mon autorité »*.

Cette inégalité face au luxe, qui, d'une certaine manière, était aussi officialisée par les lois somptuaires dans la mesure où elles réservaient le luxe aux puissants et introduisaient et légitimaient des classes sociales, va, au XVIIIᵉ siècle, être remise en cause ; le luxe va apparaître comme une forme d'opium du peuple, au même titre que la religion propre aux sociétés qui acceptent les injustices et les inégalités. Et à ce titre, le luxe des puissants peut être contesté puisqu'il est philosophiquement incorrect comme une marque d'inégalité. Deux siècles plus tard, au XXᵉ siècle, cette inégalité tendra à disparaître et la généralisation du luxe deviendra une conquête sociale, au même titre que la protection sociale, le droit aux loisirs, etc.

> Ce bouleversement est apparu grâce à l'émergence de nouvelles figures sociales, celles du financier, au moment des spéculations financières du système de Law ou du négociant enrichi, rendant plus perceptible l'accroissement des écarts vertigineux qui séparent le dénuement absolu de l'opulence sans limites. Le luxe et le gaspillage ne choquent pas, pas plus que le nouveau riche, qui a fait fortune dans la spéculation financière.

Au XVIIᵉ siècle français, seul le roi avait droit à de tels excès. Le crime du surintendant Fouquet n'était pas tellement sa rivalité avec le roi ou ses idées contestataires (il continuait à servir le souverain d'une manière docile) ; ce fut de s'être hissé en matière de luxe au niveau du souverain en donnant des fêtes somptueuses. Paradoxalement, au XVIIIᵉ siècle, il n'aurait pas été condamné, puisque les financiers rivalisaient avec le roi et que le luxe va pouvoir être partagé car il représente une forme d'ascension sociale.

Ainsi, parallèlement, la critique politique et sociale amorce une réflexion sur le luxe, suivie de son apologie venue d'outre-Manche. Ainsi s'ouvre le siècle des Lumières. Seule la raison doit éclairer l'homme de ce siècle. Puisque le luxe n'a plus de justification religieuse, comme au Moyen Âge, ou politique, comme au XVIIe siècle, il va falloir lui trouver une nouvelle légitimité, d'où les nombreux écrits. Plusieurs ouvrages illustrent ces débats...

Fénelon

Publié en 1699, le *Télémaque* de Fénelon – réédité cinquante-huit fois au cours du XVIIIe siècle – apparaît à la tête du courant de textes dont le point commun est de porter, pour une des premières fois, la condamnation du luxe sur le terrain moral. Dans son *Art de régner*, Fénelon enseignera au duc de Bourgogne à refuser l'ostentatoire et les richesses superflues.

La critique de Fénelon, fondée sur le terrain social et culturel qui la nourrit, exprime le refus d'une certaine mobilité sociale déjà favorisée et amorcée par l'enrichissement par l'argent. Au cours de cette critique, Fénelon sera l'un des derniers à défendre la position dominante de l'aristocratie.

La « Fable des abeilles » de Mandeville

À l'opposé, la parution à Londres, en 1714, de la *Fable des abeilles*[1] de Bernard Mandeville – dont le sous-titre est éloquent : « Les vices privés font le bien public » – annonce le propos. C'est

---

1. Republiée de nos jours par Paulette Carrive, Bernard Mandeville, *Passions, Vices, Vertus*, Paris, Vrin, 1980.

l'antithèse radicale de la critique morale du luxe. Cette œuvre va inaugurer une famille de textes qui concourent à la réhabilitation du luxe ; sa thèse est keynésienne avant la lettre : le luxe engendre la richesse donc la prospérité des sociétés.

> Le titre du livre parle de lui-même : *La Fable des abeilles ou les Fripons devenus honnêtes gens*. Cette fable, qui se compose de quatre cents vers, rencontre un immense succès. On la vend dans les rues de Londres pour six sols. Quelques personnes s'en étant montrées révoltées, l'auteur y ajoute des remarques qui ne servirent qu'à lui attirer de nouveaux adversaires. Ce commentaire, joint à la fable, paraît en 1714, la fable elle-même datant sans doute de 1706.

En 1723, il donne une seconde édition de cet ouvrage, qu'il a considérablement augmenté, et auquel il ajoute six dialogues en 1729. En 1732 paraît la sixième édition de cette fable et de son commentaire, sur laquelle a été établie la traduction française en 1750, ce qui a contribué à sa notoriété. La fable forme à peine le quart d'un volume ; les commentaires, les remarques, les dialogues qui font suite, et qui établissent la même doctrine, achèvent de compléter les quatre volumes dont se compose l'ouvrage. L'édition de 1723 a été examinée par les grands jurés du comté de Middlesex qui la condamnent. Plusieurs théologiens réfutent le livre, et l'auteur est mis à l'index.

Les additions nombreuses renferment l'exposé d'une philosophie morale. Mandeville y développe sa proposition que les « vices privés » (c'est lui qui qualifie ainsi les activités luxueuses) font la prospérité publique. Il prétend se justifier en disant que l'individu reste libre de préférer la vertu aux aises et au brillant bien-être des sociétés développées. Il ajoute que les hommes jouiraient d'un bonheur plus véritable dans une société tranquille où les habitants, contents du produit des terres, ne seraient ni enviés ni considérés par leurs voisins. Mais telle n'est pas la réalité. Le luxe, pour lui, est le moyen le moins dangereux pour les hommes de marquer leur différence, ce qu'ils considèrent comme leur supériorité. Il montre que, si l'on veut de grands États, puissants, riches, civilisés, il faut se résigner à demander ces merveilleux effets à ces intérêts égoïstes, voire assez vils. Si nous étions des saints, ce serait peut-être différent. Mais nous ne sommes pas des saints. L'auteur s'amuse à supposer qu'un nombreux essaim d'abeilles habite une vaste ruche, où elles vivent dans une heureuse abondance. Le luxe est une source de merveilleux profits à cause de l'envie et de la cupidité de la société des abeilles. Le faste et la vanité de certaines nourrissent des milliers de pauvres. L'envie et l'amour-propre font fleurir le commerce. On fait l'assimilation avec les extravagances dans le manger et dans la diversité des mets, la somptuosité des maisons et des carrosses, malgré leur ridicule, fournissant la meilleure partie du négoce. Supposons que tous ces besoins cessent. Tout à coup, les prix des denrées de luxe vont diminuer. L'hypocrisie arrache son masque. La simplicité va régner partout. Les nobles vont vendre leurs chevaux et leurs parcs. Plus d'architecture, plus de sculpture, plus de peinture. La femme éprise de belles étoffes, de bijoux, de fastueux ameublements et dont les exigences ont obligé son mari à travailler, ne s'intéresse plus à ces superfluités. Des métiers vont être négligés et les manufactures vont tomber. Le « contentement » va amener la ruine de l'économie car les habitants vont être satisfaits d'une sorte de nécessaire grossier qui ne recherche plus la nouveauté. La richesse et la population diminuent. Toujours suivant la fable, la ruche va donc être réduite et attaquée par des abeilles rivales. Elle disparaîtra parce que les abeilles ont cessé de s'intéresser au luxe. Plusieurs milliers d'abeilles périssent. Celles qui restent se réfugient au creux d'un arbre. Elles ont comme seul recours d'apprécier les consolations que peut donner la philosophie. Là, on peut penser que Mandeville, un peu caricatural et peu amène pour ses collègues, fait de l'humour. Mais derrière cette apologie et le monde des abeilles, il est clair que c'est nous qui sommes en cause. En un mot : le luxe est un mal nécessaire.

Cette fable trace la caricature d'un État déliquescent et voué à la ruine car il n'a pas pris en compte la valeur de l'intérêt personnel comme stimulant. Pour Mandeville, c'est le désir de bien-être qui entretient l'activité, développe la richesse. Il n'est pas synonyme de vice. Mais Mandeville apporte un correctif : à condition que le négociant soit probe et ne recherche la fortune que par des voies honnêtes, faisant de son bien un noble usage. Les satisfactions personnelles ne sont pas critiquables. Mais il faut y répondre avec honnêteté. À court terme, ceux qui trichent peuvent faire illusion. Mais cela ne peut pas durer[1]. Mandeville introduit ainsi un peu de morale à une vision qu'il s'était amusé à noircir.

Plus tard, des économistes qui seront pour la plupart anglais, Adam Smith, Stuart Mill, Ricardo, démontreront que c'est l'intérêt et non la philanthropie qui stimule l'activité, engendre la richesse et développe le progrès. Nous sommes au cœur de l'opposition entre les thèses économiques libérales et les thèses socialistes ou collectivistes qui éclateront aux XIXᵉ et XXᵉ siècles. Cette fable en a constitué en quelque sorte le détonateur.

---

1. C'est aussi une leçon que certains pays sont en train de découvrir en passant de l'économie administrée à l'économie libérale.

Voltaire et l'apologie du luxe

La *Fable des abeilles* trouva son écho, en France, après la publication du *Mondain* de Voltaire en 1734. Cet ami déclaré de toutes les élégances de la vie et de tous les délices est devenu le chantre et le panégyriste du luxe. Rien n'est plus connu que l'apologie qu'il en a tracée dans le *Mondain*.

Au spectacle des ancêtres, qui manquaient de toute industrie et de toute aisance, il oppose la vie que mène un honnête homme à Londres, à Rome ou à Paris. Avec enthousiasme il parle des inventions commodes ou fastueuses des sociétés raffinées, des chefs-d'œuvre de la peinture et du ciseau, de ces tapisseries où l'art l'emporte sur la richesse de la matière, de ces glaces, de ces jardins, de ces jets d'eau, de ces carrosses élégants, de ces bains, de ces parfums, de cet opéra enfin, qui réunit la danse, la musique et les vers, et aussi de ces soupers où se trouvent les vins les plus exquis et l'esprit le plus fin ! Dans *Défense du Mondain*, Voltaire revient sur ses idées. Il s'y complaît, il y insiste, il les érige en maximes :

> *« Sachez surtout que le luxe enrichit*
> *Un grand État, s'il en perd un petit.*
> *Cette splendeur, cette pompe mondaine,*
> *D'un règne heureux est la marque certaine.*
> *Le riche est né pour beaucoup dépenser,*
> *Le pauvre est fait pour beaucoup amasser. »*[1]

Et plus loin :

> *« Ainsi l'on voit en Angleterre, en France,*
> *Par cent canaux circuler l'abondance :*

---

1. Voltaire, *Défense du Mondain*.

Le goût du luxe entre dans tous les rangs ;
Le pauvre y vit des vanités des grands,
Et le travail, gagé par la mollesse,
S'ouvre à pas lents la route à la richesse. »[1]

Ce n'est pas seulement en vers que Voltaire a exprimé ces idées qu'il a portées jusqu'à l'épicurisme ; il en a composé un système. Il voit bien que condamner le luxe, c'est attaquer presque toute l'industrie et tarir la source de l'abondance. Dans l'article « Luxe » du *Dictionnaire philosophique*, il écrit : « *On a déclamé contre le luxe, en vers et en prose, depuis deux mille ans, et on l'a toujours aimé.* » Dans son *Siècle de Louis XIV*, il justifie les dépenses de cette sorte, au nom de cette théorie économique non encore élaborée suivant laquelle il faut avant tout faire circuler l'argent, et qu'il n'y a point de perte quand cet argent ne sort pas du royaume.

Quand donc le luxe est-il condamnable ? Quand il faut en payer les objets à l'étranger en numéraire. Il écrira : « *Une autre cause de notre pauvreté est dans nos besoins nouveaux. Il faut payer à nos voisins quatre millions d'un article et cinq ou six d'un autre pour mettre dans notre nez une poudre puante venue d'Amérique. Le café, le thé, le chocolat, la cochenille, l'indigo, les épices, nous coûtent plus de soixante millions. Tout cela était inconnu du temps d'Henri IV, aux épices près, dont la consommation était bien moins grande. Nous brûlons cent fois plus de bougies, et nous tirons plus de la moitié de notre cire de l'étranger, parce que nous négligeons les ruches, etc.* »[2]

---

1. *Ibid.*
2. Voltaire, *l'Homme aux quarante écus.*

Voltaire est ainsi favorable aux développements du luxe, sauf s'il faut l'acheter par la sortie de l'or ou de l'argent de notre pays. Il s'agit d'une esquisse de théorie économique montrant l'importance de l'équilibre de la balance des paiements.

Voltaire compare, sous le rapport du bien-être, le siècle de Louis XIV et celui de Louis XV sur lesquels il a écrit deux ouvrages. S'agissant du siècle de Louis XV pour lequel il a peut-être quelques complaisances, il écrit : « *L'industrie s'est perfectionnée, malgré l'émigration de tant d'artistes que disperse l'édit de Nantes et cette industrie augmente tous les jours. La nation est capable d'aussi grandes choses et de plus grandes encore que sous Louis XIV parce que le génie et le commerce se fortifient toujours quand on les encourage. À voir l'aisance des particuliers, ce nombre prodigieux de maisons agréables bâties dans Paris et dans les provinces, cette quantité d'équipages, ces commodités, ces recherches qu'on nomme luxe, on croirait que l'opulence est vingt fois plus grande qu'autrefois. Tout cela est le fruit d'un travail ingénieux, encore plus que de la richesse. Il n'en coûte guère plus aujourd'hui, pour être plus agréablement logé, qu'il n'en coûtait sous Henri IV. Une belle glace de nos manufactures orne nos maisons à bien moins de frais que les petites glaces qu'on tenait de Venise. Nos belles étoffes sont moins chères que celles de l'étranger qui ne les valaient pas.* »

Et il ajoute : « *Le moyen ordre s'est enrichi par l'industrie. Les gains du commerce ont augmenté. Il s'est trouvé moins d'opulence qu'autrefois chez les grands et plus dans le moyen ordre et cela même a mis moins de distance entre les hommes. Il n'y avait autrefois d'autre ressource pour les petits que de servir les grands : aujourd'hui, l'industrie a ouvert mille chemins qu'on ne connaissait pas il y a cent ans.* »[1]

---

1. Voltaire, *Le Siècle de Louis XV.*

Sur la fonction égalitaire du luxe on ne peut pas trouver de meilleur avocat que Voltaire qui apparaît ainsi comme un inconditionnel du luxe.

Un livre célèbre, ou qui l'a été longtemps, du philosophe Helvétius, défend aussi le luxe[1]. Selon lui, les grands talents sont le fruit de l'étude et de l'application. L'homme, paresseux de nature, ne peut être arraché au repos que par un motif puissant. Quel peut être ce motif ? De grandes récompenses, le mot « récompense » désignant l'acquisition de quelque superfluité pour les plaisirs ou les commodités de la vie. Or, ces « superfluités » mettent l'homme auquel elles sont accordées dans un état de luxe par rapport au plus grand nombre de ses concitoyens. Helvétius pense que les esprits ne peuvent être arrachés à une stagnation, nuisible à la société, que par l'espoir des récompenses, c'est-à-dire de ce superflu. Le stimulant que signale Helvétius a son rôle nécessaire. Ce stimulant n'est ni le seul, ni le plus élevé, ni même égoïste : mais il est réaliste.

Rousseau, à l'opposé de Voltaire

Le système opposé à cet épicurisme brillant est celui de Rousseau, plus extrême dans le sens contraire. Avec quel accent ce censeur chagrin s'écrie : « *Le luxe nourrit cent pauvres dans nos villes et en fait périr cent mille dans nos campagnes. L'argent qui circule entre les mains des riches et des artistes pour fournir à leurs superfluités est perdu pour la subsistance du laboureur ; et celui-ci n'a point d'habit, précisément parce qu'il faut du galon aux autres. Le gaspillage des matières qui servent à la nourriture des hommes suffit seul pour*

---

1. Helvétius, *De l'homme*, chapitres III, IV et V.

LA COUR, LE FASTE, L'EXCÈS... ET LA SATIRE

rendre le luxe odieux à l'humanité. Mes adversaires sont bien heureux que la coupable délicatesse de notre langue m'empêche d'entrer là-dessus dans des détails qui les feraient rougir de la cause qu'ils osent défendre. Il faut des jus dans notre cuisine, voilà pourquoi tant de malades manquent de bouillon. Il faut des liqueurs sur nos tables, voilà pourquoi le paysan ne boit que de l'eau. Il faut de la poudre à nos perruques, voilà pourquoi tant de personnes n'ont pas de pain. »[1]
C'est l'antithèse de ce qui vient d'être cité.

> Dans un autre texte, Rousseau va plus loin et fulmine contre tout luxe, même contre ce luxe que toute civilisation déclare innocent : *« Ce n'est pas des sciences, me dit-on, c'est du sein des richesses que sont nés de tout temps la mollesse et le luxe. »*[2] Et de conclure : *« Le luxe corrompt tout, et le riche qui en jouit, et le misérable qui le convoite. »*

Pour Rousseau, son discours soutient la thèse d'une opposition entre le luxe et la vertu, mais il en conclut qu'il y a déchéance de *« l'homme civilisé »*. Il opère une critique sociale radicale associant le luxe à l'expérience immédiate de l'inégalité. Rousseau ouvre la voie à une réflexion qu'il développera dans le *Contrat social* sur les conditions du rétablissement de l'égalité primitive dans la société. Son point de vue est cohérent avec sa doctrine : l'homme est bon par nature, c'est la société qui le corrompt. Or, qu'est-ce que le luxe si ce n'est un besoin de se différencier de ses semblables ? L'homme est né sans luxe, le luxe est pour lui un instrument de corruption.

---

1. Rousseau.
2. Cité par Baudrillart, *op. cit.*, tome IV, pp. 364 et 365.

La thèse des physiocrates

Au milieu de ces oppositions se trouvent les physiocrates. Leur censure du luxe n'est pas d'essence morale, mais subordonnée à leur théorie du mécanisme de la reproduction des richesses. Elle est intéressante dans la mesure où elle reprend toute son actualité à propos du débat économique sur l'allocation des biens. D'après les physiocrates et dans l'optique de Keynes des années 1930, les dépenses n'ont pas la même valeur : l'investissement a plus de valeur que la consommation. Ensuite, il y a des secteurs plus favorables au développement économique national que d'autres. Par exemple, des activités qui favorisent l'exportation doivent être préférées à celles qui favorisent l'importation. Enfin, on pourrait opposer santé et luxe, écologie et luxe, éducation et luxe, sachant que le produit d'une nation n'est pas infini et qu'il faut opérer des choix.

Les économistes, préoccupés du point de vue de l'utile, et fixant leurs regards sur les causes qui produisent ou détruisent les richesses, seront appelés, par la nature de leurs recherches, à intervenir dans ce débat.

L'insistante interrogation, dans les années 1765-1775, sur la nature du luxe et sa définition – superflu/nécessaire – est à mettre en relation avec la diffusion croissante des objets dont bénéficient les différentes couches sociales avec l'essor du commerce. Tout le monde intervient dans le débat : ecclésiastiques, nobles, roturiers. Tous ces livres mériteraient de nos jours d'être publiés. C'est la première fois que le luxe apparaît au cœur des problématiques économiques, bien que la part des ouvrages consacrés spécifiquement au luxe ne constitue qu'une proportion négligeable de la littérature économique du XVIIIᵉ siècle.

Si les traités d'économie ou de morale énoncés comme « traité », « essai », « théorie », « réflexions », « considération » ou « réfutations » sont numériquement dominants, le luxe est aussi abordé par le détour du roman, comme chez Marmontel, comme chez Voltaire, voire de la comédie, comme ces *Folies du luxe réprimées* de Carrière-Doisin (1787). Tous les genres littéraires ont donc été utilisés dans ce débat, depuis les plus savants, destinés à un public averti, jusqu'aux genres plaisants qui cherchent à atteindre un large public et visent à convaincre en divertissant.

Une place particulière doit être faite aux discours comme l'éloge. Ils donnent une idée de l'impact des concours académiques, qui participent à la relance périodique du débat. Tel est le cas par exemple du concours lancé par l'académie de Dijon, ainsi que d'autres compétitions académiques sur le thème du luxe : ceux qui portent sur le progrès des arts, les inégalités, l'effet ou l'usage des richesses, le commerce ou l'industrie ou ceux qui se construisent autour de catégories morales comme la gloire, la sagesse ou la vanité. Et, à la veille des états généraux, on en trouve encore la trace dans les cahiers de doléances qui réclament la modération du luxe, au nom d'arguments moraux ou économiques, preuve que toutes ces remises en cause ont été utiles et ne sont pas passées inaperçues.

Alors que le XVIIe siècle avait été très marqué par l'empreinte française, le XVIIIe siècle s'européanise. À côté de la royauté française, Frédéric de Prusse et la grande Catherine de Russie apportent à ce siècle des Lumières leur empreinte dont Voltaire, qui séjournera à leurs cours, est l'illustration. Comme on le voit, le XVIIIe siècle a vraiment été le premier siècle à s'interroger sur le luxe, reprenant ainsi la plupart des réflexions des philosophes de l'Antiquité, les hédonistes épicuriens et les stoïciens.

Les salons littéraires ou le luxe de la conversation

Au XVIIIᵉ siècle, les réunions littéraires des salons parisiens deviennent partie intégrante de la vie intellectuelle et sociale en France. Ils étaient nombreux au XVIIᵉ siècle et La Fontaine raconte comment il les fréquentait. Au XVIIIᵉ siècle, ils sont le ferment des idées et le creuset des mentalités, une forme de luxe culturel. Les Français, passionnés pour les choses de l'esprit, aimant à la fois le plaisir de la critique et la joie de propager leurs opinions et leurs goûts, trouvent dans l'atmosphère des salons les conditions requises pour développer leurs penchants. Madame Geoffrin, la marquise du Deffand, Mademoiselle de Lespinasse et d'autres ont, pendant trente ou quarante années, tenu salon avec brio.

> L'art de la conversation, qui représente aussi une forme de luxe, est plus en honneur que le confort dans les salons du XVIIIᵉ. Le feu de bois aux bûches pétillantes et aux flammes fantasques flambe dans les cheminées de marbre ; les premiers arrivants s'en approchent sans céder la place aux nouveaux venus. Aucun de ces inconforts ne rebute les causeurs qui prolongent tard la conversation que termine un souper servi par petites tables.

La gastronomie tient une place de choix dans cette société lettrée. Les dîners, tels des œuvres d'art, comptent au nombre des attraits que les écrivains trouvent à ces réunions. La danse, la musique et la comédie jouent leur rôle. Ce n'est plus la vie de cour. Les idées se répandent majoritairement dans les salons.

L'engouement pour le théâtre, ce nouveau luxe avant l'opéra

Après Corneille, Racine, Molière, les débuts du XVIIIe permettaient deux formes de théâtre autorisées pour la France : l'opéra et la comédie française. Le roi se détache du théâtre qu'il fait contrôler en instaurant la censure (1701). Les forains et les boulevards prospèrent ; les théâtres fixes de province sont entre les mains de commanditaires qui rentabilisent les constructions nouvelles au milieu du siècle : le théâtre de Bordeaux, que l'on construit grâce à l'intendant Tourny, a embelli la ville et joue tous les soirs. Disposant à l'endroit de la censure d'une plus grande liberté, les théâtres de province réunissent les répertoires de l'opéra, des Italiens et de la Comédie-Française. Puis apparaît l'Opéra-Comique, paroles, musique et vaudeville, populaire dans ses sources comme dans son public. On a recensé 11 500 pièces au XVIIIe siècle contre 2 000 au XVIIe.

Sont passés à la postérité Beaumarchais, Marivaux et Lesage. Jusqu'en 1750, on se contente de l'ancien Jeu de paume ou de salles rectangulaires, inconfortables, peu sûres et mal équipées, aux accès difficiles, à l'acoustique et à la visibilité déficientes. On construit alors des théâtres à l'italienne, compromis entre le modèle italien (avec des loges) et le modèle antique (avec amphithéâtre). Les loges sont le lieu où la bourgeoisie se doit de paraître. Elle peut ainsi se donner en représentation et entretenir son image. C'est sa première forme de luxe, un luxe d'ostentation. Ces sorties engendrent de nombreuses dépenses ; les dames viennent, accompagnées de leur fille, pour leur chercher un mari. Les salles sont larges, moins profondes, les scènes sont ouvertes. Le théâtre est élevé au rang de monument symbolique de la société.

À la fin de l'Ancien Régime, on compte une quarantaine de salles en province et huit à Paris. Quant au public, il cesse de s'asseoir sur la scène et, en 1782, on dispose des fauteuils au parterre. Certaines grandes dames se font construire des dais au milieu de la salle au parterre pour accueillir leurs amis et leurs proches. Voilà pourquoi il est plus sûr et plus élégant de se trouver au balcon. Les théâtres d'amateurs prolifèrent (160 théâtres de ce type à Paris). Les auteurs, pour défendre leurs droits, fonderont la société des auteurs dramatiques (sous l'impulsion de Beaumarchais en 1777, l'actuelle SACD). Les comédiens ont des conditions de travail très précaires et leur formation est inexistante. En 1789, à la veille de la Révolution, on créera l'École royale de déclamation et, en 1795, le Conservatoire sera ouvert en pleine Révolution. Quant à l'opéra, qui avait commencé à se répandre en France avec Lulli, c'est à Vienne à la fin du XVIIIᵉ siècle qu'il va se développer grâce à Mozart et au XIXᵉ siècle grâce aux grands compositeurs italiens.

La mode, encore et toujours

L'étude de la culture des apparences au XVIIIᵉ siècle privilégie Paris, capitale du luxe, avec un avantage des villes sur les campagnes et la province…

Entre la fin du XVIIᵉ siècle et le début du XVIIIᵉ, les dépenses vestimentaires doublent (aussi bien pour la noblesse que pour les classes populaires). Cet accroissement traduit l'avance de Paris par rapport aux provinces, et des villes par rapport aux campagnes. Le vêtement devient luxueux et l'on commence à parler de mode. Les garde-robes masculines et féminines sont distinctes.

La diffusion de textiles et de modes traduit un nouveau rapport au corps. Les besoins fondés sur la distinction ou l'imitation entraînent la montée du commerce de luxe dans la capitale. On assiste à la naissance d'un noyau effervescent où se fixent, se discutent, se diffusent les canons des modes.

Continue à prévaloir l'habit à la française, porté à la cour et composé de trois pièces traditionnelles ; le justaucorps, la veste et la culotte. Au cours des années 1780, l'époque est caractérisée par une richesse en couleurs, surtout pour les costumes féminins. Autre élément distinctif, les boutons de vêtements masculins se multiplient. Le règne de Louis XVI devient sa grande période, puisque la nouveauté majeure dans la deuxième moitié du siècle est constituée par cet accessoire d'acier travaillé et importé d'Angleterre.

L'ample vêtement des courtisans de Louis XIV, chargé de dentelles et de rubans, est en train de disparaître. Il achève de faire place aux habits resserrés. Les perruques ploient leurs ailes, en même temps que les chapeaux se déploient. La poudre s'efface. Les luxuriantes étoffes que portaient les femmes vont se déployer sous une forme nouvelle, les célèbres paniers.

Des parfums plus subtils

Au début du siècle, parce que Louis XIV ne supportait plus les parfums, il était de bon ton de ne plus en porter. Avec la Régence, la fragrance redevient à la mode ; la cour de Louis XV fut baptisée « la Cour parfumée ». Au cours des années 1750, la révolution olfactive illustre l'état d'esprit d'une société qui prend conscience de l'ambiguïté des odeurs. En 1773, sept établissements proposent de « *prendre un bain aromatique de santé ou de propreté à différents prix* ». Tivoli, célèbre pour son bain nuptial destiné aux hommes, permet, après un bain aromatisé au vin, de savourer une collation, avant de se faire masser avec une huile aphrodisiaque. On le voit, la vinothérapie ne date pas d'aujourd'hui.

Pour paraître à la hauteur de son rang, la femme devait atteindre la perfection dans l'élégance et la distinction la plus subtile. Elle consacre un soin attentif aux artifices de la mode, à sa coiffure, à ses fards et à ses parfums, indispensables à la séduction. Or, jusqu'à la création des cabinets de toilette, aucun emplacement n'était réservé à la table à toilette (dont la première mention date de 1705), la majorité des femmes faisant transporter ce meuble jusqu'au milieu de la chambre où, pour mettre en valeur leur beauté, elles exploitaient la science et l'art du parfumeur.

> Avec la Régence, puis sous Louis XV, le maquillage devint un acte qui représentait la marque distinctive du rang ou de la richesse de celui qui se peignait : « *Les maîtresses des garçons bouchers mettaient du rouge couleur de sang, la légère courtisane du Palais Royal un rouge couleur de rose, enfin celui des acteurs devait rivaliser avec la couleur des lampions.* »

Le XVIIIᵉ siècle a connu une révolution olfactive dans la mesure où les odeurs fortes de l'ambre, du musc sont abandonnées. En revanche, la montée de la sensualité encourage les notes florales aux effluves subtiles, complices d'une élite à la recherche du plaisir. En ce siècle des Lumières, les progrès de la science apportent peu de nouveautés en chimie. Celles-ci permettent, dans le domaine de la parfumerie, l'augmentation en nombre et en qualité des parfums liquides, obtenus par distillation.

Décor et ameublement : à chaque roi son « style »

À la fin du XIXe siècle, l'architecture et la décoration d'intérieur s'ouvriront sur l'ensemble des habitations. En attendant, et spécialement au XVIIIe siècle, avec ces demeures campagnardes, chartreuses aristocratiques, elles demeureront un art réservé à la noblesse et à la grande bourgeoisie, entretenant un rapport direct avec le luxe. L'on reconnaîtra alors aux Français un don pour concevoir des ornements ou un cadre de vie agréable réunissant confort et esthétique. Un auteur anglais spécialiste de la décoration écrit en 1765 : « *Leurs maisons sont en général excellentes, et aucun peuple autant que les Français n'a su jouir de toutes les commodités de la vie* », tandis qu'un autre considère « *qu'il n'est pas étonnant que les autres nations européennes adoptent l'ornementation française comme règle et modèle à imiter* ».

La France avait le monopole des articles de luxe tels l'ameublement, la tapisserie, la porcelaine tendre, les glaces… dont elle maîtrisait plus que tout autre pays les techniques et le savoir-faire. À partir du XVIIe, au long du XVIIIe jusqu'en 1789, ces industries vont s'accroître avec la volonté politique, économique et symbolique de la royauté, s'exprimant grâce à l'encouragement donné aux manufactures royales. Les souverains, les princes et leurs maisons, la noblesse fréquentant la cour et l'aristocratie ont agi pendant les deux derniers siècles de l'Ancien Régime, à la fois comme clientèle au fort pouvoir d'achat, servant de vitrine et de modèle pour le luxe du goût le plus raffiné, à destination des autres cours européennes. C'est à ce moment que le métier d'ébéniste, dont certains disposent d'une estampille dont ils impriment leurs meubles, exemple classique de l'industrie du luxe, est défini et reconnu. On reconnaît aux ébénistes leur savoir-faire, la précision de chacun de leurs gestes et leur créativité, ainsi que leur implication à l'élaboration du bon goût. On peut dire que le style de l'ameublement Louis XV et Louis XVI est un des plus beaux de l'histoire de l'ameublement français et sans doute mondial, le premier se concrétisant par des formes opulentes, le second plus austère avec des fauteuils médaillons et des pieds cannelés.

L'alliance de l'art et de l'industrie caractérise ces temps, où dominent la richesse et le bien-être. La tapisserie des Gobelins renouvelée emprunte ses modèles aux meilleurs maîtres et travaille pour les fermiers généraux et les gens opulents.

> On voit naître le chiffonnier à nombreux tiroirs ; le secrétaire avec son panneau fermant y compris sous Louis XVI à dos d'âne. La tablette baissée peut servir de table à écrire. Le bureau lui-même n'est plus cette grande table, accessible aux regards et voisine du cartonnier où se classaient les titres et les correspondances ; surmonté d'un casier à tiroirs, il peut rentrer sa tablette glissante à rainures, et dérober aux curieux les papiers qui le couvrent au moyen d'un cylindre abaissé en fermant à clef le tiroir à secrets[1].

Peinture et portraits ou le sentiment d'y avoir droit

Autour de 1700, les arts étaient, pour l'essentiel, marqués par l'influence des cours et de l'Église. Architectes, sculpteurs, peintres et artisans d'art vivaient des commandes de ces deux institutions. Les artistes cherchaient une place rémunératrice au sein de la vie

1. Alain Jacquemart, *Histoire du mobilier*, Librairie Hachette, 1876, p. 97.

sociale. Les innovations artistiques se développaient à partir des cours, vers la périphérie, et se répandaient dans les couches de la société.

Le Régent nomma Watteau peintre du roi (1717), avec le titre officiel de « peintre des fêtes galantes ».

Les deux portraitistes français Rigaud et Nicolas de Largillière ont créé un style qui devait servir d'exemple. Le portrait n'avait plus seulement une fonction de représentation d'un rang social ; le bourgeois pouvait, en fonction de ses moyens, se faire peindre avec des éléments de décor précieux.

Formés à l'Académie royale d'art, les peintres se tournèrent vers le public des amateurs d'art. Le client était le collectionneur. Le grand siècle avait échafaudé la charpente théorique d'une doctrine de l'art, adaptée à l'époque du Roi-Soleil. La génération suivante réagit d'une manière plus sensible aux circonstances.

La carrière de François Boucher le conduisit aux fonctions les plus élevées. Il devint premier peintre du roi, directeur de l'Académie royale (1765) et dirigea, en sa qualité d'inspecteur, la manufacture des Gobelins. L'art de Boucher faisait partie des exportations culturelles de la France, plus que Watteau, sans oublier le rayonnement de Greuze et Fragonard.

L'orfèvrerie française, un modèle

Si la France donnait le ton aux cours européennes, c'était souvent celui du décor de la table. L'exécution en était confiée à des dynasties d'orfèvres au service du roi. Le plaisir du métal précieux était très développé dès le XVIe siècle si l'on en juge les inventaires d'Anne d'Autriche, de Mazarin ou de Richelieu. On compte parmi les orfèvres les plus réputés du XVIIIe siècle la célèbre famille Germain, Nicolas Delaunay, fournisseur exclusif de la couronne pour la vaisselle de table jusqu'en 1715. Quant à Jacques Roettiers, fils du graveur général des Monnaies de Louis XIV, orfèvre du roi en 1737, il s'associa à son fils dit Roettiers de la Tour. Celui-ci fut nommé, en 1765, garde de la corporation des orfèvres. Martin Guillaume Biennais travaillait à la fourniture des commandes royales massives, aidé de nombreux sous-traitants. À la cour, qui comptait de 3 000 à 5 000 personnes, il y avait à entretenir de multiples tables, d'où l'importance des offices de bouche. La plupart de ces célèbres orfèvres continuèrent à travailler sous le Premier Empire. Biennais livra le « grand vermeil » de la cour impériale de Vienne qui comptait plus de 4 500 pièces. Les orfèvres étaient installés rue Saint-Honoré.

Un nouveau défi pour la porcelaine

En 1749, Pierre Joseph Macquer, directeur de la manufacture royale de Vincennes, transférée à Sèvres, avait offert une récompense à qui trouverait du kaolin, roche qui donne à la porcelaine une blancheur incomparable. Seize ans plus tard, le premier gisement de kaolin fut découvert à Saint-Yrieix-la-Perche, en Haute-Vienne. Limoges allait devenir le centre de fabrication d'un art qui pouvait concurrencer la porcelaine fine et dure de Chine ou du Japon. À partir de cette découverte seront créées les manufactures de Vincennes et de Sèvres.

De la fin du XVIIIe siècle date en France l'essor de la cristallerie, promue par la monarchie. À la fin du XVIIe siècle a été mis au point, en Angleterre, le cristal plomb, procédé capable de donner au produit, fondu à la chaleur de la houille, une pureté exceptionnelle. Au XVIIIe, les verreries anglaises et hollandaises rajoutent à la production de gobeleterie, celle des lustres en cristal taillé, introduisant un raffinement dans l'art de vivre. Il faudra attendre le XIXe siècle pour qu'apparaissent les premières industries privées en ce domaine, la cristallerie d'État étant réservée aux princes de Bohême.

Parcs et jardins... à la française

Sur la trace des jardins de Le Nôtre, le XVIIIe siècle peut être considéré comme celui de l'art des jardins d'agrément. La dernière période, brillante, de l'Ancien Régime aura conduit l'art des jardins à des sommets, grâce aux discours autour du mot d'ordre en vogue : la Nature. Le jardin à la française est formalisé – à l'image de celui de Le Nôtre à Versailles – à la différence du jardin paysager à l'anglaise, ce qui lui donne la hauteur d'un art.

> Le Roi-Soleil vieillissant et la mort d'André Le Nôtre en 1700 mirent fin aux parcs aménagés autour des châteaux. Le secret de leur succès résidait entre, d'une part, la représentation, grâce à des systèmes d'axes centraux monumentaux sous forme d'allées taillées, de séquences de places et d'espaces, de plans d'eau, de canaux, de fontaines et de statues en enfilade, aménagés en perspective, et d'autre part, la variété dans leur agencement.

Des architectes de jardins originaires de France, au début du XVIIIe siècle, exportèrent le style de Le Nôtre dans les cours princières d'Europe. Le Grand Jardin de Herrenhausen près de

Hanovre (créé de 1696 à 1714), appartenant à la princesse Sophie, est l'œuvre d'un artiste français, Martin Charbonnier.

Il faut aussi tenir compte du goût hollandais, avec ces collectionneurs de fleurs et ces horticulteurs éclairés, qui à Haarlem, en Hollande, s'éveillent avant l'aube pour voir une renoncule, adorent la merveille de leur anémone et paient les taches d'un œillet au poids de l'or.

Le plaisir d'une chair délicate

Sous le règne du Roi-Soleil, la gastronomie était rudimentaire. Son grand-père, Henri IV, avait importé des pratiques culinaires émanant de son origine gasconne avec des plats abondants et copieux comme en témoignent certains écrits racontant les repas légendaires qu'il offrait. Son goût pour l'agriculture grâce à son ministre lettré, Olivier de Serres, sa devise « labourage et pâturage » montrent bien l'intérêt qu'il porte aux plaisirs de bouche que n'auront pas ses enfants et petits-enfants. Il faut attendre Louis XV pour retrouver cet intérêt pour le raffinement gustatif. Il découvre le vin de Bordeaux que son représentant en Aquitaine, Richelieu, vante pour ses vertus thérapeutiques : le vin de jouvence, comme il l'appelle, préfigure le « fameux paradoxe français » réhabilité de nos jours dans la littérature anglo-saxonne qui a redécouvert les vertus favorables du vin pour l'organisme à condition d'être consommé avec modération. Les digestifs pénètrent eux aussi à la cour de Louis XV par son grand chambellan, le marquis de Livry, dont la femme possède une propriété en Armagnac, le château de Maniban. Et là encore, on exhume les fameux textes du Moyen Âge et celui du prieur d'Auch retrouvé au Vatican vantant les 43 vertus de l'Armagnac.

Au cours des repas on goûte les charmes de l'esprit, assaisonnés du plaisir d'une chair délicate aux heures de loisir. Cela s'appelle « les petits soupers ».

Les maîtresses et autres reines

Louis XIV s'était assagi avec l'âge et avec la prude Madame de Maintenon. La liste des maîtresses de Louis XV est innombrable : Madame de Châteauroux, Vintimille de Romans, l'Irlandaise Murphy, la bouchère de Poissy, la cordonnière de Versailles, et cette foule de petites bourgeoises qu'il recevait au Parc-aux-Cerfs ou dans le pavillon de Louveciennes, et que Fragonard, Rother, Pajou, Greuze et Van Loo ornèrent à l'envi.

Deux dominent ce lot : Madame du Barry et la marquise de Pompadour, que Diderot critique en ces termes : « *Qu'est-il resté de cette femme qui nous a épuisés d'hommes et d'argent, laissés sans honneur et sans énergie, et qui a bouleversé le système de l'Europe ? Le traité de Versailles, qui durera ce qu'il pourra, l'Amour de Bouchardon qu'on admirera à jamais, quelques pierres gravées de Guay qui étonneront les antiquaires à venir, un bon petit tableau de Van Loo, qu'on regardera quelquefois, et une pincée de cendres.* »[1]

Et pourtant, si l'on en croit l'excellent catalogue publié en 2002 par la Réunion des musées nationaux[2] à la suite de l'exposition organisée au château de Versailles, le goût de Madame de Pompadour pour les résidences, la peinture, l'orfèvrerie, les meubles, la

---

1. Diderot.
2. Madame de Pompadour et les arts, RMN 2002, 49, rue Étienne-Marcel – 75001 Paris.

porcelaine et la céramique ainsi que la bibliophilie est immense et très sûr à l'image de son élégance qui resplendit dans le portrait que l'on trouve au Louvre sous le pinceau de Maurice Quentin de la Tour en 1755.

On ne peut terminer cette revue de femmes célèbres sans évoquer Louis XVI. Ce roi épris de luxe, lui-même artisan horloger, et sa femme Marie-Antoinette. L'imprévoyance de cette jeune femme à la fois ignorante et pas assez méfiante eut des conséquences incalculables. Cette enfant de 15 ans, jetée au milieu des enivrements de la cour la plus brillante et la plus étourdie du monde entier, a eu le tort de regarder, à son arrivée en France, la vie comme un bal et une partie de plaisirs et la royauté comme une exhibition de toilettes ; qu'elle ait fait de la parure son occupation principale et chaque jour inventé quelque mode nouvelle, cela n'a rien d'extraordinaire. La dépense des jeunes dames, remarque Madame Campan – si sympathique à la reine qu'elle servait, mais souvent si clairvoyante et judicieuse[1] –, fut augmentée tellement que certaines s'endettèrent et que plusieurs ménages furent brouillés. Quelques-unes de ces modes furent dispendieuses, comme les coiffures parvenues à un tel degré de hauteur par l'échafaudage des gazes, des fleurs et des plumes, que les voitures devinrent trop basses et que les femmes furent obligées souvent de mettre la tête à la portière, d'autres de s'agenouiller.

> Outre les toilettes exagérées, les fêtes sont sans fin et sans interruption : à Versailles, trois spectacles et deux bals par semaine, deux grands soupers, et, de temps en temps, l'Opéra à Paris ; à Fontainebleau, trois spectacles par semaine, les autres jours, jeu et souper. Nous ne parlons pas des fêtes publiques, ni

---

1. Madame Campan, *Mémoires*, chapitre IV.

de la première, lors du mariage de la reine, qui avait été marquée par des accidents pleins de pressentiments sinistres, ni de celle qui solennise avec tant de splendeur la naissance du Dauphin et d'autres qu'accompagne la gaieté parisienne alors dans tout son entrain et ses excès. Car peu d'époques furent plus gaies.

Ces fêtes célébrées, même ailleurs qu'à Versailles et à Fontainebleau, dans des résidences comme Choisy et Marly, ont un éclat extraordinaire. Parmi les demeures agréables, l'histoire a retenu le souvenir du Petit Trianon. La reine déjeunait quelquefois un mois de suite dans cette agréable résidence, où le goût d'une simplicité rustique allait jusqu'à l'affectation. Mais tout ici n'était que pur amusement : la reine et le roi jouaient au meunier et à la meunière.

Pourtant, combien de désordres, connus du public, augmentèrent l'aversion du peuple pour la reine ! Sa passion pour les diamants fit scandale. Et que sera-ce quand le procès du collier, éclatant comme un coup de foudre, viendra révéler à la fois l'imprudence déplorable de Marie-Antoinette et l'implacable haine de ses ennemis ! Attribuer à elle seule la Révolution serait excessif. Affirmer qu'elle fut au nombre de ses causes les plus puissantes par les abus qu'elle entraîna, et par la responsabilité qui lui revint dans le refus des projets de réforme et d'économie, est plus conforme à la réalité. Sa passion prodigue excitait l'opposition légitime des économistes.

Conséquences de la révocation de l'édit de Nantes

La révocation de l'édit de Nantes, par Louis XIV, avait porté un coup au luxe français. La Prusse tira profit de cette faute. L'édit de Potsdam ouvrit un asile aux proscrits. Le luxe s'épanouit dans ce pays presque exclusivement militaire. On offrit aux émigrants des transports faciles, provisions, matériaux, pensions, exemptions d'impôts. Environ vingt mille Français s'y rendirent, dont le lieutenant général Varennes, le maréchal de Schomberg et ses fils, les Beaufort, Mongomery, Comminges et d'autres familles de la noblesse, des savants, des artistes, des industriels. La Prusse ne saurait oublier un Pierre Mercier, d'Aubusson, auteur des premières tapisseries ; un Gossart, fondateur des belles fabriques de laine à Francfort-sur-l'Oder ; Jacques Vaillant, peintre ; Paul Detan, architecte, grâce auquel Berlin fut embellie ; Fleureton, de Grenoble, auquel est due la première fabrique de papier. Il faudrait ajouter des mineurs, ces artisans qui travaillèrent non seulement l'acier, mais l'or, fondateur des institutions de crédit, comme Nicolas Gauguet. Des Français protestants émigrés établirent à Berlin et ailleurs des manufactures de drap, de serge, d'étamine, de petites étoffes, de droguets, de crépons, bonnets, bas tissés au métier, chapeaux de castor, de poil de chèvre et de lapin, sans parler des établissements scientifiques et littéraires, écoles de médecins et de chirurgie, de physique et de chimie, académies. Ces Français émigrés créèrent des jardins où la culture des fleurs, inconnue jusque-là, prit un rare développement. Ils révolutionnèrent la cuisine et la pâtisserie, même la boulangerie, en introduisant le *Pain français*. Ils plantèrent des vignes, luxe aussi agréable qu'utile.

Frédéric le Grand fut conscient de ces emprunts faits à des hommes de métier, forcés de se transplanter. Quand un seigneur français lui demanda, de la part de Louis XV, ce qui pourrait lui être agréable, il répondit avec humour : « *Pour m'être agréable ? Une seconde révocation de l'édit de Nantes !* »

Et le luxe dans tout cela ?

Le XVIIIe siècle peut être considéré sur le plan de la conception du luxe et de ses réalisations comme un siècle béni. Sa peinture et ses écrits ont contribué à rehausser cette atmosphère luxueuse. Par le décor de l'ameublement, le plus beau et aussi le plus audacieux que la France ait produit, par la finesse de son architecture de demeures raffinées, dans des villes comme Paris, Nancy, Nantes et Bordeaux, le XVIIIe siècle a marqué particulièrement l'histoire du luxe français. C'est le luxe du libertinage immortalisé par les fêtes galantes de Watteau.

Sans ce siècle, et grâce aux questions qu'il a posées, le luxe français n'aurait pas été ce qu'il est aujourd'hui. Interrogeons-nous pour savoir si cet appétit pour le luxe a, ou non, fait le lit de la Révolution française. ■

PARTIE III

Embourgeoisement et démocratisation du luxe

Avec l'avènement de la société industrielle, le luxe français, qui a perdu quinze ans à cause du Premier Empire et du blocus continental, va se jeter à corps perdu dans la révolution de la mode, de la décoration, des parfums et des transports. Les expositions universelles, dont beaucoup se tiennent à Paris, vont lui en fournir les vitrines. Il va cesser d'être aristocratique pour devenir bourgeois en s'encanaillant au rythme endiablé des petites cocottes et du french cancan. C'est au début du XXe siècle que la haute couture va lui donner de nouvelles lettres de noblesse avec des noms emblématiques comme Poiret, Lanvin, Madame Vionet et Coco Chanel et, dans la deuxième partie, par exemple, Christian Dior et Yves Saint-Laurent, Pierre Cardin, qui sera aussi un grand mécène et un ambassadeur éclairé des grandes causes. Les maisons se développent tout autant en affichant la suprématie des marques qu'en déclinant plusieurs produits, notamment le parfum. Les financiers découvrent que le luxe, avec un marché en croissance toujours supérieur à celui des autres secteurs, devient une bonne affaire et créent trois groupes, LVMH, Richemont et PPR, regroupant la plupart des grandes marques à l'exception de quelques-unes tout aussi prestigieuses, comme Chanel ou Hermès. Et l'on découvre aujourd'hui qu'il n'y a plus un seul luxe, mais une douzaine de secteurs qui ont chacun leur spécificité et leurs règles. Nous sommes entrés dans l'ère des luxes représentant 150 milliards d'euros, dont 54 milliards pour la France. Un million de personnes travaillent dans ce secteur dans le monde et plus de 300 000 en France.

Chapitre 7

Le XIXe siècle et le luxe bourgeois

Paradoxalement, contrarié par Napoléon Ier, alors qu'il aurait rêvé d'en être l'instigateur, le luxe du XIXe siècle va s'embourgeoiser au rythme de la révolution industrielle et des transports, pour découvrir progressivement ses rites et ses codes sous Napoléon III et la IIIe République, dans une libération vestimentaire où la France inspirera la mode, les fêtes et le bon goût, ce que l'on a appelé la Belle Époque et dont les deux emblèmes sont le château et le cheval.

Une situation contrastée

Commencé par la prise de conscience européenne et terminé par un déferlement libertaire au nom de l'abolition des privilèges et des carcans, le XVIIIᵉ siècle restera aussi en matière de luxe comme le siècle des Lumières avec les conquêtes de Fragonard, les fêtes galantes de Watteau, les séductions de la marquise de Merteuil, le marivaudage ou les orgies de Sade, tempérés par le chant divin de Mozart.

Alors que le XVIIIᵉ siècle français avait commencé par une fin de règne de Louis XIV, suivie des dévergondages d'un régent qui s'était plu à boursicoter avec le système de Law, le XIXᵉ siècle va débuter en fanfare sur le pont d'Arcole par l'épopée d'un jeune général de moins de trente ans qui va devenir chef des Armées, Premier consul et empereur.

Napoléon laissera une marque indélébile, ne serait-ce qu'en organisant le pays avec le système des préfets, qui fonctionne encore deux siècles après lui, écrivant le Code civil, dont la plupart des articles sont en vigueur, et créant la Banque de France ainsi que d'autres institutions qui demeurent. En matière de luxe, il fit rayonner de mille feux une cour qu'il avait installée dans les plus beaux palais des rois, donnant un lustre et un décorum aux nombreuses fêtes qu'il organisait entre ses victoires en Europe. Mais beaucoup d'énergie se perdit dans ses multiples campagnes, qui l'amenèrent jusqu'aux déroutes de la Bérézina et de la guerre d'Espagne pendant que l'Angleterre, immobilisant les ports de la France par le blocus continental, obligeait cette dernière à vivre en autarcie et à perdre le dynamisme du commerce, la base du luxe.

Situation contrastée que celle de la France, à la fois resplendissante et exsangue, obligée de trouver des cultures de remplacement à la canne à sucre par la betterave sucrière, et perdant tout rayonnement sur les continents éloignés, ce qui nous fit revendre la Louisiane, au début du XIXe siècle après la révolte de Saint-Domingue. L'Empire aurait pu servir le luxe s'il ne s'était pas éteint avec la débâcle de Waterloo, qui obligera la France à se faire pardonner son ambition, et à repartir sur une base monarchique, en ayant pris quinze ans de retard sur le siècle, pendant que l'Angleterre, le royaume d'Autriche-Hongrie, la Russie et la Prusse continuaient à se développer par les échanges et le rayonnement extérieur.

Un nouvel intermède impérial interviendra entre 1852 et 1870, se terminant lui aussi par un désastre, celui de Sedan, faisant perdre à la France deux de ses plus belles provinces – l'Alsace et la Lorraine – et consacrant la création d'un État rival, l'Allemagne, qui deviendra, pendant près d'un siècle, un ennemi héréditaire. Mais ce Second Empire, plus pacifiste, sut utiliser les recettes du luxe pour se développer, grâce aux charmes de l'impératrice Eugénie, qui, entre un séjour à Eugénie-les-Bains ou à Biarritz, à l'hôtel du Palais, et un bal en crinoline au château de Compiègne, saura redonner à la France son éclat. Encadrant cette période prospère pour le luxe, deux monarchies parlementaires mirent à l'ordre du jour la devise de Guizot : « *Enrichissez-vous* ! », qui ne pouvait que servir le luxe, alors que la IIIe République, se fondant sur les réalisations des régimes précédents et la construction du chemin de fer centré sur Paris, n'eut pas de mal à maintenir notre pays dans la course au luxe.

Quand apparaît la haute couture…

Jusqu'au milieu du XIXe siècle, au gré des époques, des modes successives se répandent dans les classes privilégiées. Le vêtement apparaît plutôt comme un facteur de différenciation sociale et professionnelle. Les acteurs en présence sont le négociant de tissus, la cliente et la couturière. La haute couture ne sera inventée qu'à la fin du XIXe siècle.

Cette situation s'est modifiée sous l'influence de plusieurs phénomènes : le développement de l'industrie des textiles, mécanisée avec la soierie lyonnaise, le perfectionnement des techniques de la teinture. En même temps sont apparus, aux côtés des tailleurs, l'industrie de la confection et les premiers magasins de nouveautés. Dans ce contexte qui correspond, en France, au Second Empire, la haute couture (ou « couture-création ») fait son apparition, avec l'Anglais Charles-Frédéric Worth.

Fournisseur attitré de l'impératrice Eugénie, Worth a introduit la plupart des innovations qui ont caractérisé la haute couture : l'identification d'un créateur (souvent masculin) avec une marque, protégée de la contrefaçon ; la présentation chaque année sur des mannequins vivants (appelés alors des « sosies ») d'un certain nombre de modèles exclusifs (confectionnés aux mesures de chaque cliente) et vendus à un prix supérieur à leur prix de revient ; enfin, le recours à la publicité.

Worth a imposé Paris comme capitale de la mode, alors que la bourgeoisie d'affaires, enrichie par l'essor de l'industrie et des chemins de fer, se montrait avide de luxe et de fêtes. La mode, qui prévaut à cette époque, reflète la codification de la vie sociale jusque dans la hiérarchisation des modèles proposés. Il existe une distinction entre les toilettes d'après-midi, les robes pour un dîner intime, celles pour un dîner privé, les robes de bal, les robes pour le théâtre, etc.

Paul Poiret, qui est le deuxième inventeur de la haute couture, présenta sa première collection sans corset au début du XXe siècle. Il allait dans les grandes villes européennes avec ses mannequins. Il lance sur le marché un parfum, Rosine, et est aussi l'instigateur de la liaison couture-parfum. Lors d'un voyage aux États-Unis, il enrage en constatant la vente de copies de ses créations et décide de s'attaquer aux pirateries sans trop de succès.

La simplification des modèles

À partir des années 1890, une simplification de la ligne vestimentaire s'impose. Redfern, couturier britannique installé à Paris et à Londres, lance pour l'après-midi le costume tailleur, comportant une jaquette à basque et une double jupe, participant d'une ligne plus stricte et plus sportive. Ce tailleur deviendra un classique de la garde-robe, après son adoption par la princesse Alexandra, l'épouse du prince de Galles, futur Édouard VII.

> Pour les tenues habillées, on note un allongement de la silhouette, favorisé par l'étranglement de la taille, mais compensé par l'ampleur donnée aux manches (gigot, puis ballon) ; les robes sont généralement ornées d'une petite traîne. À la même époque, le manteau de fourrure devient le complément indispensable de la robe habillée.

Le costume masculin connaît peu de modifications, même si, aux alentours des années 1880, apparaît le veston en tweed. L'habit et le haut-de-forme restent de rigueur pour les sorties. Le smoking survient, progressivement, comme tenue de casino. La mode enfantine reste dominée par le costume marin pour les garçons, tandis que les tenues habillées pour les filles (activité qui sera plus tard une des spécialités de la maison Lanvin) reprennent souvent les lignes de la mode chez les adultes.

De nouveaux venus (Liberty, Paquin, Peter Robinson et Says) s'imposent. La diffusion de l'innovation est assurée par les expositions, comme celles de Paris (1878, 1889, 1900). Les grands magasins servent de relais en proposant des modèles inspirés de la ligne à la mode. Les revues, comme les *Modes*, le *Journal des dames et des modes* ou le *Petit Écho de la mode*, permettent la diffusion d'une certaine esthétique.

Paris attire la clientèle du monde entier, celle des familles royales, des riches Américaines qui serviront de modèles aux romans d'Henry James et des familles fortunées d'Amérique du Sud, tandis que la clientèle des actrices (Réjane est habillée, à la scène comme à la ville, par Doucet, Sarah Bernhardt par Drecoll) et des demi-mondaines (comme Cléo de Mérode ou Liane de Pougy) contribuent au renom des couturiers.

Au cours des décennies suivantes, Jacques Doucet hérite d'une boutique de dentelle créée en 1824 par son grand-père, boutique que celui-ci avait étendue à la couture en 1871. Les sœurs Callot ouvrent en 1898 leur maison de lingerie et de parures de dentelle. Jeanne Lanvin fut d'abord modiste dès 1890, au 22, rue du Faubourg-Saint-Honoré puis couturière pour femme et enfant en 1900. La somptuosité des tissus, qui stimule l'industrie de la soie et la fabrication de la dentelle, l'abondance des rubans et des passementeries favorisent le développement des accessoires.

Le XIXᵉ siècle a marqué une période de prospérité pour les dentellières (métier réservé en principe aux femmes) malgré les fluctuations de la mode parisienne et une résistance face à la dentelle de fabrication mécanique. La plus belle époque a été celle du Second Empire, avec la mode des crinolines couvertes de dentelle et celles des années 1870, quand toute femme élégante se devait de posséder un châle de dentelle noire. À ce moment-là s'est produit un phénomène de diffusion dans de larges couches de la société – grâce à la dentelle mécanique – d'un article originellement créé pour un petit nombre.

Broderie, lingerie, fourrure, cuir et chaussure

Dans la première moitié du siècle, la broderie s'associera avec certaines dentelles et mousselines. Des régions de tradition brodeuse, telles que la Lorraine, continueront jusqu'à la fin du XIXᵉ à recevoir des commandes de grandes maisons de commerce du IIᵉ arrondissement de Paris ou de certains grands magasins. Cette prospérité a décliné avec la concurrence de la dentelle suisse vers le milieu du siècle et le développement des métiers à tambour.

> Passée de mode au cours du XVIIIᵉ siècle, la fourrure a connu un retour en faveur dans l'habillement lors de la seconde moitié du XIXᵉ siècle, grâce à la maison Révillon. Elle a ouvert des filiales à Londres et à New York en 1875 et créé des comptoirs au Canada en 1893 pour acheter ses peaux aux chasseurs indiens.

Le XIXᵉ siècle a réservé le nom de bottier à la fabrication artisanale de la chaussure ; le bottier s'adressait à l'élite et était capable de confectionner entièrement une chaussure à la main. Londres, l'autre capitale de la botterie, a accueilli au milieu du XIXe siècle John Lobb, le fournisseur attitré du prince de Galles.

En 1837, la maison Hermès fut fondée par Thierry Hermès, un artisan harnacheur en gros qui ouvrit son atelier dans le quartier de la banque (rue Basse-du-Rempart). En 1880, son fils s'installera à la mythique adresse de la rue Saint-Honoré à proximité des écuries des Champs-Élysées et des hôtels particuliers de l'aristocratie. Le cuir était, à l'origine, pour Hermès, le matériau des accessoires du sport équestre. Cette famille en fera, à partir de multiples diversifications, sous l'impulsion de Jean-Louis Dumas, la marque mythique que l'on connaît et célèbre par ses fameux carrés de soie et ses sacs et qui figure au palmarès des cent marques mondiales (cf. dernier chapitre). Elle illustre bien le règne du cheval comme emblème initial du luxe.

La parfumerie moderne

En 1789, les parfums étaient honnis. Ils sont revenus en grâce sous le Consulat et l'Empire. L'impératrice Joséphine dépensa des fortunes en senteurs exotiques et Napoléon abusait des frictions à l'eau de Cologne. Les hygiénistes anglais relancèrent le goût des bains parfumés. À l'époque romantique, les femmes au teint pâle s'abandonnent aux langueurs, un mouchoir parfumé à la main.

> Si les fragrances étaient légères à l'époque romantique, florales et douces sous la Restauration, elles sont devenues plus puissantes sous le Second Empire, influencées par l'émergence des produits de synthèse (vanilline).

On parfume son mouchoir et ses fourrures avec du patchouli. Le parfum sert parfois pour soigner des troubles nerveux. Les bains parfumés à la vanille et à la cannelle qu'aimait l'impératrice Joséphine, étaient reconnus pour entretenir la santé et embellir la peau. Fraise, framboise, amande douce et même eau de cerise sont utilisées. La parfumerie se définit comme un art. La chimie de synthèse provoque une révolution avec la coumarine, l'héliotropine, la vanilline, l'ionone et les premiers aldéhydes.

Paris s'impose comme l'équivalent commercial de Grasse et devient la ville phare du parfum. Outre les noms d'Houbigant, de Lubin ou de L.T. Piver, on trouve l'enseigne de Jean-Marie Farina. Vendue à Léonce Collas, elle est ensuite cédée à deux cousins par alliance, Armand Roger et Charles Gallet. La maison Roger & Gallet va jouer un rôle central dans la parfumerie moderne grâce à ses parfums ambitieux, ses savons de grande qualité ainsi que ses emballages et étiquettes assez sophistiqués.

Un autre nom apparaît, qui va donner naissance à une dynastie : Guerlain. Pierre François Pascal Guerlain, jeune médecin chimiste, ouvre en 1828 un magasin rue de Rivoli pour y vendre des poudres et des parfums personnalisés, parmi lesquels l'eau de Cologne impériale, qui lui vaut, sous le Second Empire, le titre de « fournisseur de Sa Majesté l'impératrice Eugénie ». Ses fils, Aimé et Gabriel, vont lui succéder terminant le siècle avec une création : Jicky. À la fin du siècle, le parfum se répand dans toutes les couches sociales…

Voici Cartier, Boucheron et Breguet

Bonaparte avait une passion pour les bijoux. À l'occasion du couronnement de 1804, il fait remonter les joyaux de la monarchie. Le second quart du XIXe a été marqué par le foisonnement de maisons nouvelles : Cartier et Boucheron qui viennent rejoindre Chaumet (1786) et Mellerio (1613). Le Paris du Second Empire a découvert de 1852 à 1870 une atmosphère de fête, de gaieté. Les fastes de la cour relancent les industries du luxe et de la mode.

Cartier prospère. Louis-François Cartier, fondateur en 1847 de la dynastie, enseigna le métier de joaillier à son fils Louis-François-Alfred qui prit la direction de la maison en 1874. À son tour, en 1898, Alfred s'associa à son fils aîné, Louis. En 1899, Cartier s'installa 13, rue de la Paix. Les trois fils d'Alfred se virent confier par leur père l'avenir international de la maison : l'un fut nommé responsable à Paris, l'autre s'établit à Londres et le troisième à New York. C'est à partir de cet éclatement que la maison va péricliter au milieu du XXe siècle avant d'être reprise en main par deux fortes personnalités – Hock et Perrin – épaulées ensuite par le groupe Richemond et ses créateurs, la famille Ruppert. Reconnue dans le monde entier, la maison Cartier a été consacrée par des brevets décernés par les cours royales et une clientèle cosmopolite qui se presse dans ses salons feutrés.

Paris, en 1858, vibrait des feux de la fête impériale. Le baron Haussmann, nommé préfet, donna à la capitale un nouveau visage. L'empereur Napoléon III et l'impératrice Eugénie relancèrent l'ambiance de la cour.

En avril de cette même année, Frédéric Boucheron imposa en joaillerie une invention, celle qui lança la mode ; il proposa à sa prestigieuse clientèle des papillons de rubis, d'émeraudes et de saphirs, des feuillages d'argent et d'or nervurés, des églantines et des libellules en émail et diamants.

Plus tard, l'impératrice de Russie, les grandes-duchesses et les aristocrates, les milliardaires américaines, Sarah Bernhardt ou la belle Otéro viendront chercher chez Boucheron des rêves inspirés par la nature. Après cinquante ans de créativité, couvert de premiers prix et de médailles d'or dans les expositions universelles et internationales, Boucheron s'installera en 1893, au 26 de la place Vendôme, dans l'hôtel de la comtesse de Castiglione. Joaillier et expert, Boucheron mettra ses créations au service de la beauté des pierres. Parmi ses célèbres parures, l'une porte en son centre un des saphirs ovales les plus purs, les plus gros et les plus beaux que l'on n'ait jamais vus : 159 carats ! La richissime Clarence H. Mackay avait chargé Frédéric Boucheron, en 1878, de monter en collier l'énorme saphir que venait de lui acheter son mari. Quelques mois plus tard, ce dernier compléta cet achat par celui de deux saphirs destinés à être montés en boucles d'oreilles. Onze ans plus tard, le collier fut démonté pour devenir un collier nœud sur un dessin de Paul Legrand. Il fut présenté par Frédéric Boucheron à l'exposition de Paris, la même année, où il obtint à nouveau le grand prix. En mai 1890, le collier, encore démonté, fut remonté sur un dessin de Jules Début en un collier tour de cou saphir et diamants, ainsi qu'un collier nœud avec, pendant, le saphir de 159 carats entouré de diamants.

En 1810, Breguet avait créé la première montre-bracelet pour la reine de Naples. La célèbre fabrique Patek Philippe vit le jour le 1er mai 1839. La production des montres compliquées connut à cette époque un formidable essor. Audemars Piguet est créée en 1881 dans la vallée de Joux, et demeure la seule manufacture qui est parvenue à la performance de mettre au point une grande création par année. Mais il faudra attendre le début du XXe siècle pour assister à la mécanisation de la fabrication et au développement fulgurant de l'industrie horlogère.

Le chic de Louis Vuitton

Le développement de la bagagerie est lié aux voyages grâce à l'invention des chemins de fer et des bateaux à vapeur. La cour et l'aristocratie attachaient une importance particulière à la qualité de leur bagagerie.

Issu d'une longue lignée d'artisans menuisiers francs-comtois, Louis Vuitton entra dans une maison spécialisée dans l'emballage afin de gagner sa vie. Il travailla à la fabrication de malles destinées au transport des robes et autres parures des élégantes de la cour. Ces malles en bois blanc, taillées sur mesure et adaptées en fonction des variations de la mode, s'appelaient à l'époque des « layes ». Elles donnèrent leur nom à un métier, celui de « layetier emballeur », qui non seulement adapte les malles mais se rend à domicile pour préparer les bagages. L'habileté et le soin apportés par Louis Vuitton à ses fonctions lui permirent d'être distingué par l'impératrice Eugénie, dont il devint, à chaque voyage, le spécialiste attitré. En 1854, ce patronage illustre incita Louis Vuitton à s'établir à son compte, en ouvrant boutique et atelier près de la place Vendôme, rue Neuve des Capucines.

Louis Vuitton élabora une gamme de malles qui rompaient avec la tradition. L'intérieur de la malle, fabriqué en bois de peuplier léger et résistant, était garni de nombreux rangements, boîtes et coffrets, destinés à accueillir les robes, gants, voilettes, chapeaux et éventails. Jusqu'au milieu du XIXe siècle, les malles avaient un couvercle bombé qui favorisait l'écoulement de la pluie lorsqu'elles étaient disposées sur les toits des diligences. Celles de Louis Vuitton étaient plates, afin qu'elles puissent être empilées dans les fourgons de chemin de fer ou dans les cales des steamers. Pour préserver l'étanchéité du bagage, Louis Vuitton le revêtit d'une toile grise imperméable. Ses malles rencontrèrent un vif succès auprès de la clientèle princière. Afin de prévenir la contre-façon, il créa une toile rayée, qui donnait une identité visuelle à ses malles.

> À la fin du XIXᵉ siècle, Georges Vuitton, le fils du fondateur, multi-plia les innovations et mit au point une serrure en laiton doré, incrochetable et numérotée, qui permettait à chaque client de posséder sa combinaison.

Après plusieurs essais de toile à rayures ou damiers, la toile « Monogramme » offrit aux bagages leur sigle original dès 1896. Influencé par l'esthétique japonisante en vogue à la fin du XIXᵉ siècle, Georges Vuitton dessina lui-même un monogramme complexe et épuré, composé de trois fleurs stylisées et des initiales L V entrecroisées, en hommage à son père.

Tout l'art de la table

À partir de 1850, l'industrialisation permit de produire à moindre coût tout le décor de la table ; porcelaine, verres, cristaux et orfè-vrerie argentée étaient largement diffusés. Les progrès de l'agricul-ture et ceux liés à l'alimentation, tels que l'invention de la conserve sous le Premier Empire ou le progrès de la vinification, entraînèrent des modes de consommation et de nouvelles habi-tudes de table. Les principales formes d'assiettes ont été créées au XVIIIᵉ siècle. Au XIXᵉ, la taille des assiettes les différencie : assiette à dessert plus petite, assiette à soupe plus profonde, assiette plate avec aile plus large. Pour les plats, de multiples formes furent créées au XIXᵉ siècle pour s'adapter à presque tous les aliments :

© Groupe Eyrolles

plats à viande, à poisson, à légumes, à asperges, à huîtres, à artichauts, à escargots.

Le surtout de table connut un regain de faveur. Il s'agissait d'un ensemble de pièces décoratives : figurines en biscuit de Sèvres, légumiers en argent, coupes, au centre de la table. Les couverts diversifiés peuvent être fabriqués en grande quantité.

> On aboutit, à la fin du siècle, à la création de nombreux couverts qui n'existaient pas auparavant : service à asperges, à poisson, fourchettes à huîtres, etc.

Le décor des couverts au XIXe siècle est encadré par deux styles : le style Empire, qui privilégie les formes droites avec des motifs décoratifs comme les palmettes, et l'Art nouveau qui se caractérise par des formes souples.

Les recherches portent sur l'utilisation de matériaux (corne, nacre, bois, ivoire) qui apportent la couleur et sur la forme des lames qui offrent la diversité.

Les verres à boire

Le XIXe peut être considéré comme le siècle d'or du verre à boire. Les progrès dans la vinification et la conservation du vin, au début de ce siècle, ont entraîné une révolution dans la façon de déguster le vin. On a renoncé à le boire très frais et coupé d'eau. Le vin avec son bouchon en liège hermétique peut être chambré et décanté : de nouveaux accessoires comme les verseurs sont utilisés pour le vin de Bourgogne qui doit être remué le moins possible et rester dans sa bouteille d'origine. Les vins blancs sont mis à rafraîchir dans des carafes de forme allongée, les vins rouges dans des carafes plus rondes.

Au XIXe siècle, la notion de service de verres, avec un décor assorti, apparaît en Occident. Un service de verres classique, à la fin du XIXe, se compose de plus de cinquante pièces. La paternité en est attribuée aux cristalleries de Bohême ou à celles de Saint-Louis. Et comme pour les couverts, les tailles des verres se multiplient ; on utilise alors la forme gobelet ou le verre à pied.

Les premiers verres en cristal étaient en général épais, de formes lourdes. Ils portaient un décor à côtes ou en pointes de diamant. À partir des années 1850, la mode du décor taillé décline au profit du décor gravé à la roue : le cristal devient plus fin. Vers les années 1880, les services de couleur en cristal émaillé prennent la relève. Les décors restent classiques ; il faut attendre l'Art nouveau pour qu'ils évoluent. Le verre sera le matériau privilégié de l'école de Nancy.

Les rois de France avaient été les modèles pour les autres cours en matière de décor de la table, notamment grâce à la manufacture de Sèvres qui reste inégalée dans le monde par son savoir-faire, grâce à des dynasties d'orfèvres au service d'un roi dont il s'agissait de servir la gloire autant que le goût.

Au cours du XIXe, le décor de la table a vu le métal précieux reculer non seulement devant l'argenture de Christofle, mais aussi devant la porcelaine, le cristal, la faïence artistique.

Christofle

Sous le règne de Louis-Philippe, le nom de Christofle commença à attirer l'attention. Charles Christofle appartenait à une famille de soyeux lyonnais ruinée par la campagne de 1814. Très jeune, il entra comme apprenti chez son beau-frère, un bijoutier parisien,

Joseph Calmette. Bientôt, il codirigea l'entreprise. En 1830, il se trouva à la tête de la plus grande manufacture de bijoux et d'orfèvrerie de l'époque. Dès 1839, il se signale en obtenant à l'exposition universelle sa première médaille d'or. Ses ouvrages en filigrane de métal précieux, ses tissus métalliques y remportent un vif succès. Il a pressenti l'avenir du procédé d'argenture et de dorure électrochimique et ce qu'il implique pour la profession. Le comte de Ruolz, savant français né en 1811, cherchait à réaliser la dorure des métaux par galvanoplastie. Il prit son premier brevet en 1840. Le droit d'exploiter sa découverte du métal argenté lui fut acheté 650 000 francs de l'époque par Charles Christofle et J. Bouilhet qui dirigeaient une fabrique de bijouterie à Paris.

> Le 13 décembre 1853, quelques privilégiés conviés à souper aux Tuileries admirent l'orfèvrerie qui étincelle sur la table impériale. Le magnifique « surtout » comporte quinze pièces principales sculptées. Du jour au lendemain, le nom de Christofle est sur toutes les lèvres. Les commandes affluent (l'impératrice Eugénie, le duc de Morny, des ministres, les messageries impériales pour leurs paquebots).

En 1855, l'Exposition de l'industrie prend l'allure d'un tournoi entre nations. Christofle y présente des motifs décoratifs galvanoplastiques et le service de l'empereur dont il est devenu le fournisseur attitré. Aux Tuileries, mais aussi à Saint-Cloud et à Compiègne, « tout, jusqu'à la dernière cuillère à café est en Christofle ». Soucieux de maintenir sa réputation, Christofle va créer le « surtout » de l'Hôtel de Ville. Le baron Haussmann le destine aux somptueuses réceptions prévues pour l'exposition de 1862.

Fin 1860, Charles Garnier a été choisi pour construire l'Opéra. Christofle est chargé de l'exécution en fonte galvanoplastique d'une grande partie des bronzes et statues. Deux ans plus tard, il a créé, en galvanoplastie, la statue de Notre-Dame-de-la-Garde. Un train spécial l'a conduite en grande pompe jusqu'à Marseille.

Christofle équipera l'Orient-Express mais aussi le Ritz, le Crillon, le Meurice et, pour le Maxim's, il crée le fameux service Orchidée, toujours en usage.

Gien

En 1821, un Anglais, Thomas Hulm, dit Hall, installa une manufacture à Gien dans l'enclos et les bâtiments du couvent des Minimes. Gien ne produit, à cette époque, que la terre de pipe, une faïence calcaire ; mais l'intention de Hall est de lancer de la faïence fine, dite « anglaise », ce qui fut fait dès 1834. Gien lança alors une faïence dont la pâte contenait du kaolin, ce qui lui donnait sa pureté et lui permettait de supporter un émail plus résistant. La manufacture créa des formes nouvelles et des décors originaux. Les efforts de la manufacture sont récompensés à l'Exposition universelle de Paris de 1830 : « *C'est une des premières industries céramiques, sinon la première, à donner à la faïence un cachet artistique qui la fait sortir de la vulgarité.* »

La manufacture de Gien a connu une période faste durant la seconde moitié du XIXe siècle. La production s'accroît grâce à une diversification de la fabrication passant de la faïence utilitaire à la faïence d'art. De nouvelles techniques sont exploitées, des artistes célèbres, peintres et sculpteurs, invités à créer des formes et des décors nouveaux.

Le vase du Paon, créé pour l'Exposition universelle de 1889, représentait une parfaite illustration des réalisations de Gien.

Cette pièce monumentale de trois mètres de haut et d'un mètre vingt de diamètre égalait en taille les productions des manufactures de porcelaine telles que Sèvres.

Baccarat

Le cristal est un verre de luxe, d'une finesse, d'une pureté et d'une transparence exceptionnelles, que les verriers vénitiens de l'île de Murano ont mis au point au XVe siècle. À la fin du XVIIe, l'Angleterre a découvert le cristal au plomb, procédé capable de donner une pureté exceptionnelle. L'essor du cristal en France a été plus tardif ; promu par la monarchie, il date de la fin du XVIIIe siècle. Comme les bûcherons vosgiens étaient au chômage et que les deniers français servaient aux importations des cristalleries de Bohême, Louis XV agréa la requête de l'évêque de Metz et autorisa l'installation d'une verrerie à Baccarat en 1764. Trente ans plus tard, en 1797, un rapport officiel note qu'aux dires des connaisseurs et des maîtres de verrerie, l'usine de Baccarat est la mieux appropriée qui soit en Europe.

Au cours des années 1820 va commencer son fabuleux essor. Au long du XIXe siècle, Baccarat accumule médailles d'or et grand prix aux expositions nationales et universelles. Les rois se fournissent chez Baccarat. La cristallerie fabrique verres, carafes, assiettes, vases, flacons à parfum et objets décoratifs plus rares. C'est à cette époque qu'est créé l'un des classiques de Baccarat : le service exécuté en 1825 pour la famille d'Harcourt, qui fut ensuite commercialisé.

La renommée de Baccarat doit beaucoup à son art du luminaire. Une première présentation de luminaires au public a eu lieu à l'Exposition nationale de 1823. Sous le Second Empire, aux Expositions universelles de 1855 et 1867, Baccarat affirma sa suprématie. À partir du XIXe siècle, le luminaire fut électrifié, ce qui permettait des jeux de lumières et supprimait aussi les fumées qui ternissaient le cristal. Baccarat a su s'adapter à l'évolution des modes, en conservant les mêmes sources d'inspiration.

> L'Exposition universelle de 1878 donna l'occasion à la cristallerie de présenter des objets extraordinaires. Le plus spectaculaire fut le kiosque gravé de quatre mètres soixante-dix de haut et de cinq mètres vingt-cinq de diamètre, construit entièrement en cristal.

À partir de 1891, Antonin Daum invente des objets en verre avec un style inspiré de la nature. Il adopte le verre coloré dans la masse qu'il désignait par le terme « pata de verre ». La verrerie Daum devient l'une des plus importantes verreries d'art et participe à la création de ce que l'on a appelé l'école de Nancy.

L'âge d'or de la cuisine

Le XIXe siècle est devenu l'âge d'or de la cuisine grâce aux progrès techniques et aux moyens de transports – chemin de fer ou navigation à vapeur – qui ont favorisé les approvisionnements et la construction des marchés de victuailles appelés « halles ». Certains produits sont importés comme l'ananas ; d'autres de création récente comme l'endive, le céleri-rave, le sucre de betterave. Ce siècle est celui des rénovations de la cuisine. Les cuisiniers analysent les réactions chimiques des aliments, recherchent de nouvelles textures et de nouveaux goûts.

Les restaurants se multiplient sur les Grands Boulevards et les Champs-Élysées, à Paris. Le dîner à l'extérieur devient une fête et un rituel au XIXe siècle...

© Groupe Eyrolles

Foie gras, plaisir du palais

Le foie gras doit ses lettres de noblesse gastronomique aux cuisiniers français qui depuis deux siècles ne cessent d'enrichir la palette de ses modes de cuisson pour en faire un mets d'exception. Dans les deux régions qui ont donné naissance au foie gras, la Gascogne et l'Alsace, plusieurs maisons pratiquent la conserverie : la plus ancienne est celle de Philippe Artzner, à Strasbourg, qui date de 1803. Plusieurs centaines de conserveries sont apparues au cours du XIXᵉ siècle : Guillaume Bizac (1825) à Brive, Delpeyrat (1892) à Sarlat.

Le foie gras est devenu un mets de haute gastronomie auquel s'attachent les plus grands cuisiniers. Le premier d'entre eux, fondateur de la haute cuisine française, Antonin Carême (1783-1833), organisait des banquets prestigieux pour les têtes couronnées d'Europe : pour le prince de Condé, Murat, Napoléon, les Rothschild et le prince de Galles. Charles-Maurice de Talleyrand mettait la gastronomie au service de la diplomatie et ce cuisinier hors pair déploya auprès de lui son génie culinaire.

Grand artisan du foie gras, qu'il souhaitait présenter en majesté, il le déplaça dans l'ordonnance du repas, en le mettant en entrée alors que, précédemment, il n'était qu'entremets.

La rareté de la truffe

Quant à la truffe, des cuisiniers de Louis XI, à ceux du siècle des Lumières, lui donnèrent ses lettres de noblesse. Les chefs de la gastronomie du XIXᵉ siècle, d'Antonin Carême chez Talleyrand à Auguste Escoffier à l'hôtel Ritz, inventèrent une multitude de recettes destinées à valoriser ce produit d'exception.

Adresses gastronomiques

Les grands travaux du baron Haussmann avaient transformé le Paris du Second Empire, lorsqu'en 1862, Louis-Ernest Ladurée, minotier arrivé de son Sud-Ouest natal, ouvrit à l'angle de la rue Royale et de la rue Saint-Honoré, une boulangerie. Boulangerie familiale, la maison Ladurée soignait la qualité, ce qui lui valut de fournir de nombreux restaurants et hôtels du quartier. À la génération suivante, la maison se transforma : Jeanne Souchard, épouse d'Ernest Ladurée, décida d'ouvrir un salon de thé dans les locaux de la rue Royale. La vogue allait aux cafés et aux restaurants élégants, où se retrouvait une clientèle choisie. Pour la maison Ladurée, l'Exposition universelle de 1900 devint l'occasion de faire apprécier l'établissement dans ses nouvelles fonctions.

La Tour d'argent était une hostellerie fondée en 1582 où l'on servait une cuisine raffinée. La visite du roi Henri III conféra à l'auberge une renommée qu'elle conserva durant deux siècles. Pillée et détruite pendant la Révolution, La Tour d'argent fut reconstruite au début du XIXe. Lexoq, chef des cuisines de Napoléon III, lui redonna son lustre. À la fin du siècle, Frédéric, qui avait été premier maître d'hôtel, racheta le fonds. En 1890, il inscrivit pour la première fois au menu le fameux canard au sang. Cette maison était dirigée par Claude Terrail qui vient de mourir en 2006.

Les vins (le bordeaux et le classement de 1855)

Le vin de Bordeaux est consacré par la classification officielle intervenue en 1855. Il apparaît comme le moteur d'une consommation de haute qualité et est favorisé par le commerce à l'exportation.

En 1791, le Château-Margaux a été « *considéré comme le meilleur que la France ait produit depuis de nombreuses années, il est à présent difficile d'en trouver de comparable* »[1]. Pierre d'Aulède de Lestonnac constitua le vignoble de Margaux à la fin du XVIᵉ siècle. Ses successeurs agrandirent le domaine qui atteignait 265 hectares à la fin du XVIIᵉ siècle.

Le domaine de Margaux fut confisqué sous la Révolution. Plusieurs fois vendu, il fut racheté par Bertrand Douat, marquis de Colonilla, qui, en 1810, fit bâtir le château actuel. Louis Combes, l'architecte en charge du projet, construisit des entrepôts et des logements d'ouvriers, ainsi que le grand chai, capable d'accueillir des centaines de fûts. En 1836, le domaine fut acquis par un financier espagnol, Alexandre Aguado, marquis de Las Marinas. En 1855, Château-Margaux devint l'un des quatre premiers grands crus classés du Médoc. Il a été repris par André Mentzelopoulos. Sa fille Corinne le dirige aujourd'hui.

1855 fut la date décisive pour le vin de Bordeaux puisqu'il consacre la classification des grands crus.

Par exemple, en 1855, le vin de Bordeaux Château-Latour s'affirmait comme l'un des plus grands vins de la région. Il bénéficie d'un climat clément près de la Gironde et son terroir, composé de coupes graveleuses, se prêtait particulièrement à l'épanouissement de la vigne. À cette époque, les régisseurs prenaient le pas sur les propriétaires. Les négociants commençaient à peine à se charger de la commercialisation des vins. À Latour, comme ses voisins Château-Lafite et Mouton-Rothschild, les régisseurs

---

1. Ainsi Christie's qualifie-t-il le Château-Margaux 1791, mis aux enchères dans son catalogue de vins du 23 mai 1997.

replantaient les vignes clairsemées en privilégiant le cépage cabernet-sauvignon, et, plus tard, en y adjoignant le merlot. Au XIXe siècle, ils cherchèrent à drainer certaines parcelles qui retenaient l'eau de pluie.

Lors de la classification des vins en 1855, Château-Latour fit partie des quatre premiers grands crus classés, aux côtés des Château-Lafite, Château-Margaux et Château-Haut-Brion, qui lui, est le seul de la région des Graves, Mouton-Rothschild devant les rejoindre plus tard. Le Château-d'Yquem, pour le Sauternes, fera partie de cette classification.

Le Pétrus illustre une création relativement récente dans l'histoire de la viticulture bordelaise. Inconnu des gourmets jusqu'aux années 1830, même s'il est mentionné au cadastre de Pomerol à partir de 1810, il apparaît alors comme un vin de très bonne qualité, mais non exceptionnel. Il ne bénéficie pas de l'appellation « château ». Mais à la fin du XIXe siècle, par un effort acharné, les propriétaires obtiennent un vin de très grande classe. Ainsi, le vin Pétrus remporta-t-il une médaille d'or aux Expositions universelles de 1878 et de 1889, qui ont consacré sa réputation. Pétrus, Cheval-Blanc, Château-Pavie et Ausone sont des vins de la région de Saint-Émilion qui peuvent rivaliser avec les grands Médoc.

Le champagne

De nombreuses maisons de champagne existaient avant le XIXe siècle et ce vin qui consacrait déjà les fêtes de l'Europe avait été rendu célèbre par un chanoine appelé Dom Pérignon. Les maisons existantes s'appelaient déjà Moët & Chandon, Veuve Cliquot, Pol Roger.

De nouvelles apparurent comme le champagne Laurent Perrier, fondé en 1812 par un vigneron et tonnelier nommé Laurent, qui exerçait son activité au village de Tours-sur-Marne, sur le coteau entre Épernay et Reims. Après la mort du fondateur, son fils Eugène Laurent et son épouse, Mathilde Perrier, poursuivirent son œuvre. Et quand Eugène mourut, en 1887, sa veuve continua l'entreprise en exportant ses vins sur les marchés européens, notamment en Angleterre, où ils rencontrèrent un grand succès. En 1914, la maison, prospère, possédait un important vignoble que les deux générations de vignerons avaient su acquérir progressivement. Aujourd'hui dirigée par Bernard de Nonancourt, cette maison est prestigieuse.

En 1833, Louis Roederer a hérité de la maison de champagne fondée en 1776 par son oncle. Il décide de lui donner son nom et d'en développer la renommée à l'étranger en prospectant les marchés russes, anglais et américains. Ainsi, au milieu du XIXe siècle, la maison a-t-elle pris son essor : à l'époque où Louis Roederer avait repris l'entreprise familiale, elle vendait 100 000 bouteilles par an, aujourd'hui 2,5 millions de bouteilles. Les aristocrates russes, grands amateurs de champagne, achetaient chaque année le tiers de la production. La cour de Saint-Pétersbourg conquise, le tsar Nicolas Ier et son fils Alexandre II ont fait de Roederer leur fournisseur attitré, à tel point qu'Alexandre II a demandé à la maison de lui réserver la meilleure de ses cuvées. Tous les ans, le maître de chai de la cour impériale se rendait à Reims pour participer à l'élaboration de la cuvée marquée de l'aigle à deux têtes. En 1876, Alexandre II exigea que sa cuvée personnelle lui fût servie dans des bouteilles de cristal conçues pour la cour. Le fils de Louis Roederer, prénommé Louis, inventa alors une bouteille transparente qui donna son nom à la cuvée

Cristal, première cuvée de prestige en champagne. Le champagne Krug, lui aussi un des meilleurs, a été fondé en 1843.

Œuvres d'art et bronze

Le secteur du bronze a continué jusque sous le Second Empire à dominer la représentation française aux expositions universelles. Achille Collas inventa en 1839 le réducteur qui permettait de reproduire, à plus petite échelle et avec exactitude, n'importe quelle œuvre d'art sculptée. C'est à cette époque que les bronziers sont devenus l'un des fers de lance de l'alliance de l'art et de l'industrie.

De son côté, Jean-Pierre-Victor André décida de lancer en 1834 la fabrication de la fonte d'ornement qui devint en 1855 la Société des hauts fourneaux et fonderies du Val d'Osne. Distinguée à l'Exposition universelle de Londres en 1851 jusqu'à celle de Paris en 1900, elle a élaboré quelque 40 000 modèles (dont les « Marianne républicaine »). Ont travaillé pour le Val d'Osne des artistes tels que Mathurin, Moreau, Bartholdi et Pradier.

En 1864 fut créée l'Union centrale des beaux-arts appliqués à l'industrie grâce au sculpteur et orfèvre Jean-Baptiste Klagmann. Elle deviendra en 1882 l'Union centrale des arts décoratifs (et a son musée aujourd'hui rue de Rivoli) présidée par Hélène David Weill. Le problème qui se posa aux promoteurs de cette union ne fut pas seulement celui du rapport entre l'objet unique et la production en série, mais aussi l'éducation du goût des clients et la hantise de l'imitation.

Le XIXe siècle a marqué le retour de l'attachement aux formes du XVIIIe siècle dans les arts décoratifs afin de faire front aux méthodes industrielles de production à meilleur marché. Les artistes français ont réagi au début du XXe siècle par la création de la Société des artistes et décorateurs.

Du haut de gamme pour les transports

Longtemps, l'état des transports a rendu difficile tout déplacement. Grâce à Colbert puis à Turgot, le réseau routier s'est amélioré, grâce aussi aux intendants du XVIIIe siècle qui représentaient le roi dans les provinces : Tourny à Bordeaux, d'Étigny à Auch, etc. La France s'est dotée d'un bon réseau de voies fluviales depuis le XVIIe siècle avec Henri IV et Colbert, tandis que les bateaux à vapeur ont amélioré considérablement les trajets.

Les trains de luxe

L'avènement du chemin de fer, au XIXe siècle, a précipité l'essor du tourisme. Ce mot est apparu quatre ans après l'inauguration de la ligne Paris/Saint-Germain-en-Laye, première ligne construite pour le transport de voyageurs. Par la loi du 11 juin 1842, le gouvernement Guizot tenta d'organiser le réseau de chemin de fer. Progressivement, de grandes compagnies se formèrent, telles que la Compagnie ferroviaire Paris/Orléans en mars 1852. Les voies ferrées ont rallié des lieux à la mode et ont contribué par exemple à la création de villes touristiques comme Deauville sous l'impulsion du duc de Morny et Arcachon sous celle du baron Péreire ou Biarritz grâce à la princesse Eugénie. Il en fut de même pour le Touquet et la Côte d'Azur. Une politique commerciale active des Compagnies et de l'État a contribué au succès croissant de lieux trop éloignés.

Associé au développement des structures hôtelières et touristiques, souvent situées à proximité des gares, le train a joué au XIXe siècle le rôle qui sera ensuite dévolu à l'automobile. En 1868, un ingénieur des mines belge, Georges Nagelmackers, avait effectué aux États-Unis un voyage d'études qui lui avait permis de connaître les trains Pullman à bord desquels certaines voitures comportaient plusieurs rangées de lits. Il était revenu en Europe avec l'idée de perfectionner cette innovation en créant des wagons dotés de compartiments avec des couchettes. Pouvoir dormir et dîner à bord des trains : c'est le rêve que devait réaliser la Compagnie internationale des wagons-lits, créée en 1876 et qui, en quelques années, a construit plusieurs dizaines de ces voitures, en service sur une vingtaine de parcours européens de nuit. Le trajet Paris/Vienne fut l'amorce de l'Orient-Express, qui relia Paris à Constantinople à la fin du siècle et organisa des voyages mythiques.

> Autant que les voitures-lits, les voitures-salons et les voitures-restaurants transformèrent ces trains de luxe, lambrissés de bois exotiques, en instruments d'une révolution dans l'art de voyager. En terminus de la ligne, la Compagnie devait acquérir des palaces hôteliers, répliques de ceux qui, depuis l'Exposition universelle de 1855, balisaient les quartiers élégants et le voisinage de certaines gares à Paris, ainsi que les stations balnéaires et thermales de Vichy, Cannes, Deauville et Arcachon.

En 1862, s'ouvrait en face du nouvel opéra, l'Opéra Garnier, le Grand Hôtel, encore plus luxueux et qui devint un symbole de la vie parisienne, construit par le même architecte avec une rotonde ressemblant à celle de l'opéra, son vis-à-vis. Cette suprématie fut battue en brèche au tournant du siècle avec l'ouverture du Ritz.

César Ritz, né dans un village des Alpes suisses, apprenti somme-
lier dès l'âge de seize ans, parcourut l'Europe. Il révéla des apti-
tudes qui lui firent gravir les échelons de l'hôtellerie. Directeur
général du Savoy à Londres, il décida de créer une résidence idéale
qui offrirait tous les raffinements qu'un prince pourrait souhaiter
dans sa propre demeure. En 1896, il fonda à Londres la société
Ritz Hôtel Syndicate, qui acquit, place Vendôme, un superbe hôtel
particulier construit au XVIIIe siècle. Inauguré le 1er juin 1898, le
Ritz fit sensation, par son décor raffiné et par son confort : l'architecte chargé de la restauration de l'hôtel avait conservé le style
d'époque tout en installant l'électricité à chaque étage et en dotant
chaque chambre d'une salle de bains. Avec César Ritz, le luxe
changea de règles. La localisation historique, au cœur du Paris du
XVIIIe siècle sur cette place Vendôme, permit à de riches clients de
la traverser pour se rendre chez les plus grands bijoutiers depuis
peu installés. Le chef de cuisine s'appelait Escoffier. Le XXe siècle
verra Paris se couvrir de nouveaux palaces tels que le Crillon, le
Bristol, le Plaza Athénée, le George V et le dernier-né le Fouquet's
Barrière ouvert fin 2006.

Les palaces flottants

Le premier ancêtre des paquebots fut le *Royal-William* doté, en
plus de ses trois mâts classiques, d'une cheminée et de deux roues
à aubes. Ce fut le premier bateau à vapeur à traverser l'Atlantique
en un mois. Il annonçait une lignée de futurs palaces flottants. Au
cours des cent années qui suivirent l'exploit du *Royal-William*, les
architectes construisirent des navires de plus en plus grands, des
palaces flottants de plus en plus luxueux et de plus en plus rapides.
Le bois qui formait la coque du *Royal-William* céda la place au fer,

puis à l'acier. L'hélice remplaça la roue à aubes et la petite salle à manger qui tenait de la maison de poupée se transforma en réplique du Ritz avec une table pour répondre à la splendeur des lieux. À la charnière du XIXe et du XXe siècles, l'accueil était essentiel à bord des paquebots : leurs salons évoquaient les salles de bal de Versailles. Le moindre bâtiment pouvait s'enorgueillir de posséder une piscine, copiée sur les thermes de Caracalla ou de Pompéi.

Les premières voitures

En 1860, la première ébauche d'un moteur à explosion fut lancée. Ce moteur inédit, fabriqué par Étienne Lenoir, fut dans un premier temps alimenté par le gaz d'éclairage. Quelque temps plus tard, Lenoir inventa un carburateur permettant de remplacer le gaz par du pétrole. Souhaitant expérimenter son moteur, il l'installa sur une voiture rudimentaire qui effectua pour la première fois le parcours Paris/Joinville-le-Pont.

> Le premier vrai moteur à quatre temps fut mis au point par deux ingénieurs allemands, Daimler (1872) et Benz (1882) qui, chacun de leur côté, cherchèrent à vendre leur brevet en France. En 1889, Panhard et Levassor installèrent le premier moteur à quatre temps (celui de Daimler) sur une voiture à quatre places. À partir de cette date, la recherche et l'évolution de l'automobile allaient progresser de manière fulgurante...

À cette époque, la voiture demeurait un objet de luxe réservé aux plus fortunés. Les routes étaient difficiles à pratiquer. Le démarrage du moteur représentait une épreuve et les intempéries comme la poussière demeuraient redoutées des chauffeurs puisque les voitures n'étaient pas protégées. Mais ces difficultés n'ont pas rebuté les passionnés désireux de faire découvrir la voiture sans chevaux. Ils organisèrent des courses telles que la Paris/Rouen en 1894. Ces courses eurent pour conséquence d'anéantir le moteur à vapeur et de mettre en valeur la souplesse et l'endurance du moteur à explosion. Elles démontrèrent, grâce à la Peugeot pilotée par André Michelin, que la voiture gagne beaucoup à rouler sur des pneumatiques.

British Open, Racing Club et America's Cup

Le XIXe siècle a connu les premiers tournois officiels de golf avec la British Open, tournoi au cours duquel Wille Park remporta la coupe. Mais le golf restait un sport réservé à l'élite et aux hommes. Le mot *golf* signifiait à l'époque : « *Gentlemen only, ladies forbidden.* » Ce qui a maintenant changé puisque ce sport se pratique souvent en couple.

À la fin du XVIIIe siècle, on avait organisé des compétitions d'athlétisme entre coureurs professionnels. Plus tard, d'autres sports se structurèrent comme l'aviron, le football, le rugby, le tennis, la natation et le patinage. En 1868 apparut l'ancêtre de la bicyclette, qui donna lieu à des compétitions.

En France, un premier club, le Racing Club de France[1], fut créé, dans le bois de Boulogne, en 1882 avec de nombreux courts de

---

1. Située au cœur du bois de Boulogne, sa concession a été renouvelée par la ville de Paris et attribuée à Arnaud Lagardère dont le père avait un moment encouragé le club. Ses deux voisins sont le « tir aux pigeons » et le « polo de Bagatelle ».

tennis, par les élèves des lycées Monge, Rollin et Condorcet. Puis, l'année suivante, le Stade Français fut lancé par les élèves du lycée Saint-Louis.

Le tennis et l'équitation demeuraient des sports avec peu de pratiquants et sans compétition. Le tennis se pratiquait uniquement dans les tournois de clubs très sélects. La voile concerne le même type de sportifs, même si sa pratique s'est officialisée grâce à la création de l'America's Cup à la fin du siècle.

Le football, quant à lui, demeura un sport populaire, pratiqué dans les rues et les universités ; c'est l'Angleterre qui lui donna ses règles. Et en Angleterre naquit le rugby, quand l'étudiant Webb Ellis saisit la balle entre les mains pendant un match de foot et courut l'aplatir derrière. Il s'exclama : « *Nice try* », premier essai du sport qu'il a inventé.

Parmi tous ces sports, seuls resteront luxueux au XXe siècle le yachting, les sports hippiques et le golf.

Et le luxe dans tout cela ?

Jamais siècle n'aura été plus charnière en matière de luxe que ce XIXe siècle. Héritier du passé, il amorce un pas décisif vers le luxe du XXe siècle de trois manières. Il continue à se nourrir du mécénat d'État incarné par la monarchie et que reprendront à leur manière les rois, l'Empire, surtout le Second, et enfin la République par les expositions universelles. Mais il élargit en même temps sa clientèle à la bourgeoisie qui pour la première fois s'y intéresse. Tout en restant artisanal, il va bénéficier des découvertes techniques et des innovations en matière de reproduction, de chimie pour la parfumerie et de travail de la matière qui contribueront à accroître sa clientèle. Enfin, les nouveaux modes de vie liés aux transports et aux loisirs vont eux aussi faire découvrir de nouveaux champs comme les loisirs, le tourisme, la gastronomie qui élargiront son influence. ■

Chapitre 8

Le luxe du XXe siècle entre démocratie et innovation

Entre le luxe raffiné des cinquante premières années
et le luxe plus clinquant des « Trente Glorieuses »
(1945-1975) et « post-Glorieuses » (1975-2000) (le luxe
ne souffrant pas du ralentissement de la croissance),
le XXe siècle va définitivement donner à ce secteur
ses lettres de noblesse. Bien que soumis à des
évolutions communes, ce qu'il a été convenu d'appeler
« luxe » tout au long de cet ouvrage va se différencier
en une douzaine de secteurs qui ont chacun leur
logique propre et spécifique. Nous les passerons en
revue et envisagerons les perspectives du XXIe siècle,
le cheval ayant disparu au profit des voitures,
des avions et des bateaux, comme symboles du luxe.

Les temps vont changer...

Jusqu'au XIXe siècle, l'univers du luxe européen fonctionne selon un modèle de type aristocratique et artisanal où la France joue un rôle phare. L'objet de luxe est à la gloire exclusive de l'aristocrate client ; objets rares et précieux de grande qualité qui concernent principalement une clientèle fortunée d'hommes d'affaires internationaux, d'artistes et d'intellectuels souhaitant entretenir un luxe confidentiel. Il prend la forme de pièces uniques en porcelaine de Sèvres commandées par les cours royales européennes et se retrouve aussi dans la magnificence des parures de pierres précieuses que l'on pouvait admirer au cou des aristocrates lors des réceptions.

> La manufacture de Sèvres illustre ce luxe exceptionnel. L'institution, qui date du XVIIIe siècle, a été et reste synonyme de perfection du travail et du dessin. Les pièces rivalisent de minutie et d'originalité : dix pièces sont détruites en moyenne pour obtenir la « définitive ». Le roi Louis XVIII passera, dès sa restauration, lui-même ses commandes. Au XXe siècle, les ambassades de France vont promouvoir la marque dans de nombreux pays et lancer le prestige et la renommée de ce grand nom auprès des chefs d'État des pays du monde entier, pendant que les présidents de la République font des cadeaux de la manufacture de Sèvres à leurs homologues.

Nous avons vu le XIXe siècle s'emparer du luxe avec une certaine liberté de mœurs et d'attitudes. Les petites et les grandes cocottes se voient offrir des rivières de diamants dans les alcôves. Le XXe siècle va faire franchir au luxe une nouvelle étape. Il va se démocratiser et ne pas résister aux excès du clinquant. Après les grands magasins du XIXe siècle, le luxe va imposer ses « *concept stores* » et ses palaces, cathédrales des temps modernes.

Poiret, Chanel : le minimalisme fait son entrée

Au XXe siècle, le luxe a pris différentes formes. Après avoir mis l'accent sur une esthétique ostentatoire, emblème du faste, il est devenu plus discret et plus sobre.

Succédant à Worth, Poiret est le précurseur du luxe moderne. Chanel et les grands couturiers suivront cette voie, afin d'innover grâce à l'utilisation de nouvelles matières, de styles en adéquation avec les nouveaux modes de vie, signés par un créateur de renom. Ce luxe est tout à fait représenté par Gabrielle Chanel qui créa des bijoux fantaisies ou bien utilisa des matières « pauvres » avec le jersey.

> Elle a innové le sac en bandoulière pour voyager, en privilégiant par ses créations la simplicité et le sens pratique. Elle a lancé le N°5 de Chanel, devenu le parfum français par excellence, qui sera à l'image de son style : chic, sans trace d'ostentation.

Paul Poiret disait de Mademoiselle Coco Chanel : « *Coco a inventé le misérabilisme du luxe.* » En ce début de XXe siècle, chez Coco Chanel, tout est pratique et réfléchi, conçu pour faciliter le quotidien.

Malraux ne disait-il pas que les personnes qui ont le plus influencé le XXe siècle sont De Gaulle, Picasso et Chanel ?

Au XXᵉ siècle, le luxe devient personnalisé. À la fin du siècle, cette personnalisation prendra de multiples formes en s'appuyant sur la communication, y compris avec le concours d'égéries audio-visuelles, succédanés du créateur. Cela n'empêche pas le « produit » d'être au centre de la stratégie des marques.

Positionnement français : un règne sans partage ?

Durant la Belle Époque (de 1900 à 1914), la France a régné sans partage sur l'industrie du luxe. L'art, la couture, la parure et d'une façon globale les accessoires féminins constituent une industrie de main-d'œuvre marquée par la joaillerie avec de remarquables maisons. Paris se trouvera au cœur de la création et de l'innovation ; le Paris de la place Vendôme et des rues avoisinantes deviendra un catalyseur d'énergie et de tendances.

Mais la guerre marquera une pause dans l'activité des maisons de luxe. Avec la mobilisation des hommes, une grande partie de leur main-d'œuvre est réquisitionnée. Par exemple, lors de la Première Guerre mondiale, pour participer à l'effort de guerre, la cristallerie Baccarat se lancera dans la fabrication de verre de lampe pour mineurs.

Il en sera de même sous l'occupation allemande de 1940 à 1944 ; plus de la moitié de la production française sera réquisitionnée. La haute couture n'y échappera pas. Les archives de la chambre syndicale de la couture sont saisies, notamment le fichier clien-tèle. Quant aux couturiers, ils sont priés de transférer leurs ateliers vers Berlin. Il s'agissait de briser un monopole qui portait atteinte au grand Reich.

L'entrée dans la deuxième partie du XXe siècle n'a pas signifié la fin de ce luxe d'exception, qui a survécu en se manifestant par la haute couture, la multirésidence, le faste des réceptions privées, les palaces et œuvres d'art.

Cependant, la mode italienne et le « design haut de gamme » se sont développés sur le marché international à partir des années 1950. Cet état de fait est dû à la remarquable ouverture des Italiens aux formes de création et à leur vigilance vis-à-vis des tendances qui ont bousculé l'Europe de l'après-guerre.

Milan a confirmé sa seconde position internationale. L'Italie a proposé une allure sans rapport avec les diktats de la haute couture en imposant un style strict, cohérent et facile à porter, tout en restant très luxueux. L'Italien Walter Albini a inauguré sa propre griffe en 1973 avec le principe de la deuxième ligne.

Il en a été de même pour les voitures de luxe. La France était le premier pays en matière de carrosserie, au début du siècle. Après la Seconde Guerre mondiale, cette première place a été remise en cause au profit des autres pays européens : anglais, allemand et italien. Cet effacement de la France a porté aussi sur le marché de l'art.

Pour répondre à ce danger que constitue le développement des marques de luxe étrangères, et pour défendre les intérêts du luxe français en France et à l'étranger, sera créé en 1950 le Comité Colbert.

Désormais, le luxe côtoie d'autres formes de luxe qui se sont développées peu à peu au cours du XXe siècle. Le luxe en Europe a entamé alors sa diversification vers les accessoires, le tourisme, la gastronomie et demain les médias.

Les grandes étapes du XXe siècle

La première partie du XXe siècle comporte deux périodes : la persistance de l'euphorie du XIXe siècle avec la Belle Époque autour de Montmartre. C'est la joie de vivre de Feydeau, Courteline, de la dame de chez Maxim's en continuité de *Nana* de Zola et de *La Dame aux camélias* ; le raffinement de Proust, des Guermantes et de Monsieur de Charlus, inspirés de figures connues comme le duc de Montesquiou sur fond d'Art déco ; Paris règne malgré la concurrence de Londres, de Vienne et de ses peintres (Klimt, Schiele et Kokoschka). C'est, après la Première Guerre mondiale, le défoulement des Années folles, du jazz, des Ballets russes et de leurs immigrés, Jean Cocteau touche-à-tout luxueux, les fauves, les dadas, les surréalistes de Montparnasse. La Riviera de Scott Fitzgerald, « Paris est une fête » suivant la formule d'Hemingway et ce n'est pas la concurrence de New York ou éphémère du Berlin de Marlène Dietrich qui va lui ravir ce titre.

La Seconde Guerre mondiale de 1939-1945 va amener une interruption dans cette euphorie. Le monde retient son souffle devant le péril nazi et l'atrocité des camps de concentration et le modèle soviétique de Lénine.

Puis, par cette loi du balancier, on assiste à l'explosion de joie et de liberté des années 1950 avec l'existentialisme, les caves de Saint-Germain-des-Prés, suivie de la nouvelle vague du cinéma, du new-look de Christian Dior et du bikini de Brigitte Bardot.

Les événements de mai 68 vont modifier les modes de consommation. La société devient à la fois plus matérialiste et plus hédoniste avec des libérations, notamment sur le plan des mœurs avec la découverte de la pilule contraceptive (1962) qui va transformer le statut de la femme. Le luxe doit se moderniser et prouver sa capacité d'innovation pour répondre à de nouveaux besoins. À Londres Carnaby Street et ses minijupes provocantes, Saint-Tropez et ses monokinis veulent devenir le symbole de cette libération.

La clientèle des années 1980 est plus conservatrice, avec les « *traders* » de la *City* ou les *golden boys* de Wall Street. Ces hommes d'affaires prônent luxe et confort, plus par souci de leur image que par passion. Paradoxalement, la France, malgré les gouvernements socialistes, se passionne pour le luxe et Jack Lang, le ministre de la Culture, monte à la tribune de l'Assemblée habillé en Thierry Mugler. La Fête de la musique qu'il invente parallèlement à la création de l'opéra Bastille et à la rénovation du Louvre (tous les deux voulus, avec la grande bibliothèque, par le président Mitterrand, ainsi que les fonds régionaux d'acquisition d'art contemporain (les Frac) font bon ménage avec la fondation Cartier qui voit le jour à Jouy-en-Josas puis boulevard Raspail sous l'impulsion d'Alain-Dominique Perrin. Dans cette décennie 80, le luxe et la culture vont de pair.

La libéralisation de la Russie va donner à la clientèle des années 1990 un nouvel état d'esprit, plus ouvert, et une nouvelle culture. Elle est exigeante, en quête d'objets innovants, sur fond d'économie numérique, d'Internet et de portable. Lassée du luxe matériel, elle recherche un luxe immatériel et désire un retour à certaines valeurs traditionnelles. Si en France, au cours des années 1920, le luxe s'adressait à quelques milliers de personnes, en 1960 à quelques centaines de milliers, dans les années 1990 ils sont sept millions à pouvoir se permettre des dépenses somptuaires, sans compter ceux qui y accèdent par le biais des produits dérivés, comme les parfums et les cosmétiques, et les « excursionnistes » prêts à investir sur un coup de cœur. La notion de luxe se transforme, donnant lieu à des offres segmentées en fonction des styles de vie. Les Russes envahissent nos palaces et nos galeries, nos bijoutiers et s'achètent des villas sur la Côte d'Azur, rivalisant sur les yachts avec les émirs arabes.

La dizaine de millions de clients de luxe en France atteindra progressivement une centaine de millions en Europe, ce qui est confirmé par une enquête, puisqu'en 2000 un Européen sur deux a déclaré avoir acheté ce qu'il considère un produit de luxe.

Dès 1948 : place au demi-luxe

Mais ce n'est pas le même luxe. On serait tenté de l'appeler le « demi-luxe », ce luxe né tout de suite après les restrictions de la guerre.

> Tout en conservant leur activité artistique vouée au vrai luxe, à celui de l'exceptionnel, celui du hors-série et du sur-mesure qui satisfait de grands bourgeois fortunés et les expositions universelles, les créateurs d'objets d'art avaient développé le « demi-luxe » sous forme de séries d'objets de qualité à moindre prix. Ce sont les accessoires.

Dans la société du paraître du XXᵉ siècle, ces objets dits « de luxe » ont fait une entrée remarquée même s'ils ne valent pas grand-chose. Foulards, sacs à main ou coffrets à bijoux ont trouvé leur place dans les grands magasins et amorcé le processus de démocratisation du luxe.

Le développement des produits de luxe accessibles et l'apparition du prêt-à-porter vont susciter auprès de la population un intérêt grandissant pour les marques. Dès 1948, une myriade de produits assure à de nouvelles clientes une accession aux créations des grands couturiers. Moins fortunées, elles assouvissent leur soif de luxe en achetant des collants, rouges à lèvres Dior, parfums, en passant par les accessoires griffés. Même les objets courants, y compris les tee-shirts, vont porter une griffe : une certaine façon de montrer que l'on connaît les codes même si on n'a pas les moyens d'y accéder.

En 1960, le lancement du style prêt-à-porter va coïncider avec la demande d'une mode accessible aux jeunes. Courrèges ne va pas hésiter à lancer l'image d'une jeune fille libérée, caractérisée par les minirobes et le pantalon. Paco Rabanne propose de nouveaux matériaux et Cardin, qui n'a plus rien à démontrer après ses créations et sa réussite, affirme sa suprématie par une diversification réussie dans sa marque propre qu'il étendra aux spectacles vivants et à l'acquisition de Maxim's qu'il implantera dans le monde, à commencer par la Chine, où il est un des premiers à y voir un avenir commercial, avec la même intuition qu'Alain Peyrefitte dans son livre. Au cours des années 1970, va naître le phénomène dit des jeunes créateurs. C'est dans cette individualisation que le Paris de cette époque a conservé, aux yeux du monde, la maîtrise d'une situation de plus en plus explosive.

Les années 1990 : le luxe mercatique

Dans les années 1990, on a assisté à plusieurs transformations majeures. Côté offre, le luxe est entré dans une logique mercatique et financière. De plus, de gigantesques conglomérats de taille internationale (trois principaux : LVMH, Richemont, PPR) se sont constitués et ont acquis les marques prestigieuses sans rapport avec la dimension familiale ou semi-artisanale d'origine. On a vu l'univers du luxe s'engager dans des pratiques analogues à celles qui sont en vigueur dans la grande consommation (inflation de lancements, mégastores, publicité porno-chic…).

Côté demande, le luxe n'apparaît plus comme une constituante sociale dictant un comportement obligé. Le « bobo » (bourgeois bohème), contrairement à l'aristocrate d'antan, ou « hippie cool et branché » peut, sans crainte de perdre son statut, acheter à la fois chez Tati et chez Dior. Un jean peut aller avec un foulard Hermès. Ce qui compte, c'est l'assortiment des couleurs, le contraste des genres, l'originalité et une harmonie mystérieuse qui permet d'affirmer une personnalité.

L'étanchéité des cultures de classe a disparu, ce qui autrefois était « de la haute aristocratie » apparaît comme « un droit pour tous ». La société de consommation de masse a étendu les desseins de loisirs, de bien-être et de qualité : la généralisation du luxe s'accompagne de la démocratisation du désir de luxe. La société aspire à ce qui représentait autrefois les emblèmes réservés à une minorité. Le goût des marques s'est étendu dans presque tous les groupes.

À la fin des années 1980, le luxe a été considéré comme une industrie à part entière. On va même jusqu'à parler à tort de consommation des produits de luxe (et pourtant on ne consomme pas un bijou) : la « luxumania » est née. Les chiffres le prouvent puisque le rythme de développement du luxe, ces dernières années, a été trois fois supérieur à celui de l'économie mondiale et des Sicav de luxe se créent pour faire profiter les actionnaires de cet engouement.

Luxe de masse pour les uns, sur mesure pour les autres...

Le XXe siècle a été marqué par un essor de l'économie. Le luxe, critiqué par certains, séduit par son élégance ou son ostentation. Ce développement industriel accompagne l'apparition d'une nouvelle classe sociale : le cadre d'entreprise. Ce nouveau client du luxe s'impose dans la société par son pouvoir d'achat croissant et son avant-gardisme. Il sera suivi de nos jours par ceux que l'on appelle les « seniors » qui deviennent majoritaires dans le pays et ont de l'argent et du temps. Ils figurent une forme de bourgeoisie cultivée qui cherche à revendiquer sa réussite professionnelle et son positionnement social par l'achat d'objets de luxe. Ces nouveaux bourgeois tentent de combler l'écart qui les éloigne de l'aristocratie en imitant son style de vie et en achetant des produits griffés et reconnaissables. La classe moyenne, qui achète par mimétisme des classes supérieures, se procure des copies en série : pour les femmes, maquillage, bijoux fantaisie et parfum de couturiers, pour les hommes, petits accessoires, en se donnant l'illusion d'entrer dans l'univers du luxe.

Il y aura toujours deux catégories sociales clairement organisées. D'une part, les plus riches et l'élite, initiateurs de tendances, essaient constamment de se distinguer par des objets nouveaux. D'autre part, les suiveurs qui acquièrent des objets de luxe par hédonisme ou par recherche de valorisation sociale.

Ainsi, pour se démarquer des nouvelles clientèles du luxe, la première catégorie, toujours en recherche de novation, va découvrir des produits d'exception, plus personnalisés et correspondant à des attentes ciblées et spécifiques variables (achat d'une œuvre d'art, participation à une manifestation, voyage unique).

Les marques mettent en place un service spécialisé afin de satisfaire cette demande grâce à des séries limitées et des produits sur
commande. Dans le jargon « mercatique » les marques appellent
cela la « customisation », où chacun recherche le produit le mieux
adapté à sa personnalité. On rend au luxe ses lettres de noblesse
avec la remise en valeur du travail à la main de l'artisan, l'unique
et la rareté.

> Ce désir d'individualisation se développe dans le secteur de
> l'automobile, où, la liste des options ne suffisant plus, les cons-
> tructeurs haut de gamme proposent des personnalisations plus
> poussées.

Ainsi le conducteur recherche un habitacle adapté à ses exigences
et reflétant sa personnalité. Aujourd'hui, il suffit d'y mettre le prix.
Les carrossiers produisent à la demande toute folie pour le client,
jusqu'à transformer une Ferrari en break ou rendre l'intérieur
d'une Twingo presque aussi luxueux que celui d'une Rolls. Face à
une large demande concernant l'habillage intérieur, des marques
de prêt-à-porter de luxe se sont associées à de grands noms de
l'automobile (Lolita Lempicka, par exemple). C'est une novation
qui va se développer. La forte demande de personnalisation, assez
récente, de l'habitacle des voitures constitue un retour aux traditions d'avant-guerre, lorsque les Bugatti, Delahaye et Talbot
étaient livrées sans carrosserie, l'habillage étant réalisé selon le goût
du client par un artisan spécialisé.

> Côté parfums et cosmétiques, de nombreuses marques propo-
> sent des produits de maquillage adaptés au type de peau et au
> teint. Le succès est tel que les clientes sont prêtes à attendre
> entre six et huit mois pour obtenir l'objet de leur création, après
> une analyse scientifique de leur peau et de leur ADN.

Les flacons de parfums deviennent des œuvres d'art avec la possibilité de faire graver son nom ou ses initiales. Il en est de même pour des flacons de luxe de spiritueux avec le millésime correspondant à sa naissance, retrouvant ainsi ce que l'on appelle en matière d'habillement le culte du *vintage*. Des partenariats entre marques de prêt-à-porter de luxe et joailliers ou maisons d'arts de la table voient le jour. Swarovski s'allie ainsi à Paco Rabanne pour un nouvel habillage du parfum Ultra Violet, Lalique signe deux œuvres d'art en cristal, Baccarat redonne une valeur d'exception au parfum l'Eau d'Adrien d'Annick Goutal... Le croisement des noms des marques et des objets devient un plus dans l'univers des marques, de la même manière que des voitures s'appellent Picasso, la noblesse du nom rejaillissant sur les ventes de l'objet.

La montée en puissance des groupes

La fin du XXe siècle marque la naissance de deux groupes : LVMH (Louis Vuitton Moët Hennessy) présidé par Bernard Arnault et PPR (Pinault Printemps Redoute) face au groupe Richemont dont la marque phare est Cartier. Ils sont devenus aujourd'hui les références dans le monde du luxe, générant des chiffres d'affaires colossaux. Les dirigeants de ces groupes sont parvenus, à coup d'opérations d'acquisitions et de rachats, à dominer certains secteurs et imposer leur politique, en laissant aux marques une grande autonomie. D'autres maisons françaises comme Hermès opèrent elles aussi des regroupements. On est loin des artisanats produisant à la demande des clients un cadeau sur mesure. L'univers économique du luxe a changé d'échelle, d'où la guerre du luxe.

Le français LVMH possède entre autres Louis Vuitton, Lacroix, Dior, Céline, Fred, Kenzo, Loewe, Givenchy, Fendi, Tag Heuer,

Chaumet, Moët & Chandon et Sephora ; Richemont détient Cartier, Lancel, Piaget, Montblanc, Van Cleef & Arpels, Chloé, Alfred Dunhill et Old England ; et PPR, nouvel acteur du luxe grâce à sa montée en puissance dans le groupe Gucci, possède Gucci, Yves Saint Laurent, Serge Rossi, Balanciaga, Boucheron ; Hermès International détient Hermès, Jean-Paul Gaultier, Puiforcat, Saint-Louis. Ces grands groupes cotés en Bourse, représentent aujourd'hui 70 % du chiffre d'affaires du secteur avec les marques les plus convoitées dans leur portefeuille. Les groupes privés tels que Chanel constituent, quant à eux, environ 10 % du marché, sans parler des grands groupes de vins et spiritueux dont le premier en France est Pernod Ricard, devenu deuxième mondial et Rémy Cointreau.

Il est difficile de lutter contre la puissance de ces industriels. Cette situation laisse peu de place aux jeunes créateurs qui ont du mal à s'imposer face à ces Dior, Vuitton ou Gucci bénéficiant des importants moyens financiers des groupes auxquels ils s'adossent. Il devient de plus en plus ardu de se démarquer et se faire connaître avec peu de fonds. Comment rivaliser avec les campagnes publicitaires massives des grandes marques ? L'autre option consiste à montrer son travail. Or, rares sont les créateurs à pouvoir débourser des centaines de milliers d'euros pour l'organisation d'un défilé ou d'une campagne de promotion.

Les marques se diversifient vers des secteurs autres que leur métier d'origine afin de rentabiliser au mieux leur activité. Presque tous les couturiers se sont lancés dans le segment des parfums et cosmétiques, afin de capter une nouvelle clientèle au moyen de premiers prix accessibles et, par la même occasion, communiquer sur ces produits pour accroître la notoriété de la marque. Certaines maisons, on l'a vu, ont profité de leur « colocation » avec d'autres entreprises au sein d'un même groupe afin de bénéficier de leur savoir-faire et se diriger vers de nouveaux horizons.

Le siècle de la communication

En 1920 apparaît la première édition française du magazine américain *Vogue*. Dirigé à Paris par Michel de Brunhoff, *Vogue France* devient très vite la vitrine de la mode de luxe française et internationale. Vingt ans plus tard, Jean Prouvost crée le journal *Marie Claire* qu'il positionne sur un créneau plus large entre la presse de luxe et la presse populaire. Il faut attendre les années 1950 pour que l'hebdomadaire *Elle* annonce les débuts d'une presse de mode jeune et luxueuse à la fois. Si ces périodiques ont su se partager le marché de la presse féminine, leur rôle majeur a été celui de formidables vecteurs de communication pour les couturiers, les créateurs et leurs collections. Aujourd'hui, le magazine *Elle*, appartenant au groupe Lagardère devenu le premier groupe mondial de presse magazine, avec ses 40 millions de pages annuelles de publicité, est le vecteur numéro un du luxe féminin et de la décoration. En feuilletant les éditions internationales de *Vogue* plus élitistes, on a un reflet des tendances qui oscillent suivant les époques entre les trois pôles que sont : le « chic sérieux et mesuré », le « chic osé et coquin » et le « chic branché et ethnique ».

Avec l'évolution rapide des nouvelles techniques du multimédia, les premiers défilés sur cassette voient le jour. Vient ensuite, dès 1990, la première véritable émission de télévision consacrée à la mode et au luxe : « Mode 6 » sur M6. Cinq ans plus tard, « Paris Modes » sur Paris Première crée l'événement. Fashion TV, quant à elle, fait défiler toute la journée les collections sur le satellite et réussit à convaincre une centaine de grandes maisons de collaborer à ses programmes. Cette chaîne est vue par des centaines de milliers de téléspectateurs qui y trouvent aussi, comme dans les magazines branchés, des motifs d'évasion et de rêves par la beauté et le fantasme. Ainsi, le monde du luxe et de la mode a fait son entrée dans les foyers grâce à la télévision…

La fin du XXe siècle marque le début d'une nouvelle ère avec l'arrivée du multimédia dans les foyers et dans le domaine professionnel. Durant cette dernière décennie, environ 95 % des marques de luxe entament une réflexion sur la création d'un site Internet. Mais les entreprises du secteur sont les plus sceptiques à l'arrivée d'Internet, car tout semble les séparer de cet univers. Il s'agit d'un média de masse où règnent une culture de comparaison des prix et une politique de rabais. Le luxe est à l'opposé puisqu'il s'agit d'un secteur où dominent un savoir-faire et une tradition. De plus, le luxe reste exclusif et sélectif et n'est pas destiné à un marché de masse. Internet est perçu comme une source de risques avec la contrefaçon, l'atteinte à la distribution sélective et une banalisation de l'image de marque.

Mais, malgré la présence de risques réels, ce nouvel outil représente une opportunité de communication plus que de vente et un énorme potentiel qui ne peut être négligé. Ainsi, l'intégration d'Internet dans une stratégie globale peut apporter des bénéfices considérables avec une ouverture sur le monde à moindre coût et la captation de niches de clientèle. Internet constitue un relais supplémentaire de communication pour les entreprises. Les maisons de luxe se mettent une à une à créer des vitrines en ligne, le but n'étant pas de vendre les produits en ligne, mais d'assurer une meilleure gestion de la relation client et d'informer ce dernier, puisque les groupes de luxe dépensent environ 10 % de leur chiffre d'affaires pour leur communication.

> Les campagnes publicitaires des marques de luxe envahissent les rues avec de nombreux lancements de parfums. Gucci, Dior, Chanel, Yves Saint Laurent ; ces maisons se sont dirigées vers une activité lucrative qui est le segment des parfums et cosmétiques.

Cette diversification permet aux marques, d'une part, de communiquer sur des produits touchant une large partie de la population et, d'autre part, d'accroître leur notoriété générale. Le parfum, plus accessible qu'une robe ou un sac à main, constitue un bon accélérateur de notoriété et offre un premier ticket d'entrée et d'accès à la marque.

Le fléau de la contrefaçon

La contrefaçon ne date pas du XXe siècle. On la trouve à la fin du XIXe où de nombreux ouvriers du luxe s'expatriaient en Allemagne et aux États-Unis pour reproduire, à l'aide de modèles dérobés, les produits fabriqués à Paris, à un coût inférieur. La contrefaçon s'étend et devient un véritable fléau au XXe siècle avec la mondialisation des échanges, les délocalisations de productions (qui amènent des ouvriers « sous-payés » à connaître le savoir-faire d'une marque), la communication internationale des marques de luxe suscitant un intérêt croissant pour les populations du monde entier…

La contrefaçon est apparue avec le commerce des produits conditionnés, il y a plus de 8 000 ans. Ainsi, on a retrouvé des amphores en Gaule qui portaient des inscriptions imitant celles des vins de

Campanie. Ce qui est nouveau, c'est l'ampleur du phénomène et la diversification de ses cibles. Auparavant artisanale et occasionnelle, elle est devenue un phénomène industriel et mondial, face à des consommateurs de toutes classes sociales, désireux de porter des produits de marque mais à moindre prix. Selon des estimations, 25 % des produits de luxe sur Internet seraient des faux. Malgré les nombreux organismes mis en place afin de protéger les marques, la qualité des imitations attire de nombreux adeptes. Cette activité économique souterraine représente entre 5 et 7 % du commerce mondial, soit une perte en chiffre d'affaires pour les entreprises de luxe se situant autour de 40 milliards d'euros. Mais certains secteurs sont encore plus touchés comme ceux des médicaments, de l'informatique, de la musique et du cinéma, soit près de 300 milliards d'euros.

Aujourd'hui, sept contrefaçons sur dix sont des faux produits français de Cartier à Vuitton en passant par Chanel ou Lacoste. C'est principalement le marché français qui subit ces nuisances devant l'Union européenne et le reste du monde. Elle touche principalement la parfumerie, l'habillement, le cuir et la chaussure, la bijouterie, l'orfèvrerie.

Le système de défense tend à se développer et l'État a établi une législation draconienne. Les secteurs les plus actifs dans cette surveillance sont la parfumerie, la joaillerie horlogerie et le cuir.

Les maisons de luxe victimes de leur propre succès se voient attaquées au cœur de leur activité, les contrefaçons, souvent de qualité médiocre, venant miner la politique d'image de marque et les investissements qui y sont liés. Les marques commencent dès lors à investir dans divers moyens pour lutter contre la contrefaçon. À titre d'exemple, Louis Vuitton et Hermès dépensent près de 2 %

de leur chiffre d'affaires annuel dans cette lutte, soit autant que leur budget de recherche.

Si quantitativement, la contrefaçon devient de plus en plus importante, sa qualité s'est considérablement améliorée et elle se trouve donc de plus en plus dangereuse pour les marques de luxe. La « copie intelligente » avec reprise de l'apparence est difficilement détectable, le client croyant acquérir le vrai produit. Elle entraîne des substitutions d'achats de produits originaux par des produits contrefaits par une clientèle informée, moins soucieuse de la qualité que du paraître.

L'ère des vulgaires copies est révolue. On trouve en Europe de fausses Cartier en or, fabriquées par des horlogers de métier et vendues dans des écrins de belle facture. Si le XXe siècle a vu ce phénomène prendre de plus en plus d'ampleur, les marques de luxe auront au XXIe siècle à combattre ce fléau, non pas seules, mais avec le soutien des pays hébergeant ces contrefacteurs. L'adhésion de la Chine à l'OMC et les récentes mesures prises dans ce pays à cet égard sont encourageantes, y compris l'accord pour le textile.

Après avoir examiné cette évolution générale, il convient maintenant de présenter celle de chacun des douze secteurs que nous avons regroupés à la fin.

La haute couture et le prêt-à-porter

On dit de la mode qu'elle est un mouvement qui s'écoule parallèlement au cours de l'histoire, au fil du temps et dans les diverses couches de la société. Maintenant qu'elle n'est plus guidée par les cours royales, elle incarne le changement et s'insère à ce titre dans le subconscient de l'humanité. Son évolution a connu un tour-

nant décisif à l'aube du XXᵉ siècle, lorsqu'elle s'est institutionna-
lisée et a commencé à suivre son propre parcours, en s'engageant
sur le chemin de la haute couture. Nous avons vu comment elle
est née au XIVᵉ siècle, à partir de la différenciation des vêtements
masculins et féminins.

Au cours du XXᵉ siècle, la haute couture en a été le guide en
s'orientant vers plusieurs directions avec, d'une part, la mode dite
« des créateurs » qui doit beaucoup à leur inspiration propre et,
d'autre part, le prêt-à-porter. Elle a conservé ses caractéristiques :
une réalisation de bon niveau, la qualité exceptionnelle des
matières, l'amour du détail et de la création. La mode a ponctué
chaque décennie. Elle en sera la signature… Mais elle est toujours
le reflet de l'air du temps, et souvent le précède et l'anticipe.

1900-1909 : à bas le corset !

La haute couture française fait son entrée triomphante à l'Exposition universelle de 1900 à Paris. Dans le pavillon de l'élégance,
quelques maisons de couture sont triées sur le volet, parmi
lesquelles Worth et Doucet, qui habillent des vedettes de théâtre
telles que Sarah Bernhardt. Ironie de l'histoire, c'est un Anglais
qui passe pour être le fondateur de la haute couture française. On
l'a vu, c'est Charles Frédéric Worth qui arrive à Paris à vingt ans et
treize ans plus tard, en 1858, fonde sa propre maison de couture,
rue de la Paix avec son associé suédois, Boberg.

Le corset, étroitement serré, déformait les corps et provoquait
des problèmes de santé. Il paraît que cette contrainte engendrait
une gêne, facteur d'innocence. Car quand il y a de la gêne, il n'y a
pas de plaisir, disait un dicton d'autrefois. Ôter le corset fut la
première conquête des couturiers.

Quels sont les créateurs de cette époque ?

Paul Poiret (1879-1944)

Il fut le premier styliste. « *La mode a besoin d'un tyran* » proclame Poiret, ce en quoi il a compris ce qui manque à la mode au tournant du siècle. Il aime la vie, les arts et les femmes, avec une soif insatiable de beauté et d'épanouissement personnel.

Il utilise la technique de création d'une robe directement sur le corps, technique apprise chez Doucet. Deux ans avant l'ouverture de sa maison, Poiret avait d'abord travaillé chez Worth. Ses créations étaient souvent portées par sa femme. C'est elle qui, pour la première fois dans l'histoire de la mode, apparaît en 1906 dans une robe sans corset. Poiret libère ainsi les femmes et permet au corps féminin de se montrer sous des formes plus souples.

Il introduit également des éléments ethniques dans la garde-robe des femmes occidentales : cafetan, kimono, tunique, turban.

Mario Fortuny (1871-1949)

Fortuny n'est pas couturier mais c'est lui qui a créé la seule robe intemporelle : la robe Delphos toute transparente. En soie plissée, brevetée en 1909, elle n'a pas pris une ride (les plis suffisent !) et on peut même se demander si Issey Miyake ne s'en est pas inspiré, encore que l'art du plissé est une spécialité traditionnelle japonaise.

Jacques Doucet (1853-1929)

Il passe encore pour le créateur des robes de soirées. Grand connaisseur d'art, bibliophile, ce collectionneur de manuscrits et ce mécène est spécialiste des robes du soir à fanfreluches pour jeune femme désireuse de se faire remarquer.

Jeanne Lanvin (1867-1946)

Elle lancera la première collection pour enfants. Elle est la première à penser à toutes les classes d'âge. Elle régnera sur la mode plus d'un demi-siècle et ses cartons précieusement conservés sont une collection inégalable.

Charles-Frédéric Worth (1825-1895)

Couturier d'origine britannique, il est le premier à avoir utilisé des mannequins vivants pour ses représentations et à avoir présenté ses collections à chaque saison. Il a établi les bases de la haute couture d'aujourd'hui.

1910-1919 : le corps libéré

Libéré du corset et après l'entrée en scène à Paris des Ballets russes, plus rien ne fut comme avant.

> Finies les couleurs neutres et les tendres tons pastel ; finie la réserve des dames. Tout cela fut balayé dans un tourbillon de mouvements et de couleurs au diapason des danseuses à peine habillées du French Cancan qui inspirent Poiret.

Helena Rubinstein, fondatrice du premier groupe international de cosmétiques, fut électrisée par l'intensité des pourpres et or. Le Tout-Paris tomba sous le charme de ce feu d'artifice. Les femmes n'attendaient plus que cette étincelle de couleurs pour se libérer, après la dépose du corset, des conventions étouffantes.

Au cours de cette décennie, les femmes ont réussi à incarner trois idéaux : la petite fille, la madone pleine d'abnégation et la vamp exotique. C'est à cette époque qu'arrive la concurrente d'Helena

Rubinstein : Elizabeth Arden. À elles deux, elles amènent les femmes à fréquenter les cabines de soins qui transforment leur visage. Notons qu'elles ne sont pas Françaises. Ce sera un Français, Schueller, le père de Madame Bettencourt qui, grâce à son génie du commerce et de la vente, créera le premier groupe mondial de cosmétiques : L'Oréal.

Pendant la guerre, la coquetterie fut mise en suspens et le pantalon découvert pour aller travailler. Mais après la guerre, finie la vertu ! Les femmes voulaient avoir l'air mystérieux. Coiffées à la garçonne, les yeux entourés de khôl, la bouche peinte en rouge.

Quels sont les créateurs de cette époque ?

Edward Molyneux (1891-1974)

Il fut le seul Irlandais à devenir couturier et devint célèbre pour ses coupes et son bon goût. Connu à Paris et dans le monde entier sous le nom de « Capitaine Molyneux », il était le couturier de Greta Garbo et Vivien Leigh. Il a eu comme élèves Christian Dior et Pierre Balmain. Il s'est spécialisé dans la mode androgyne et a créé les chemises pour femme.

Jean Patou (1887-1936)

Il rencontra le succès avec des broderies folkloriques et des imprimés colorés style Art nouveau, mais surtout avec des costumes sport et confortables portant son monogramme.

Madeleine Vionnet (1876-1956)

Virtuose de la coupe, elle est l'inventrice de la coupe en diagonale et des drapés avec lesquels, aujourd'hui encore, personne ne peut rivaliser. Le styliste Azzedine Alaïa mit des mois à percer les secrets de couture de Vionnet.

1920-1929 : à la garçonne

L'âge d'or, les Années folles ! Le charleston et le jazz, puis le tango lascif interdit par l'Église, la coiffure à la garçonne, l'amour libre et les cigarettes, les jupes courtes et la fin de la grande dépression. Après les horreurs de la guerre, on voulait s'amuser.

> L'automobile, l'électroménager, le téléphone, la radio ont rendu la vie des gens plus agréable. Les femmes avaient perdu leurs maris pendant la guerre et elles dépensèrent leur argent à leur guise. Les Années folles prirent fin avec le « jeudi noir », le crash boursier du 24 octobre 1929. Brusquement, l'argent n'eut plus aucune valeur.

Contestée par la plupart des hommes, la garçonne opposait au corps dénudé un visage habillé. Cette mise en scène était destinée à provoquer. C'est aussi l'innovation du mascara waterproof par Elizabeth Arden en 1921.

En 1925, après l'exposition universelle de Paris consacrée aux arts décoratifs, le *Vogue* américain écrivit : « *Les Français ont percé les secrets du pouvoir de séduction et nous devrions prendre en exemple le charme de nos sœurs de Paris.* » Mais ce fut Joséphine Baker qui modifia du jour au lendemain toutes les conceptions relatives à la beauté : brusquement, *black* était devenu *beautiful*. Le monde entier se tourna vers l'Afrique, à la recherche de racines ensevelies et de nouvelles révélations. Les peintres comme Sonia Delaunay inspireront les coloris des vêtements. Le roman *La Garçonne* avait provoqué le scandale.

Quel est le créateur de cette époque ?

C'est une créatrice : Mademoiselle Chanel (1883-1971)

Nous avons déjà cité Malraux à son sujet. L'ambition de Chanel visait à libérer la femme de sa dépendance. Chanel collectionnait les hommes et les robes, comme ses nombreuses aventures en témoignent. C'est à la garde-robe masculine qu'elle avait emprunté le vocabulaire de son style à l'extraordinaire longévité, jersey et tweed, boutons et bordures d'uniformes. Le mode de vie féminin devint égocentrique, plaçant la liberté au-dessus de l'amour, ce qu'elle reprit à son compte. Elle est l'ancêtre de la pilule.

1930-1939 : retour à l'élégance drapée

Aux Années folles et à leur bruyant appétit de vivre, succéda une décennie de l'élégance tranquille. Les temps étaient incertains, le crash boursier de 1929 avait entraîné faillites et chômage. En France, nombre de clientes américaines de la haute couture ne traversèrent plus l'Atlantique. La seule industrie de la mode en France compta 10 000 chômeurs. Pendant ce temps, l'Art déco et le cubisme favorisaient les lignes géométriques...

Les années 1930 sont marquées par des bouleversements politiques. En 1939, Hitler déclencha la Seconde Guerre mondiale.

> Il semblait que la mode eût anticipé la catastrophe ; vers la fin de la décennie, les vêtements avaient pris presque l'allure d'uniformes : épaules carrées, jupes serrées et chaussures de marche plates. La mode était plus influencée par la perfection que par la création.

Il n'était pas facile de se conformer à l'idéal de beauté de ce temps, la femme devait être mince, mais moins garçonne. Elle devait être à la fois féminine, sportive, bronzée, naturelle et soignée. Le masque fardé des années 1920 était jugé vulgaire. La femme avait laissé repousser ses cheveux. Ces conseils ne pourraient-ils pas s'appliquer aujourd'hui tant ils ont l'air actuels ? La mode est un éternel recommencement comme en témoigne l'engouement actuel pour le « vintage », c'est-à-dire la redécouverte des griffes d'antan. À l'époque, comme aujourd'hui, on partait du principe que la beauté se fabrique. On parlait de personnalité mais, en définitive, les marques d'individualité, dont la haute couture, étaient réservées à une élite et imposaient très fortement leurs canons.

Quels sont les créateurs de cette époque ?

Elsa Schiaparelli (1890-1973)

Si « Shocking Elsa » entra dans l'histoire de la mode par ses audacieuses extravagances, ce fut bien un pull-over qui la lança. Un détail le distinguait de tous : un grand nœud blanc semblable à un papillon tricoté sur fond noir.

Nina Ricci (1883-1970)

Elle aimait les imprimés et les coloris tendres. Ses vêtements devaient être romantiques, féminins et distingués : élégance discrète, opportune en ces années 1930 dominées par la crise économique et politique.

Marcel Rochas (1902-1955)

Il a été le premier à présenter en 1932 un ensemble pantalon de flanelle grise comme tenue de ville. Jusque-là, le pantalon était réservé aux loisirs ou aux dîners intimes, sous forme de pyjama de soie.

1940-1949 : la mode indestructible inspirée par Hollywood

Guerre et couture, deux mots apparemment incompatibles. D'un côté, la destruction du monde, de l'autre, la création de beauté. Ce fut pourtant par la mode, par vanité frivole, que la résistance des Français trouva aussi son expression naturelle. Les matériaux avaient beau être rares et la législation sévère, les Françaises gardèrent leur réputation de femmes les plus élégantes du monde. Certes, par rapport à l'élégance naturelle des années 1930, la mode sous l'Occupation manquait de légèreté. Mais elle sut aussi s'imposer face aux Allemands qui tentèrent pourtant de faire déplacer à Berlin les maisons de couture.

Dans les années 1940, les femmes devaient faire preuve d'énergie et de compétences dans leur activité professionnelle ; elles devaient être féminines et tendres dans l'intimité du foyer. Leur attitude devait être à la fois adulte et sensuelle, sans rien de provocant.

1950-1959 : tenue de cocktail et jeans

Les années 1950 auront été la dernière grande décennie de la haute couture. Jamais il n'y eut autant de couturiers indépendants. Ils prirent tant d'importance que leurs idées les plus élitistes et les plus extravagantes réussirent à influencer la mode populaire, dans le monde entier.

Christian Dior avait créé le new-look en 1947, qui coïncidait avec l'abandon des restrictions et la disparition des cartes de rationnement alimentaire. Il symbolisait l'optimisme et l'opulence. Ce que beaucoup avaient pu juger cynique lors de sa présentation en 1947 paraissait aller de soi quelques années plus tard. Les années 1950 ignoraient la révolte ; la consommation était reine. Trois nouveautés – les grands magasins, les fibres artificielles et la confection – permirent à de larges couches de la société d'imiter le style des nantis. Et la rue s'empressa d'adopter les idées de la haute couture.

À l'époque, l'artificiel était à l'ordre du jour ; cela correspondait à l'esprit du new-look. La mode était comme une sculpture et le maquillage assorti comme une peinture. Les foulards, les chapeaux, les gants, les ceintures (élément essentiel de la décennie), les bijoux et les escarpins sont devenus des éléments indispensables du style de cette époque.

> Le photographe Erwin Blumenfeld en a saisi le message avec son célèbre « Œil de biche ». Quant à la moue et la queue-de-cheval blonde de Brigitte Bardot, elles furent adoptées par beaucoup de femmes.

Le mode de vie des privilégiés semblait enfin accessible : automobile, vacances, réfrigérateur, Club Med…

Quels sont les créateurs de cette époque ?

Cristobal Balenciaga (1895-1972)

Alors que le monde entier ne parlait que de Dior et de son new-look, les initiés savaient que l'un des novateurs avait pour nom Balenciaga. Dior lui-même lui vouait une admiration sans bornes. Il a créé des robes ballons, des robes tuniques, des robes sacs et des robes chemisiers. C'est chez lui que Courrèges et Ungaro ont appris leur métier.

Pierre Balmain (1914-1982)

Il préférait les couleurs douces comme le mauve, le pistache, le jaune pâle et faisait souvent orner ses modèles de broderies. Il aimait employer la fourrure sous forme de cols, de revers, de manchons ou de ceintures. Et, ténor, chantait pour ses amis au cours des dîners en ville.

Hubert de Givenchy (1927)

Il avait 25 ans lorsqu'il ouvrit son salon en 1952. Il était alors le plus jeune de tous les grands couturiers. Sa première collection, qui contenait un modeste corsage de coton blanc dont les manches s'ornaient de volants noirs et blancs, fit presque autant de bruit dans la presse que le new-look de Dior. Audrey Hepburn lui demanda de l'habiller à l'écran comme à la ville. Ce collectionneur élégant a introduit l'aristocratie dans la mode.

Louis Féraud (1920-1999)

Ancien boulanger, il présenta sa première collection haute couture dominée par les couleurs puissantes de la Méditerranée (BB était sa cliente la plus célèbre).

Valentino (1932)

Si cet Italien réussit à se faire admettre dans ce milieu fermé, c'est qu'il eut l'intelligence de poursuivre ses études à Paris. Il dessina la robe de mariée de Jackie Kennedy (qui, après l'assassinat de son mari, épousa Onassis en 1968). Sa marque de fabrique reste l'orange éclatant.

286

1960-1969 : minijupe et pop art

Pour un monde meilleur… Les « *années 60* » furent une grande décennie de ce siècle. Aujourd'hui encore, cette époque est loin de faire l'unanimité. Les uns la considèrent comme l'âge d'or des libertés nouvelles et les autres comme une sombre décennie marquée par l'effondrement de la morale, de l'autorité et de la discipline illustré par le mouvement « soixante-huitard ». L'initiative de ces bouleversements revient à ceux qui ont toujours porté les espoirs d'une société : les jeunes.

Grâce au choc des naissances de l'immédiat après-guerre, leur pourcentage parmi la population avait énormément augmenté et leur influence demeurait plus forte que jamais. Les adolescents, découverts en tant que clients, sont devenus de jeunes adultes rebelles et remettent en question tout ce que leurs parents tiennent pour sacré. La jeunesse se révolte mais propose sa propre contre-culture avec une telle vigueur qu'elle se répandra comme une traînée de poudre en France en mai 68. Comme les femmes et les jeunes filles ont conquis leur liberté grâce à la pilule, que les pères gagnent bien leur vie sans risque de chômage, on se croit tout permis et l'on dénonce l'abondance avec des slogans révolutionnaires. L'on préfère l'amour à la guerre et l'on n'a pas tort, mais on perdra aussi le goût du travail, ce qui avec la crise du pétrole va affecter la croissance qui paraissait éternelle : on avait quadruplé son niveau de vie en trente ans, ce que l'on a appelé les « Trente Glorieuses ».

Les femmes modernes des années 1960 veulent prouver leur indépendance en y laissant leurs « cheveux » ; la coupe « yé-yé » des Beatles est le modèle à suivre. Car la femme de cette décennie ne montre pas d'attributs féminins, elle est nymphette maigrichonne qui teste ludiquement sa féminité. Corsets, jarretelles et talons aiguilles des années 1950 abandonnent le terrain aux soutiens-gorge sans armatures, collants en laine et bottes à talons plats tandis que le maquillage lourdement appliqué cède le pas au naturel (couleurs et fleurs).

Quels sont les créateurs de cette époque ?

Yves Saint Laurent (1936)

C'est le génie du siècle. Successeur de Dior aussi talentueux que fragile, il a provoqué pendant sa carrière des torrents de larmes et d'admiration extraordinaires. En 1962, il ouvre sa maison de couture, aidé par Pierre Bergé. Il introduit dans la mode féminine des éléments incontournables : tailleurs-pantalons, sahariennes, robes transparentes et surtout le smoking pour femme qui restera associé à son nom.

Autres créateurs...

André Courrèges, Pierre Cardin, Paco Rabanne, Emanuel Ungaro, Karl Lagerfeld qui va devenir un des plus grands et le restera, homme complet, lui aussi fin lettré et collectionneur, Guy Laroche, Mary Quant.

Pierre Cardin (1922)

Nous avons déjà parlé de Pierre Cardin à plusieurs reprises. Après avoir été un des plus grands couturiers, il devient à la fois homme d'affaires, humaniste, ambassadeur des grandes causes, mécène et à ce titre membre de l'Institut. C'est un homme à part qui n'a pas hésité à décliner sa marque sous forme de licences à la fois pour Cardin et pour Maxim's, le célèbre restaurant qu'il a acquis dans les années 1990.

© Groupe Eyrolles

288

Karl Lagerfeld (1938)

Cet Allemand, qui est devenu plus parisien que les plus célèbres Parisiens, inspira la mode de Chanel mais a aussi sa propre griffe. Grand collectionneur, amateur d'art et de littérature, c'est l'emblème du luxe et de la haute couture.

1970-1979 : le « radical chic » et la mode disco punk

Fleurs piquées dans les cheveux, sandales aux pieds et sourires aux lèvres, les jeunes idéalistes des années 1960 entrent satisfaits dans cette nouvelle décennie. Leur utopie semble devenir réalité : l'avenir appartient aux jeunes qui en France obtiennent le droit de vote à 18 ans en 1974 ; leur philosophie : *« Peace and love. »* Le culte de la jeunesse demeure vivant mais ceux qui l'ont édicté se sont faits plus vieux.

> Le style naturel des années 1970 est d'abord adopté par les femmes actives qui veulent exprimer par là que leur travail est plus important que leur apparence physique. Mais elles deviennent plus soignées pour conserver leurs emplois et très raffinées. Le corps lui aussi doit avoir l'air naturellement sportif et séduisant. La femme revient de vacances, bronzée, détendue et reposée.

Quels sont les créateurs de cette époque ?

Thierry Mugler (1946)

La femme est un fétiche. Il a doté les femmes d'épaules accentuées et de taille de guêpe. Il souligne le corps avec ses rondeurs. Mugler veut que ses femmes ressemblent à des déesses et à des héroïnes.

Jean-Paul Gaultier (1952)

Dès sa première collection en 1976, la presse lui fait une réputation d'enfant terrible. Il défend la cause des femmes, supprime la démarcation entre la mode masculine et féminine et présente les deux collections en même temps : on ne sait jamais qui va porter la jupe et qui va fumer le havane. Il travaille maintenant avec la maison Hermès et a lancé un parfum avec Shiseido.

Kenzo (1939)

Il conquiert avec ses robes folkloriques non conventionnelles aux couleurs très gaies un public jeune qui court le monde ou aimerait en donner l'impression.

Issey Miyake (1938)

Il travaille les fibres synthétiques et les couleurs de ses formidables plissés. Il fait partie des trois grands créateurs japonais (Yohji Yamamoto, Rei Kawakubo) qui ont révolutionné notre conception du corps et du vêtement dans les années 1970.

La mode anglaise et ses créateurs...

Vivienne Westwood, John Galliano, Alexander McQueen, Stella McCartnay. Ils ont chacun à leur manière inspiré les collections Dior, Givenchy, etc. Ce qui prouve que les Français n'ont pas le monopole de l'inspiration originale.

1980-1989 : le rétromodernisme décontracté

Après les années 1960 et 1970 psychédéliques, les années 1980 prirent une revanche sur les hippies et leurs cultures alternatives.

On avait le droit de gagner de l'argent, d'être bien habillé, de ne plus être hippie et de ne plus porter des robes indiennes en revenant ou pas de Katmandou. Les années 1980 furent celles des contrastes et des fossés. On avait le droit de nager sans remords dans le luxe, ce qui n'excluait pas le style « punk » ou « grunge », remplacé plus tard par le style « gringo », comme pour se faire pardonner son argent. On est en plein socialisme… Et paradoxalement ce sera la meilleure décennie du luxe avec une croissance à deux chiffres. Les directeurs de maisons de luxe peuvent tout tenter : tout leur réussit, ainsi que pour les joueurs de la Bourse de Wall Street.

> Les années 1980 ont créé le style total. Pour être branché, il faut arborer un corps aux lignes parfaites. La chirurgie esthétique devient la reine, poitrines généreuses, tailles et jambes fines. Sophistication et massage sont de rigueur. On découvre la thalasso dont Louison Bobet, champion cycliste, a été le pionnier en Bretagne.

Quels sont les créateurs de cette époque ?

Christian Lacroix (1951)

Il s'en est donné à cœur joie et a su traduire avec un réel talent une imagination provençale et baroque dans une floraison de couleurs et de modèles, de velours et de soieries, de dentelles, de broderies, de volants et de bijoux. Bernard Arnault l'a beaucoup soutenu avant de vendre sa maison de couture dans les années 2000.

Azzedine Alaïa (1940)

Son secret : la coupe du vêtement de façon à mouler le corps pour rendre la femme plus belle et plus sexy.

Autres créateurs...

Gucci, Giorgio Armani, Missoni, Versace, Franco Moschino, Dolce Gabbana, Prada. Comme on le voit, c'est le triomphe des Italiens, qui copient à leur manière le modèle français.

1990-1999 : l'avenir sera-t-il minimaliste ou haute technologie ?

Les années 1990 semblent être une période d'apaisement après les débordements des années 1980, la dernière décennie avant le IIIe millénaire.

Comme dans les années 1980, la consommation reste un sport, mais il s'accompagne d'une quête de sens. La jeunesse éternelle redevient l'objectif suprême. Ces années sont celles de la disparition des frontières. Les murs idéologiques entre l'Est et l'Ouest s'effondrent. Les informations affluent et nourrissent l'esprit. Les Russes et les citoyens de l'Est commencent à découvrir l'Europe libérale et deviennent les nouveaux « aficionados » du haut luxe. C'est un choc de culture et un enrichissement réciproque.

> Cette décennie est placée sous le signe de la splendeur. Toutes les décennies sont remises au goût du jour. Aucun style particulier n'émerge. C'est chaque année un rajeunissement des tendances anciennes, un recommencement. C'est le triomphe du « *vintage* ».

Quels sont les créateurs de cette époque ?

Calvin Klein (1942)

Il est devenu un géant de la mercatique. Il présente des versions féminines de vêtements masculins. Le point clé de l'esthétique selon Klein est la sexualité.

Ralph Lauren (1939)

On lui doit d'avoir ressuscité le style de vie empreint des traditions de gentleman. Sous le signe du joueur de polo qui orne son logo, il allie inspiration historique et classicisme extrême.

Donna Karan (1948)

Elle devient la première créatrice de mode américaine à avoir un rayonnement mondial. Sa spécialité ? Le « sportwear féminin ».

De nos jours...

Le système de classification – couture, prêt-à-porter, mode de la rue que l'on trouve dans les nouvelles chaînes Gap, Zara, H & M et que les jeunes adorent – n'est plus valable aujourd'hui. Il n'y a plus de démarcations : les catégories dans leurs formes pures n'existent plus. Les créateurs de mode, très influents aujourd'hui, jouent sur les trois catégories comme autant d'éléments d'un atout. Ce sont eux les inspirateurs ; ils font tourner la roue de la mode. Karl Lagerfeld a d'ailleurs conseillé H & M (de la même manière qu'un grand cuisinier, Senderens, conseillera une société d'hypermarchés).

Les couturières qui copiaient Dior au cours des années 1950 ont été remplacées par les fabricants industriels qui couvrent la gamme de prix ; ils reprennent à leur compte les impulsions données par les créateurs et en font un commerce international. Ils fabriquent en Chine (50 centimes l'heure).

Plusieurs maisons de mode se sont placées sous la coupe d'un groupe de luxe comme LVMH (Louis Vuitton Moët Hennessy). Et les maisons de mode dirigées par ce groupe présidé par Bernard

Arnault – Dior, Givenchy, Céline, qui vient de se séparer de Lacroix – continueront de vivre indépendamment avec une grande autonomie. Leur fondateur est mort ou s'est retiré (comme Yves Saint Laurent, pour PPR). On peut imaginer que les créateurs toujours en place dans la maison de mode où ils officient encore se feront racheter à leur tour. Par exemple, deux, trois ou quatre créateurs s'unissent et fondent une corporation (c'est très courant dans l'industrie automobile) ou inversement, un créateur comme Karl Lagerfeld inspire plusieurs collections portant son nom ou celui de Chanel.

Nous allons peut-être assister en ce nouveau siècle à une réinterprétation de la fonction du créateur de mode. La mode est souvent un miroir de la société et des êtres qui la composent. On a écrit que c'était le vecteur le plus universel de la communication, ce qui est exagéré car il existe d'autres moyens de communication plus généralisés. Mais, derrière ce paradoxe, il y a une profonde vérité. N'oublions pas que pour qu'il y ait bouleversement de l'habillement, il faut qu'il soit rendu nécessaire par des éléments extérieurs.

Plus que jamais, la mode sera en réaction contre les événements, douce et romantique après les événements du 11-Septembre, osée dans les périodes de guerre ou de tensions. Sa position, sa relation avec les médias et l'opinion publique ont créé des interactions avec le cinéma, l'art et la littérature. Elle inspire tous les secteurs du luxe. Elle donne le ton et même si la haute couture n'est pas rentable, elle est devenue une vitrine, un argument publicitaire, une manière de faire parler de la marque qui par ailleurs s'enrichira par la vente d'autres produits qu'elle a déclinés et en premier lieu les parfums et les accessoires. Ainsi les défilés, en suscitant d'innombrables articles dans la presse magazine qui est devenue le premier vecteur de communication, vont faire économiser de multiples pages de publicité. Autrefois, c'était elle qui inspirait, guidait et nourrissait le luxe. Ne serait-elle pas devenue aujourd'hui un alibi, mais un alibi glorieux, esthétique et valorisant ? Une chaîne de télévision comme Fashion l'a fort bien compris ainsi que la presse magazine. Et surtout la haute couture se décline naturellement dans des marques de prêt-à-porter plus accessibles et tout à fait rentables et dont le chiffre d'affaires est presque cent fois celui de la haute couture, en tout dix milliards d'euros dont 30 % est exporté.

> Le luxe contemporain est donc dominé par les médias ; le créateur est constamment exposé à eux sans oublier l'univers et l'identité propres à la marque. Car lorsque l'on achète un produit de luxe de telle ou telle maison aujourd'hui, on s'identifie aux valeurs de cette dernière et non plus au style de vie ou à la personnalité du créateur.

Les marques Yves Saint Laurent, Chanel, Gucci et Dior illustrent cette nouvelle définition du luxe avec une communication forte et une identité très marquée et personnelle.

L'art de la table

C'est le plus petit des douze secteurs du luxe, mais c'est un secteur en pleine évolution avec un chiffre d'affaires de l'ordre de deux cent millions d'euros sur un total de près de cinquante milliards.

Au XXᵉ siècle, il rompt avec les habitudes du passé. Les formes s'épurent et les progrès mécaniques améliorent le travail des produits des arts de la table. Il est très sensible aux courants artistiques au début du siècle. Mais de nos jours, les jeunes le négligent, ce qui va poser un problème à ce secteur.

La verrerie et cristallerie

Jusqu'alors, les verriers du XIXe siècle s'étaient surtout inspirés des formes de l'Antiquité et avaient abusé des tailles aux nombreuses facettes. Malgré les progrès, l'artisan jouait un rôle essentiel pour la création de verrerie fine. L'usage du verre, couramment répandu dans la vie quotidienne, va devenir accessible à tous, grâce à la mécanisation ; quant au cristal, s'il est une matière précieuse qui permet les réalisations les plus fines, il n'est plus réservé aux tables de rois, à la noblesse du XVIIIe siècle ou aux bourgeois opulents du XIXe siècle.

Art nouveau (1895-1910), décors et couleurs

En 1900, la mode est à la verrerie artistique, à la tête de verre colorée par des émaux ; c'est le règne de la couleur. Le décor compte plus que la forme.

> Le style 1900 est assez féminin : les thèmes en sont la femme et la fleur. Ces motifs de décoration figurent sur les vases ou les coupes de cette période.

L'Art nouveau est le nom le plus généralement donné au mouvement de rénovation des arts décoratifs et de l'architecture survenu en Occident vers la fin du XIXe siècle. Ce style, qui célèbre les arts décoratifs, regroupe, entre 1889 et 1909, de grands artistes et de célèbres entreprises comme celles de Gallé, Majorelle, Daum, mais aussi Gaudi ou Charles Rennie Mackintosh. Jamais la création artistique n'a été aussi proche du luxe.

© Groupe Eyrolles

Son principe est de créer un art en rupture totale avec les anciens préceptes : on cherche à représenter le plus fidèlement la nature. Ce style, qui ne laisse pas indifférent, se voit donner des surnoms allant des plus évocateurs – branche de persil, guimauve – aux plus sages, comme Art nouveau. Ce retour à la nature trouve un écho dans l'art japonais. On en retient la simplification des lignes, la pureté du motif et le cloisonnement des couleurs. Ce courant se caractérise par l'ouverture des esprits explorant avec un même bonheur l'univers floral tout en respectant le monde des sciences.

Art déco (1925-1935), formes et transparence

L'année 1925 marque le début de l'art moderne. Cet art remet en question les précédents critères esthétiques de l'art décoratif. La forme est préférée à l'ornementation, la beauté de la matière au décor, la transparence à la couleur.

Après la Première Guerre mondiale qui met fin à la Belle Époque, les gens ont envie de choses simples. C'est le retour aux lignes droites, aux matériaux rares, sobres et clairs, sans décoration complexe. La clientèle retrouve le goût pour la luminosité du verre. L'influence de Venise est importante.

Les couleurs plus douces se mettent au diapason des harmonies cubistes : si le verre continue à être coloré dans la masse, c'est en jaune paille, vert d'eau, bleu acier, topaze, ambre et tête-de-nègre. Les motifs végétaux se stylisent et se transforment en détails abstraits d'un grand raffinement. La représentation figurative disparaît peu à peu et se géométrise.

Jean Sala fait partie de cette lignée de créateurs qui marquèrent de leur empreinte l'évolution du verre dans les années 1920-1950 à côté de Jean Luce qui figure au premier rang de ceux qui ont exercé une influence sur l'évolution des arts de la table. Ce dernier, homme de métier, connaît admirablement le verre, la faïence, la céramique, la porcelaine. Créateur, il dessine ses modèles pour de nombreuses manufactures (dont Sèvres) ainsi que pour le célèbre paquebot *Normandie* en 1934. Il est le premier à réaliser l'unité, dans le dessin, du service de table (verre, céramique, linge, argenterie). Le style de Jean Luce peut se résumer ainsi : perfection, bonheur des formes, simplicité.

En 1934, on ajoute du plomb à la composition du verre. C'est alors qu'apparaît le cristal de Daum. Son entrée est très remarquée puisque la Compagnie générale transatlantique décide de confier à la maison Daum l'équipement en verrerie de table du paquebot *Normandie*.

Après-guerre : l'art du cristal contemporain

En 1945, une phase de transition et de perfectionnement est inévitable. Sous l'influence des pays nordiques se confirme la recherche de la pureté dans les formes. Les créateurs se préoccupent davantage de l'adaptation de la forme à la fonction.

Puis la verrerie industrielle, avec la mise au point du cristal mécanique par la verrerie-cristallerie d'Arques en 1968, entraîne une augmentation considérable de la clientèle, puisque les prix ont baissé.

Aujourd'hui, le marché de la verrerie totalise près de 40 % du chiffre d'affaires du secteur des arts de la table. Mais ce secteur est dominé par la verrerie-cristallerie d'Arques que certains ne considèrent pas comme de la verrerie de luxe, qui produit les deux tiers de la production française. Le reste du marché est occupé par les grands cristalliers, tels que Saint-Louis, Baccarat, Daum, Lalique et les Cristalleries royales de Champagne, qui se positionnent sur le haut de gamme du marché.

L'orfèvrerie

Ce siècle est celui de l'apogée et du déclin de l'orfèvrerie. Apogée du point de vue artistique avec la période « Art déco » ; déclin depuis, car ce marché semble avoir cessé de se développer.

Le tournant de l'Art déco

À partir de l'exposition des arts décoratifs de 1925, l'Art déco de l'orfèvrerie, par réaction, revient comme le verre à la rigueur géométrique, à des formes pures dépourvues d'ornementations superflues ; c'est le triomphe de lignes qui réagissent aux excès du style sinueux et chargé de 1900. Il s'agit d'une rigueur géométrique et d'un réel dépouillement décoratif.

> L'orfèvre le plus en vue de cette époque est Jean Puiforcat (1897-1945). Il repense les couverts dans le sens de la simplification : redonne trois dents à la fourchette, imagine un ovale parfait pour la cuillère et une même largeur pour la lame et le manche du couteau. Il réintroduit l'ivoire, le bois, le galuchat ou les pierres dures dans son travail, notamment pour les manches des couverts. D'une incroyable modernité – pas toujours comprise à l'époque – ses couverts sont aujourd'hui considérés comme classiques.

Les grandes maisons font de même. Christofle s'assure le concours de Luc Lanel et du Danois Christian Fjerdingstad, et collabore, à l'occasion, avec les plus grands artistes de l'époque : Louis Sue, André Mare, Groult.

La seconde moitié du XXᵉ siècle sera design

L'époque de l'Art déco aura marqué une sorte de chant du cygne pour l'orfèvrerie. En réalité, la création change d'objet. Il faut, outre les artistes – artisans qui produisent de toutes petites quantités – des créateurs dessinateurs industriels qui inventent des objets répondant à la demande commerciale et aux nécessités de la production industrielle. Christofle collabore ainsi avec le Finlandais Tapio Wirkkala et engage l'Italien Lino Sabattini, qui dessine une collection aux lignes pures. C'est l'époque du « design », autrement dit du style sculptural.

De 1960 à 1990, les orfèvres contemporains se signalent par une double production :

- l'orfèvrerie d'argent massif, qui reste très traditionnelle par ses procédés de fabrication et demeure de production limitée ;
- le métal, argenté et doré, qui occupe la première place pour les couverts.

On note aussi l'apparition sur le marché de l'orfèvrerie de nouvelles marques, Hermès, Cartier. À un troisième niveau, l'évolution des mœurs (disparition du personnel de maison, diminution de la taille des appartements...) voit s'accroître la part de l'acier.

Quant à l'étain, malgré des tentatives à la fin du XIXᵉ siècle, en particulier avec Brateau, ce n'est que depuis peu que, grâce à ses prix attrayants, il tente un retour sur le marché de l'orfèvrerie.

De nos jours...

Essentiellement basé dans la région parisienne, le secteur de l'orfèvrerie regroupe aujourd'hui en France plus de 2 000 salariés et représente 28 % du marché des arts de la table. Les couverts constituent 70 % des ventes de ce marché, grâce aux listes de mariage. Viennent ensuite les pièces de forme et objets de décoration qui totalisent 30 % des ventes du secteur, dont près de 50 % sont des produits en étain. Cette partie du marché est occupée par des marques prestigieuses comme Puiforcat, Ercuis et Christofle qui cherchent à développer les produits cadeau-décoration pour compenser la baisse enregistrée dans les listes de mariage.

La faïence, la porcelaine et la céramique

L'influence japonaise...

Comme dans les autres domaines, au début du XXe siècle, à côté d'une production très classique et spécifique à Limoges dont beaucoup de services décorés au bleu four avec incrustation d'or ou décorés de bouquets de fleurs aux couleurs mièvres posées par chromolithographie, apparaît une production dans le goût de l'Art nouveau d'une très grande qualité ; Lunéville, du fait de sa proximité avec l'école de Nancy qui, avec Gallé et Majorelle, avait lancé le style naturaliste, s'y essaya pourtant avec un succès passager, ainsi que Bracquemond, à Limoges, qui adopta un style japonisant aéré sur fond blanc. Le style nouveau a été peu adopté en Limousin. C'est pourquoi les objets sont rares et n'ont pas eu le temps de se vulgariser.

Une modification radicale des formes, avec l'adoption des lignes géométriques, des pans coupés et des volumes épurés, caractérise le style Art déco qui comme dans les autres domaines a suivi l'art nouveau. Les fonds se colorent et on retrouve le secret de la pâte ivoire qui s'était perdu. Jean Luce, sur des fonds dépouillés, des formes simples, des couleurs douces, travaille l'or et le platine. Sandoz invente un étonnant bestiaire, tandis que Suzanne Lalique crée une trentaine de décors de fleurettes naïves et que Dufy réalise des motifs plein de fraîcheur et de naturel. Parallèlement, la production de services ordinaires est importante, qu'ils soient de style Art déco ou des pastiches des époques précédentes. À défaut de trouver de nouveaux styles, les grandes manufactures font appel à des artistes pour habiller plats et assiettes. C'est le cas de Christofle, qui édite Man Ray, Arp, Éluard et Louise de Vilmorin ou de Sèvres, avec Penalba, Calder, Mathieu, Hadju, Alechinsky, Poliakoff, Agam et Zao Wou-Ki, entre autres.

> L'influence du japonisme inspirera les deux grands styles occidentaux du début du siècle : l'Art nouveau, dévolu à la ligne courbe et florale ; l'Art déco, fasciné par la ligne droite, permettant ainsi à Hector Guimard et à Le Corbusier de s'abreuver à la même source, assimilant sans états d'âme réalisme minutieux et abstraction extrême.

Avec l'arrivée de l'esthétique japonisante la célèbre phrase romantique de Lamartine : « *Objets inanimés avez-vous donc une âme ?* » retrouve son sens. Car la céramique n'est plus un objet de décoration mais devient matière vivante, unique et, s'humanisant, porte le caractère, voire les défauts, de celui qui la possède par le regard.

Petit rappel historique

En 1900, Limoges comptait 35 fabriques de porcelaine et 120 fours qui occupaient près de 8 000 ouvriers. En 1907, à son apogée, le Limousin emploiera jusqu'à 15 000 personnes. Au fil des ans, les porcelainiers continueront à faire appel à de grands peintres ou à des designers connus (Dufy, Lurçat, Sandoz, Kandinsky). Cependant, des éléments extérieurs viendront perturber le paysage économique de ce secteur…

La Première Guerre mondiale asphyxie l'industrie porcelainière de Limoges qui exportait alors plus de 80 % de sa production. Puis la crise de 1929, suivie de la Seconde Guerre mondiale, entraîne une perte de main-d'œuvre qualifiée et la disparition de la plupart des débouchés extérieurs. Mais les progrès techniques vont lui donner un nouvel élan.

L'arrivée du gaz de Lacq, l'utilisation de nouveaux types de fours « cellules » ou « tunnels », l'adaptation de calibreuse « roller », la mise au point des chromolithographies par transfert et à cuisson, compatible avec les impératifs du lave-vaisselle, bouleversent la productivité et la compétitivité du produit haut de gamme.

De nos jours…

Les céramiques représentent un tiers du secteur des arts de la table. Aujourd'hui, l'activité de la porcelaine est plus performante que celle de la faïence, jugée trop fragile par les clients ; cette dernière est opaque, alors que la porcelaine est translucide et plus blanche. La production française de porcelaine est estimée à 13 000 tonnes, dont 4 000 tonnes de porcelaines de Limoges et la plus grande part des 9 000 tonnes restantes provient du Berry. Cette porcelaine est pourtant loin d'avoir la notoriété de Limoges.

Les Français restent attachés à la production nationale et les importations concernent en majorité des produits bas de gamme. Ils proviennent généralement d'Asie ou d'Extrême-Orient, où la main-d'œuvre est peu coûteuse mais la création pour ces produits est très limitée, voire copiée de modèles à succès. En revanche, les autres porcelaines de luxe, c'est-à-dire le *Bone China* anglais et la porcelaine de Saxe décorée à la main, sont des concurrents.

Depuis quelques années, chaque maison développe son style propre. C'est ainsi que Christofle, Puiforcat, Peter, Siècle et Odiot ont créé des services de tables conformes à leur image. Daum a édité ses gammes cactus et nature et Lalique a édité sous sa propre marque des services de porcelaine conformes à l'esprit de la maison. Cette politique de diversification existe, de plus en plus, chez les couturiers (Christian Dior, Christian Lacroix, Guy Laroche…). Enfin Hermès et Cartier, temples du luxe, ont également su imposer leur style, Cartier y ayant renoncé récemment.

Quelles stratégies de diversification ?

Christofle avait délaissé l'orfèvrerie traditionnelle pour se lancer dans la création de bijoux, de bibelots en filigrane (les « lumières d'argent »), d'objets en laque de Chine, d'assiettes en porcelaine et de nappages… Lalique s'est lancé dans la fabrication de vases, de boîtes à bijoux, de poudriers, de flacons de cristal, de bijoux, de porcelaine, de foulards, de nappes, de carafes, d'ornements pour sapin de Noël, de parfums, de montres et même de maroquinerie. Baccarat s'est diversifié dans la gamme de bijoux (pendentifs, boucles d'oreilles, colliers…), de luminaires, de presse-papiers et de loupes… Daum s'est tourné vers les miroirs, les chandeliers, les couverts, la porcelaine, les senteurs maisons (bougies parfumées), les luminaires, les bijoux… Saint-Louis a créé des presse-papiers et des jeux d'échecs en cristal.

Cette diversification semble présenter deux orientations majeures. D'abord, une véritable déspécialisation des marques ; il semblerait qu'elles cherchent à devenir des marques « multispécialistes » des arts de la table. D'autre part, une orientation en dehors du secteur vers des produits annexes (bijoux, bibelots, parfums).

C'est la stratégie adoptée par Lalique, qui manie le cristal comme la porcelaine, le textile et le parfum. Cependant, cette stratégie pose le problème de la cohérence à maintenir, de la tradition de l'image à préserver, car il faut réussir à se diversifier sans « perdre son âme ».

Les tendances actuelles

On a dénombré quatre tendances :

- la tendance couture : modèles très travaillés, riches en couleurs et ornements ;
- la tendance classique qui reste très demandée pour les listes de mariage ;
- la tendance rustique : la campagne, les fleurs et les jardins, thèmes qui ont inspiré de nombreuses marques. Christian Tortu a imaginé une collection pour Baccarat, intitulée « Les botaniques », mais aussi le service « Verdure » pour Raynaud. Dans un autre style, Wedgwood a réédité un service baptisé « Sarah's Garden » avec des motifs de fruits et de fleurs ;
- la tendance du blanc : cette porcelaine toute blanche met en valeur la pureté des lignes et la richesse des reliefs. Surtout, elle permet des jeux de table plus variés et l'association avec des nappes très colorées.

Ces tendances sont importantes : une étude du Crédoc montre que concernant la motivation d'achat pour les articles d'arts de la table, les clients n'accordent plus d'importance à la marque (73,6 %), ni au lieu de production (69,2 %) et encore moins au conseil du vendeur (72 %). Leurs critères de choix se portent davantage sur l'aspect esthétique des produits, leur couleur (61,2 %), leur forme (59,9 %), leur qualité (52,9 %), les décors (54,5 %) et le prix, qualifié de très important par 42,4 % des personnes interrogées. Notez qu'un achat sur quatre est réalisé dans les grands magasins qui ont un rayon luxe et gagnent chaque année des parts de marché sur les réseaux traditionnels.

> Le luxe dans les arts de la table a de plus en plus tendance à aller vers l'élégance, le confort et le raffinement. En ce qui concerne les couverts, on bascule dans une prédominance d'inspiration scandinave. Notre époque est marquée par un dessin aux lignes épurées, où l'on privilégie les formes féminines, pleines et rondes.

La joaillerie

Ce troisième secteur, celui de la joaillerie, est l'un des domaines du luxe les plus anciens et représente deux milliards d'euros. Il demeure aujourd'hui un univers peu connu dont la discrétion est l'une des vertus premières. Sans vouloir en percer les secrets et lui ôter par-là même toute magie, il est important de rappeler que la joaillerie conserve une position à part dans le secteur du luxe.

Le plus ancien d'entre eux, et le plus emblématique, est arrivé en France à la suite de Catherine de Médicis. C'est le joaillier Mellerio, dit Mellers, aujourd'hui présidé par Olivier Mellerio qui a présidé le Comité Colbert de 2002 à 2006 et a préfacé cet ouvrage.

Au XIXe siècle, de nouveaux pères fondateurs de dynasties de la joaillerie ont bâti leur réputation sur l'élaboration de ce que l'on appelle les « parures d'ornements ». Les Mellerio, Chaumet, créé en

1780, Boucheron ou Cartier, Mauboussin, créé en 1827, produisaient des ensembles de bijoux qui rencontrèrent de très grands succès en Angleterre à l'époque victorienne. Ces parures incluaient aussi bien des ornements de tête que des éléments indispensables à l'exercice de la vie sociale… La couture était en harmonie avec ces pièces de joaillerie élaborées qui convenaient au goût de l'époque.

Le célèbre gemmologiste George Frederick Kunz a permis à Tiffany's & Co d'acquérir la reconnaissance internationale par l'utilisation de pierres rares. Au même moment, le travail de Carl Fabergé en Russie, associant émaux précieux et joyaux, illustre l'extraordinaire savoir-faire prisé au début du siècle avec notamment les fameux œufs décoratifs.

L'époque Art nouveau

Il s'agit d'une période assez courte, mais d'une intensité tellement forte qu'elle a enrichi le vocabulaire créatif de la joaillerie. Les pièces de cette époque constituent encore des trésors d'originalité. Georges Fouquet et Henri Vever portent leur choix vers les pierres fines et les matériaux non précieux pour réaliser leurs créations empreintes de sérénité et de sensualité : émaux irisés, opales ou pierres de lune donnaient un éclat mystérieux à la parure féminine. Les chefs-d'œuvre de ce style furent réalisés par l'école de Nancy et Louis Confort Tiffany.

La Belle Époque

Tandis que s'épanouissait l'Art nouveau, le style Belle Époque voyait le jour grâce à des orientations différentes. Son origine se trouve dans l'invention par la maison Cartier de la monture en

307

BOUCHERON : une autre idée de l'Art nouveau

Dans le mouvement profond de l'Art nouveau, qui envahit l'art de la fin du XIXᵉ siècle, le bijou tient une place importante et nouvelle. BOUCHERON est un des rares joailliers déjà établis et reconnus à s'engouffrer dans une esthétique jugée par beaucoup excessive. Il étire les lignes des parures en les stylisant à l'extrême, transforme fleurs et plantes en messages poétiques (il grave les diamants), assume pleinement l'inspiration médiévale tout autant que baroque dans des joyaux déroutants, ornés d'émail en plique-à-jour. En 1900, Frédéric BOUCHERON remporte à Paris le Grand Prix et la médaille d'or de l'Exposition universelle, apogée de l'Art nouveau, grâce à un ensemble exceptionnel d'objets et de bijoux insensés, où la ligne devient la priorité plutôt que les pierres, qui pourtant chez lui restent exceptionnelles. Assumant pleinement cette rupture complète avec le passé, il invente son style qui se détache des copies et des pastiches, aidé par René Lalique, qui débute chez lui. Il traduit une nouvelle sensibilité par le bijou, revient à la source symbolique de la nature par son observation transfigurée.

platine qui devint le métal de prédilection des grands joailliers. L'inimitable savoir-faire de Cartier permit d'explorer toutes les possibilités de ces montures et d'imposer la suprématie de ce métal dans la haute joaillerie. C'est de cette innovation que naîtra le célèbre style « guirlande » d'inspiration Louis XVI, toujours d'actualité. C'est alors le règne du diamant et de la perle.

Ce nouveau style sera adopté en 1902 pour le couronnement d'Édouard VII. À cette occasion l'aristocratie européenne fera remonter ses plus belles pierres ; la famille royale britannique fera redessiner par Cartier la plus grande partie des joyaux de la couronne. Les dizaines de diadèmes et de parures commandés par Édouard VII resteront dans les annales de la maison Cartier et lui vaudront le brevet royal tant convoité. Selon les propres mots d'Édouard VII : « *Cartier, roi des joailliers, joailliers des rois...* »

L'Art déco

Au lendemain de la Première Guerre mondiale, l'émancipation de la femme, son mode de vie actif et sportif feront prendre à la joaillerie des chemins nouveaux. Maquillage intense, coupe à la garçonne, fume-cigarette entre les mains, la femme découvre Diaghilev et ses Ballets russes, les couleurs et la violence du fauvisme. La joaillerie doit épouser les silhouettes longilignes : sautoirs, bandeaux et broches de forme font leur apparition. Le style Art déco se matérialise en joaillerie par une simplification stylistique, une abstraction géométrique et un fort contraste des couleurs.

À la fin des années 1920, la joaillerie va connaître deux tournants. D'une part, elle va atteindre des sommets de pureté avec l'invention par la maison Van Cleef & Arpels créée en 1906, du serti invisible, véritable prouesse technique. La maison Cartier emploiera cette technique pour créer ses spectaculaires « pièces blanches » : cristal de roche et diamants dont les bracelets articulés réalisés pour l'actrice Gloria Swanson demeurent célèbres dans le monde entier. D'autre part, la découverte de l'Inde par les joailliers va révolutionner la haute joaillerie ; ceints au cœur des palais des maharadjas indiens, des collections de joyaux dont la qualité et la profusion restent inégalées leur apparaissent, véritable eldorado oublié. Le trésor du Grand Moghol est bien là et les joailliers, Cartier et Van Cleef en tête, vont proposer leurs services pour remonter et remettre au goût du jour ces pierres d'exception. Il va s'ensuivre une fébrilité créative unique dans l'histoire de la joaillerie. Au fil de ses commandes, Cartier New York va mettre au point un style qui demeure indissociable de son nom : le tutti frutti.

Le Rétro (1940)

La joaillerie des années 1940 se plie au trouble de la période et se développera aux États-Unis. Elle devient austère. Les difficultés d'approvisionnement en matières premières comme le refus d'ostentation vont conduire les joailliers à développer la palette de leur imagination pour réaliser leurs créations.

L'après-guerre (1950)

Le « new-look » de Christian Dior dans la mode ouvre dans l'immédiat après-guerre une ère de renouveau. La joaillerie, pour complaire à ce goût, s'épanouit en de voluptueuses courbes empreintes de vie et de mouvement. Le naturalisme de la période précédente évolue dans les années 1950 vers des parures specta-culaires de plumes ou de pétales de fleur, pavées de diamants. En matière de haute joaillerie, on assiste au retour en grâce du diamant. Pour apporter plus de rondeur à ces exceptionnelles parures blanches, les perles sont mises à l'honneur.

Les années 1970 et 1980

Au moment où la minijupe puis le pantalon pattes d'éléphant font leur entrée, toutes les disciplines du dessin subissent l'in-fluence d'un courant de rébellion et d'iconoclasme. Les conventions deviennent obsolètes : la couture elle-même ne s'exprime-t-elle pas avec des matériaux plastiques ? Le premier homme sur la Lune, la révolution électronique aussi bien que la libération sexuelle sont les sujets que les joailliers se proposent d'aborder ; le trait d'union entre leurs créations hétéroclites n'est autre que la volonté de rompre avec les lignes habituelles de la joaillerie. En réaction à cette tendance, les grandes maisons – en particulier le travail exemplaire d'Harry Winston et de Laurence Graff – se consacrent à la production de pièces serties de pierres d'exception.

> La récession des années 1970 et les deux crises pétrolières vont tempérer l'exubérance de la décennie précédente. Le goût va se porter sur la découverte d'autres cultures ; la joaillerie devient ethnique.

Les plus grands n'auraient pas pu renier l'influence indienne de leurs créations. Cela ajouté à un intérêt pour le style ancien, explique le succès d'un Buccelati.

Les circonstances économiques aidant, la demande de la clientèle se tourne vers des pièces d'un usage plus décontracté. Les grandes maisons ont ainsi développé des lignes boutiques, des collections saisonnières en harmonie avec la mode du moment. Si Van Cleef fut le premier à comprendre ce désir en inaugurant sa ligne bijoux en 1954, Cartier connut un grand succès en lançant ses « Must » en 1973. Ce fut une révolution due à Alain-Dominique Perrin que tout le monde imita dix ans après, mais qui, sur le moment, valut l'exclusion par le Comité Colbert de la maison Cartier[1]. Bijouterie, joaillerie comme horlogerie entrent ainsi dans l'ère de la mercatique intelligente.

---

1. Cartier a été réintégré dans le Comité Colbert en 2005, soit trente ans après.

La joaillerie moderne (1980-2000)

Larges cabochons colorés, or jaune poli, lignes souples et affirmées s'associent pour créer une joaillerie en adéquation avec la mode clinquante des années 1980. Les diamants de couleur deviennent la pierre la plus recherchée. En effet, un diamant pur, par-delà sa beauté, possède des qualités intrinsèques en accord avec la demande de la clientèle : la rareté, l'origine, la qualité.

Au cours de cette période, le domaine de la joaillerie s'est scindé en deux métiers distincts : la haute joaillerie et la nouvelle joaillerie.

Des maisons de ventes aux enchères aussi prestigieuses que Christie's ou Sotheby's réalisent une part substantielle de leur chiffre d'affaires en joaillerie. La maison Cartier elle-même a mis en place le discret service « Cartier tradition » pour lui permettre de prendre position sur le marché des enchères pour ses propres pièces anciennes.

En termes d'évolution du marché, une nouvelle donnée sociologique est venue changer la démarche stratégique des joailliers : les femmes achètent leurs bijoux elles-mêmes, ce qui était impensable il y a vingt ans. Cette donnée influence l'approche mercatique de la joaillerie.

Perspectives pour le XXIe siècle

Voici quelques-uns des défis que devra surmonter la joaillerie au cours du XXIe siècle :

- l'émergence de nouveaux arrivants sur le marché : Chanel, Dior, Escada, Gucci, De Beers… et leur volonté d'intervenir dans le cercle fermé de la haute joaillerie. Cette arrivée des

© Groupe Eyrolles

maisons de mode contraint nombre de grandes maisons à repenser leur stratégie créative ;

- le redéploiement de marques ancestrales – Boucheron, Van Cleef & Arpels – qui rejoignent les grands groupes PPR et Richemont ;

- l'apparition de la figure du créateur : Solange Azugary Partridge chez Boucheron, Hussein Chalayan chez Asprey, Victoire de Castellane chez Dior ;

- le développement de la concurrence étrangère – italienne et américaine – et l'amalgame qui en découle avec la haute joaillerie traditionnelle ;

- l'épuisement définitif et successif des gisements de pierres précieuses : rubis, saphirs, émeraudes... La recherche de « nouvelles » pierres. La bataille stratégique entre les grands groupes pour l'approvisionnement ;

- la consolidation du second marché de la haute joaillerie. L'ouverture de « la joaillerie Christie's » à Londres : boutique spécialisée dans le négoce des pièces anciennes ;

- l'apparition du bijou technologique : le lancement de Vertu pour les téléphones portables de luxe ornés de pierres précieuses ;

- l'apparition du marché de la joaillerie masculine.

L'horlogerie

À la différence de la joaillerie, en matière d'horlogerie il est difficile de distinguer de grandes périodes historiques. L'horlogerie est une recherche continue. Elle essaie de répondre à des préoccupations qui prennent racine dans l'histoire des cultures et des peuples. Elle se compose de quêtes inabouties, de paris techniques non encore résolus. Nous nous proposons donc d'en survoler quelques-uns. Elle est surtout le résultat d'une évolution multi-séculaire.

L'idée de mesurer les fractions de secondes n'est pas neuve au XXe siècle. Le développement de montres chronographes est une recherche qui prend son origine au XVIIIe siècle et se traduit par des exigences de la clientèle de plus en plus nombreuse pour des montres à grande complication qui intéressent un public grandissant d'initiés ; autant de complications qui apparaissent comme des gadgets aux yeux du profane.

Au long du XIXe siècle et au début du XXe siècle, le développement des transports et des moyens de communication a conduit les hommes à rechercher la mesure d'un temps homogène pour le monde entier. La terre sera divisée en 24 fuseaux horaires.

De l'atelier à la manufacture

La fabrication des montres a très tôt été caractérisée par une division technique et sociale d'un travail très sophistiqué. La mesure précise du temps dans les centres urbains étant progressivement devenue une nécessité, les horlogers ont très vite dû s'organiser pour faire face à la demande.

Contrairement aux apparences, il s'est agi moins d'une recherche de confort que d'une adéquation aux codes vestimentaires ; la montre-bracelet aurait vu le jour dès le XVIIe siècle, mais c'est avec la libération des poignées et le raccourcissement des manches qu'elle a été adoptée. Elle fut d'abord destinée à un usage militaire, d'où la montre Cartier destinée au pilote Santos Dumont.

> Les innovations se sont succédée au long du siècle : boucle déployante, bracelet interchangeable, jusqu'à la dernière montre Roadster de Cartier dont le bracelet interchangeable à système mécanique est le résultat de dix ans de recherches.

Les horlogers se sont trouvés face à un problème en apparence simple qui a engendré des complications spectaculaires : comment lire l'heure dans le noir ? On peut citer une autre des recherches de l'horlogerie comme celle du plus petit mécanisme possible..., ou celle de la montre étanche et submersible.

C'est à qui présentera celle qui supportera la plus grande pression et la plus grande profondeur possibles. Le record est tenu par une montre Rolex de 1959 ayant atteint la profondeur de 10 908 m.

Un enjeu majeur : gagner pour les marques horlogères leur indépendance dans l'approvisionnement en mécanismes – qui sont concentrés en quelques sociétés qui jouent le rôle de fournisseurs. La haute horlogerie est un marché de connaisseurs : les marques s'efforcent de susciter à chaque nouveau modèle de nouveaux passionnés tout en étant plus accessibles au profane.

La maroquinerie et les accessoires de cuir

Pour fabriquer des selles de chevaux et des harnais nécessaires pour les chevaux, l'homme a appris à travailler les peaux d'animaux pour en faire du cuir. Puis il découvrit que cette matière avait des propriétés commodes pour fabriquer des contenants qui deviendront bientôt des sacs puis des bagages. Nous l'avons vu, c'est Henri IV, excellent cavalier infatigable, qui développa des ateliers de tanneurs à Nérac, et ailleurs, au bord des cours d'eau, puisqu'il faut laver longuement les peaux puis les faire sécher. Avant d'être la prestigieuse marque de luxe que l'on connaît, Hermès, comme nous l'avons écrit dans un chapitre précédent, était un sellier et a su fort bien se reconvertir depuis pour acquérir une notoriété internationale. Quant à Vuitton, nous l'avons vu à propos du XIXe siècle, il se spécialisa dans les bagages un peu volumineux fabriqués à partir de toiles très résistantes et élégantes, bagages de train, puis malles de cabines de bateaux dès le XIXe siècle ; un succès mondialement inégalé, grâce à un mélange savamment dosé de tradition et d'innovation, d'artisanat et de créativité, d'histoire et de modernité.

> Et c'est aussi ce qui a permis à la maison, depuis l'invention de ses plus grandes icônes comme la « Wardrobe » ou le « Keepall », jusqu'au lancement d'un label de mode en 1998, de demeurer, au cours de plus de 150 ans de son histoire, en prise avec son époque.

Ces deux maisons emblématiques (Hermès et Vuitton) ont su s'adapter, ce qui est la caractéristique des maisons de luxe qui veulent réussir.

Mais comment étaient les bagages autrefois ? Il suffit de penser à la manière dont on se déplaçait alors pour se les représenter. Les bagages devaient s'adapter aux transporteurs et, par conséquent, même si leur forme n'était pas définie, ils devaient avoir une certaine souplesse et pouvoir passer sans inconvénient majeur de la croupe d'une bête de somme à l'épaule ou à la tête d'un homme.

L'ancêtre de la valise, le sac de voyage, le balluchon des Grecs était le *kôrukos*. De dimension plutôt réduite et confectionné en boyau, l'athlète y mettait son nécessaire pour les compétitions et le commun des mortels ses habits.

Dans les tableaux flamands et dans certaines estampes anglaises du XVIIᵉ siècle reproduisant des scènes de voyage, on peut voir parmi les caisses, les malles et les coffres-forts qui constituent la charge de la voiture, quelques balluchons enveloppés dans des plaids… Le mot valise vient de l'arabe *waliha*, c'est-à-dire sac de grain. À l'origine, la valise est un objet de peau, de forme allongée et fermée par des sangles. Le *Dictionnaire universel alphabétique* de Furetière en donne la description suivante : « *Vaisseau de cuir de figure ronde et oblongue, qui se ferme avec une chaîne ou un cadenas et qui sert à transporter les habits et les hardes d'un cavalier sur la croupe d'un cheval. Les lettres qu'on envoie par la poste sont enfermées dans une valise. C'est le cheval du valet qui porte en croupe la valise du maître.* »[1]

Les chemins de fer, puis l'aviation, modifièrent les articles de voyage. Le terme « coffre » qui, selon le dictionnaire Robert, apparaît vers le XIIIᵉ siècle et vient du bas latin *cophinus* et du grec *kophinos*, désigne un meuble en forme de caisse dans lequel on range ses affaires et que l'on ouvre en soulevant le couvercle. Le bahut, dont le terme apparaît vers l'an mille, est à la fois un coffre souvent garni de cuir clouté dont le couvercle est bombé et un meuble de forme ancienne. Le sort de la malle est de voyager, puisque le lexicographe la décrit comme « *un coffre destiné à contenir les effets qu'on emporte en voyage* »[2]. Le terme date du XIIᵉ siècle et provient du français *malha*, signifiant « sacoche ».

Les coffres et les bahuts français de l'époque gothique sont richement décorés en relief de figures géométriques et sont cerclés de fer ou de cuivre. Ainsi prennent-ils, au fil des ans, un aspect coffre-fort et perdent-ils par la même occasion leur fonction de siège.

---

1. Furetière, *Dictionnaire universel alphabétique*, 1690.
2. Dictionnaire Robert.

À la Renaissance, alors que les meubles sont encore rares et que le goût pour les beaux objets est plus que jamais vivant, le coffre règne en maître sur la maison. Mais un peu partout en Europe, le désir de meubles est déjà dans l'air et le coffre en supportera les conséquences. Dans un premier temps, on se contente de lui retirer ses poignées ou on lui adapte des battants comportant des tiroirs, ce qui donne naissance aux cabinets dont parle Corneille.

Parmi les coffres qui ont existé, il y en a un dont la fonction particulière lui confère le charme que peut revêtir un objet sentimental. C'est le coffre qui contenait la dot de la fiancée lorsque celle-ci quittait la maison où elle avait vécu jusque-là, pour se rendre dans sa nouvelle demeure. La tradition voulait que, arrivée dans la maison de son futur mari, elle dépose son coffre aux pieds du lit et le laisse à cet endroit le restant de sa vie.

Au cours du siècle dernier, la valise prit l'avantage sur la malle, car le voyageur dans la mesure du possible trouvait plus commode d'emporter avec lui ce dont il avait besoin, plutôt que d'attendre, à son arrivée, les malles expédiées qui ne parvenaient pas toujours à destination. Vuitton est déjà à cette époque, nous l'avons vu, une marque mythique.

Au début du XXᵉ siècle : grands fabricants pour clients raffinés

L'Europe vit à l'heure de l'insouciance. C'est la Belle Époque et l'âge d'or de la valise et de la gamme de ses accessoires. Ce goût pour les beaux ensembles de bagages de luxe se perpétuera encore une vingtaine d'années, jusqu'à la veille de la Seconde Guerre mondiale.

Les maroquiniers et les selliers des grandes villes d'Europe, Asprey à Londres (dont la devise est « Tout est faisable »), Vuitton, puis

Hermès à Paris et Franzi à Milan, reçoivent des commandes fabuleuses qu'ils honorent en peu de mois. Dans un autre registre Lancel affirmera une bonne position dans ce domaine avant d'être racheté par Richemont dans les années 1990.

> À cette époque ont été inventés : le vanity-case ou la valise pour femme (il s'agit de la trousse de maquillage), le porte-documents, le sac en bandoulière, le sac porte-habits, le sac du yacht-man, le sac de golf, la sacoche d'escrimeur, la malle-armoire de la Belle Époque.

Le marché français de la maroquinerie (plus de 4 milliards d'euros), employant environ 30 000 personnes, ne cesse de croître depuis le début des années 1980, notamment en raison de l'éblouissante réussite de Vuitton – chef de file qui couvre près de la moitié du marché – qui a multiplié son chiffre d'affaires par vingt depuis vingt ans. Trois familles de produits concentrent l'essentiel de la production : les sacs de dames, les bagages et articles de voyage et les petits articles de maroquinerie.

La distribution des produits de maroquinerie (y compris bagages) se fait par six moyens :

- les détaillants indépendants ;
- les grands magasins : un circuit incontournable pour drainer un flux de clientèle ;
- le *duty free* : le canal de déploiement à l'international ;
- les boutiques exclusives des marques : un réseau structuré et maîtrisé, notamment les *flagships*, « bâtiment amiral » Vuitton ;
- la grande distribution : de gros volumes dans le scolaire et le bagage avec positionnement bas de gamme ;
- les papeteries librairies et autres circuits de complément.

Lancel

La maison Lancel a été créée dès 1876, ce qui en fait une des plus anciennes marques haut-de-gamme d'accessoires au monde. Sous l'impulsion d'une femme visionnaire, Angèle Lancel, la marque de luxe se tourne entièrement vers ses clients, leur proposant sans cesse de nouveaux produits. Lancel développe ainsi très tôt une véritable culture de l'innovation. Pionnière, la marque possédait déjà 10 points de vente dans le Paris au début du vingtième siècle, multipliant les occasions de cadeaux, créant Elle s'installe à l'Opéra, en complète osmose avec l'époque, au carrefour de la luxueuse rue de la Paix et des grands boulevards un peu canailles. Dans les Années 20, les vedettes swinguent en Lancel au rythme des années folles. Après la guerre de 40, la marque imagine des bagages souples adaptés à la fringale de loisirs des années 60, aux courts séjours et aux escapades imprévues. Lancel s'adapte au style « resort à la française », pour les week end entre Paris, Deauville et Biarritz. Les premiers émois des années 80 cachent leurs secrets dans un sac « Elsa », devenu une icône intemporelle. Avec plus de 130 ans d'expérience, la marque, experte du cuir, des sacs et des bagages de luxe, reste aujourd'hui dans l'air du temps en incarnant parfaitement la « French légèreté » mélange de chix parisien et d'attitude « casual » unique qui mélange avec style, élégance et joie de vivre, le bonheur du déplacement et du sac.

De nos jours...

Au cours des années 1970 et 1980, la priorité des marques de luxe a été l'extension géographique du réseau, afin d'être commercialisées auprès de l'ensemble des clients aisés de la planète, concentrés dans les capitales. Depuis les années 1990, la croissance n'est plus tirée par les consommateurs à hauts revenus mais par l'accès, plus ou moins régulier, de la population à revenus moyens développant une certaine sensibilité aux produits de luxe.

Contrairement aux années 1980, où le prestige de la marque suffisait à valoriser un produit, un renversement des tendances s'opère. Le client recherche aussi un produit qui lui plaît.

Le mélange des matières nouvelles et de coloris inédits a conduit à un bouillonnement créatif dans la profession, l'intégration de stylistes ou le changement récent de créateurs chez les marques de luxe.

Les maisons de couture comme Chanel, par exemple, se sont diversifiées dans ce secteur où la contrefaçon est également très forte.

Le tourisme de luxe

Les activités de tourisme et de loisirs participent au standing social d'un individu. Posséder une voiture puissante, une résidence secondaire dans un endroit recherché, être membre d'un club sportif (même si l'on pratique peu le sport), ou mondain, suivre les dernières modes intellectuelles et culturelles sont autant d'éléments symboliques de l'appartenance à une catégorie sociale.

Le concept même de tourisme de luxe est né dans sa forme la plus moderne en 1820, à Londres, avec l'arrivée des premiers établissements prestigieux où l'on pouvait louer une suite et se faire servir des repas fins dans son salon. L'engouement sera tel que la France ne tardera pas à se lancer dans la bataille.

Liste de quelques clubs et cercles français

Automobile Club de France

France Amériques

Cercle de l'union interalliée

Club des Cent

Jockey Club

MBC (anciennement Maxim's business club installé depuis 2000 au Fouquet's)

Maison de la Chasse et de la Nature

Nouveau Cercle de l'union

Traveller's

Yacht Club de France

Polo de Paris

Racing Club de France (dont la concession vient d'être cédée à Lagardère)

Tir au pigeon (ces trois derniers disposant d'installations prestigieuses au bois de Boulogne à Paris)

À partir des années 1880…

De vastes hôtels luxueux dits « palaces », par analogie avec les résidences royales, s'ouvrent à Paris, sur la Riviera, à Cannes, Monte Carlo, Nice, au Touquet, à Trouville, à Deauville, à La Baule, à Biarritz… conçus et dirigés par des Français dont un des fondateurs de Deauville qui a légué sa fortune à son neveu Barrière, fondateur du groupe éponyme. Mais les plus célèbres de ces Français, bons gestionnaires et créateurs de luxe et de volupté, sont César Ritz et Auguste Escoffier. Au premier revient le soin de l'hôtellerie, au second celui de la restauration. Ces deux modes touristiques ne cesseront de prendre de l'ampleur.

Le train dans un premier temps, l'automobile et l'avion après la Seconde Guerre mondiale ont beaucoup participé au développement du tourisme français. Une fois le traumatisme et les privations passés, le tourisme reprend ses lettres de noblesse. Le Français a à cœur de redécouvrir son pays mutilé. Réservé jusque-là à la classe bourgeoise, le tourisme va peu à peu se démocratiser avec l'arrivée des premières lois sociales en 1936.

À la sortie de la guerre

Les stations thermales rouvrent avec succès et un désir croissant se fait ressentir de fréquenter les villes du littoral. Cela peut s'expliquer par la redécouverte des vertus de l'eau. L'image du Français sera un individu à la recherche de son bien-être, de son bonheur terrestre, associant divertissement, soin du corps et soin de l'âme. La formule magique du tourisme, même de luxe, sera « *sea, sex and sun* ». Cannes, Nice, Monaco bref la Côte d'Azur ne désemplira pas au Sud, La Baule, Saint-Malo, Dinard, Deauville, Trouville, Cabourg et Le Touquet suivront la même évolution au Nord, Biarritz et Arcachon au Sud-Ouest. On assiste alors à l'avènement d'un tourisme régional, aidé par l'affluence des stars de l'époque se prêtant à la promotion de Saint-Tropez, grâce à Vadim et Brigitte Bardot, de Cannes ou de Deauville. Le « nec plus ultra » devient par la suite de posséder une résidence secondaire dans l'une de ces destinations auxquelles se sont ajoutés le mythique Saint-Tropez ou des stations de sport d'hiver comme Megève, Courchevel ou Val d'Isère. Plutôt que de fréquenter les hôtels prestigieux, les Français sont aussi devenus les champions des résidences secondaires.

À partir des années 1950

Le tourisme ne cessera d'étendre ses ramifications. Actuellement on parle de « tourisme vert », ce dernier est apprécié par toutes les classes de la société. Peu à peu, avec l'émergence des seniors, l'envie apparaît d'aller découvrir d'autres civilisations lointaines, envie aidée par l'avènement des « tours operator » s'occupant de la logistique et abaissant les coûts de transport.

De nos jours... le luxe des festivals

En 1973, une institution internationale est créée, spécialisée dans l'étude du tourisme et sa promotion, l'OMT ou Organisation mondiale du tourisme.

> Aujourd'hui le tourisme, notamment de luxe, se fonde sur l'épanouissement et la réalisation de la personnalité. Les lieux propices à la détente et au bien-être prolifèrent, le but étant de mettre en adéquation le corps et l'esprit. Les grands hôtels ont leur temple dédié au repos et à la santé, les « spas », centres de thalassothérapie.

Ces établissements pullulent, les parcs de loisirs aussi. Aller dans une salle de sport et avoir son mentor sportif baptisé « coach » devient indispensable.

Le tourisme et les loisirs sont également devenus plus culturels. Il est élégant de se rendre au théâtre ou à l'opéra, dans les festivals qui se sont multipliés l'été et dépassent maintenant le millier dont les plus célèbres sont Avignon pour le théâtre et Aix et Orange pour l'opéra, de visiter des expositions, d'aller dans des inaugurations, surtout lorsqu'il s'agit de nouveaux talents. La culture devient aussi une forme de luxe. Les milliardaires s'offriront, dans dix ans, un petit tour dans l'espace pour 20 millions d'euros et cela a déjà commencé. Des agences étudieront la question, les pays rivalisent d'inventivité pour être les premiers à offrir un baptême spatial. Enfin les palaces cinq étoiles à 1 000 euros la nuit font preuve d'ingéniosité pour attirer la clientèle fortunée par des services de plus en plus sophistiqués, le dernier en date étant le Palace Fouquet's Barrière, 54, avenue George V qui a ouvert ses portes en novembre 2006.

La gastronomie

En 1912, des clubs de passionnés de gastronomie se mettent en place comme le « Club des Cent » et le « Touring club de France » et organisent des « rencontres gastronomiques ». De son côté en 1921, le « prince des gastronomes », Curnonsky, parcourt la France pour mener à bien les 28 volumes de *La France gastronomique*[1], ouvrage de référence qui prendra vingt-huit ans de sa vie au cours desquels, en compagnie de Marcel Rouff, il restituera son prestige à la cuisine bourgeoise et provinciale, en l'opposant à la sophistication des grands restaurants parisiens. Monsieur Michelin créa un guide gastronomique et destina sa publication à une nouvelle race d'épicuriens montés sur pneus que l'on peut appeler les « gastronomades » (alliance de l'automobile et de la bonne chère, bel exemple de diversification réussie puisque le guide annuel fait maintenant référence).

---

1. Maurice Edmond Sailland dit Curnonsky, *La France gastronomique*, Éditions F. Rouff, 1925.

La deuxième moitié du XXe siècle

En 1955, avec le boom de la croissance, les Français peuvent se nourrir à leur faim. Ils réhabiliteront les manières du bien manger. Les grands cuisiniers, vedettes d'un nouveau show-business, deviennent rapidement populaires. Auparavant, ils étaient connus, mais dans leur cénacle. On entre alors peu à peu dans l'ère des « cuisiniers divas ». On voit apparaître sur les écrans la toque blanche alors la plus célébrée par la presse : Raymond Olivier, chef du Grand Vefour, haut lieu de la restauration parisienne dans l'émission « Art et magie de la cuisine ».

1968 voit arriver l'avènement de la nouvelle cuisine, un phénomène parisien. Les grands cuisiniers se mettent à créer. Leur imagination vagabonde dans trois directions :

• le mélange doux/amer ;

• le mélange chaud/froid ;

• le mélange solide/liquide.

À l'origine de la nouvelle cuisine, on trouve quelques chefs décidés à faire parler d'eux et deux journalistes imaginatifs : Henry Gault et Christian Millau (à l'origine des 10 commandements de la cuisine). Mais la dimension rentabilité reprend le dessus et redevient une priorité. Les grands chefs d'aujourd'hui et de demain doivent intégrer des données financières dans leurs recettes. Les soucis d'économie entrent sur la scène de la gastronomie. Ils sont amenés à fabriquer des produits quelquefois pour la grande distribution.

De nos jours…

La tendance actuelle est marquée par une dualité : d'une part, un désir de retour aux sources avec la cuisine traditionnelle et, d'autre part, une modernisation à outrance à base régionale ou ethnique. On assiste à la transformation et à la renaissance d'une discipline provenant des cendres de la nouvelle cuisine. Les chefs tentent des expériences inédites de restauration avec des initiateurs comme Alain Senderens, Joël Robuchon et Alain Ducasse. Des restaurants comme le Taillevent de Vrinat restent mythiques.

Certains grands cuisiniers deviennent consultants ; à la fois ils louent leur image de marque et innovent en matière d'alimentation de masse à l'usage notamment de la grande distribution ou de la nourriture surgelée qui n'a rien de luxueuse. D'autres engagent de véritables démarches esthétiques, enrichissant la cuisine qui sort du fourneau par de nouvelles disciplines comme les arts plastiques, la mode, l'économie.

> La gastronomie de demain sera télévisuelle et cybernétique. Cuisine TV, chaîne de télévision (sur le câble), est dédiée à cet art et les sites des grands chefs et leurs cédéroms fleurissent.

On trouvera, ci-dessous, la liste des membres de la chambre syndicale de la haute cuisine française.

Il faut rajouter à cette liste les grands chefs indépendants que constituent Bernard Pacaud à l'Ambroisie, Alain Ducasse dans ses multiples établissements notamment le Louis XIII à Monte Carlo et le Plaza Athénée, Joël Robuchon, Yannick Alleno à l'hôtel Meurice, Alain Plassard à l'Arpège, Marc Veyrat ou Hélène Daroze, qui a quitté sa Gascogne natale, pour s'installer à Paris et Alain Senderens qui vient d'innover avec une nouvelle formule

Liste des chefs membres de la Chambre syndicale de la haute cuisine française (le nom de l'établissement apparaît entre parenthèses suivi du nom de la ville où il se situe)

Les chefs membres en France :

Firmin ARRAMBIDE (*Les Pyrénées*, Saint-Jean-Pied-de-Port) ; Gérard BESSON (*Restaurant « Gérard Besson »*, Paris) ; Jean-François PIEGE (*Les Ambassadeurs « Hôtel de Crillon »*, Paris) ; Jean-Marie BURNET (*Restaurant « Jean-Marie Burnet »*, Vincennes) ; Christian CONSTANT (*Le Violon d'Ingres*, Paris) ; Jean COUSSAU (*Le Relais de la Poste*, Magescq) ; Philippe DA SILVA (*Les Gorges de Pennafort*, Callas) ; Philippe DEPEE et Hervé DAUMY (*Les Templiers*, Boismorand) ; Alain DUTOURNIER (*Carré des Feuillants*, Paris) ; Éric FRECHON (*Hôtel Bristol*, Paris) ; Jany GLEIZE (*La Bonne Étape*, Château-Arnoux) ; Paul et Marc HAEBERLIN (*Auberge de L'Ill*, Illhaeusern) ; Patrick HENRIROUX (*La Pyramide de Fernand Point*, Vienne) ; Jean-Paul JEUNET (*Restaurant « Jean-Paul Jeunet »*, Arbois) ; Émile JUNG (*Au Crocodile*, Strasbourg) ; Jacques LE DIVELLEC (*Restaurant « Le Divellec »*, Paris) ; Guy MARTIN (*Le Grand Véfour*, Paris) ; Olivier NASTI (*Le Chambard*, Kayserberg) ; Anne PIC-SINAPIAN (*Restaurant « Pic »*, Valence) ; Michel PORTOS (*Saint-James Restaurant*, Bouliac) ; Jacques et Laurent POURCEL (*Le Jardin des Sens*, Montpellier) ; Stéphane RAIMBAULT (*L'Oasis*, La Napoule) ; Alain REIX (*Le Jules Verne*, Paris) ; Guy SAVOY (*Restaurant « Guy Savoy »*, Paris) ; Thierry THIERCELIN (*Hôtel La Villa Belrose*, Gassin) ; Laurent THOMAS (*Les Séquoias*, Bourgoin Jallieu) ; Gérard VIE (*Les Trois Marches « Trianon Palace »*, Versailles) ; Michel VIGNAUD (*Hostellerie des Clos*, Chablis) ; Antoine WESTERMANN (*Buerehiesel*, Strasbourg).

chez Lucas Carton, ainsi que Michel Guérard qui a fait d'Eugénie-les-Bains, qui doit son nom à la femme de Napoléon III, un havre de repos et de repas gastronomiques et diététiques.

Les vins

La France, pays traditionnel de vignobles, a souffert de la crise du phylloxéra vers la fin du XIXᵉ siècle. Puis la reconstitution post-phylloxérique dota la France de vignobles tout neufs à forts rendements. Inévitablement, la surproduction entraîna un effondrement des prix. Très vite, les producteurs accusèrent les négociants de « fraude », dénonçant les importations de vins d'Algérie et les pratiques de coupage ainsi que la législation, favorable aux producteurs de betteraves du nord de la France, qui autorisait le sucrage des vins et, par voie de conséquence, les apports d'eau.

Les efforts entrepris pour surmonter les conséquences du phylloxéra et les crises économiques favorisèrent le développement de la législation viticole. Il s'agissait aussi de combattre la fraude : vins ordinaires écoulés sous de grands noms, vins adultérés, trafiqués, etc. Ainsi naquirent le système français des appellations d'origine (AOC) et les réglementations qui ont inspiré (même partiellement) un peu partout les pays viticoles du monde.

Régulièrement, le secteur viticole est aussi marqué par certaines explosions de colère qui entraînèrent les émeutes notamment de mars 1976 et provoquèrent la mort d'un commandant de CRS et d'un vigneron. Mais le phénomène le plus marquant a été sans aucun doute les transformations du négoce. D'un côté, notamment en Bordelais, bon nombre de firmes traditionnelles ont disparu ou ont été reprises par des compagnies étrangères à leur région. De l'autre, singulièrement en Champagne ou à Cognac, des entreprises de négoce ont su évoluer vers la constitution de véritables grands groupes. Dans d'autres cas, ils se développent à l'étranger comme la famille de Philippe de Rothschild avec Opus One en Californie ou la famille d'Edmond de Rothschild avec la famille Rupert, propriétaire de Richemont et de vignobles en Afrique du Sud. De nombreuses autres associations pourraient être citées d'autant plus que des familles célèbres comme les Dassault ont investi dans ce secteur en Amérique du Sud notamment. La vedette dans ce domaine a été la création par le groupe Rémy Cointreau, dirigé par la famille Hériard Dubreuil, du vin Dynasty en Chine dès la fin des années 1970. Ils furent avec Pierre Cardin, dans un autre domaine, les premiers à faire des associations avec les Chinois.

Les principales étapes juridiques de ce secteur

- Au début du XXᵉ siècle : apparition en France des classifications.
- En 1919 : loi sur les appellations d'origine.
- AOC : appellation d'origine contrôlée en 1935.
- en 1935 : création de l'Inao (Institut national des appellations d'origine). Il réglemente les classifications : AOC, VDQS (vin délimité de qualité supérieure), vin de pays et vin de table.
- En 1958 : création de la CEE qui reconnaît deux classifications de vins : VQPRD (vin de qualité produit dans une région déterminée) et vin de table.

Plus d'un tiers du vin français bénéficie de l'appellation d'origine contrôlée. Cette suprématie des vins d'AOC, relativement nouvelle, souligne une tendance intéressante ; on consomme moins de vin mais de bien meilleure qualité.

De nos jours…

On a amplement parlé des vins de Bordeaux au chapitre précédent.

Pour être complet, il faudrait parler des autres vins et en tête le vin de Bourgogne. Devant l'engouement actuel pour les vins de Bordeaux (à partir des années 1980), on oublie la crise qui a frappé le Bordelais dans les années 1960 au point par exemple que Château-Margaux a été racheté dans les années 1970 au vingtième de la valeur qu'il a aujourd'hui. Pour donner un autre exemple, l'emblématique Club des Cent, qui est à la gastronomie ce que la Bourse est à l'industrie, a organisé ses déjeuners hebdomadaires dans les années 1950 à 32 % autour des vins de Bourgogne, le vin de Bordeaux ne représentant que 24 %. Le pourcentage a été totalement inversé à partir des années 1980. Certains vins de Bourgogne sont fabuleux (Nuits-Saint-Georges, Pommard, Gevrey-Chambertin, etc.) et rivalisent avec les bordeaux. Enfin, il ne faut pas négliger la montée des nouvelles appellations traditionnelles comme les vins d'Alsace et de Loire, dont Saumur (illustre aussi par un salon des écrivains), Châteauneuf-du-Pape, etc. Enfin, il ne faut pas oublier la récente vogue de très grands « vins de pays » à soixante euros, élevés amoureusement par de très grands viticulteurs et dont certaines épopées ont été racontées dans la version intégrale du film qui a fait sensation à Cannes en 2004 : *Mondovino*[1].

La tendance fondamentale à laquelle nous assistons depuis plus de dix ans est bien évidemment la progression spectaculaire de la part des grandes et moyennes surfaces (GMS) dans la distribution

---

1. *Mondovino*, la série de Jonathan Nossiter – 1 coffret de 4 DVD – 10 films – Diaphana TF1.

des produits alimentaires, progression à laquelle le vin n'a pas échappé. Selon les statistiques, plus de 70 % de la distribution passerait par les grandes surfaces, 3 % par le secteur traditionnel (épiceries), 13 % par le secteur spécialisé (caves), le reste se faisant en ventes directes à la propriété. On voit aussi que la distribution du vin garde encore par bien des côtés une spécificité : chaque grande surface a aujourd'hui sa « foire aux vins », avec un approvisionnement particulier, y compris de quelques grands crus donnant une image haut de gamme.

Il y a cinquante ans, les vins blancs représentaient 62 % des volumes d'AOC. Aujourd'hui, le rapport s'est inversé puisque 66 % des vins d'AOC sont rouges ou rosés. La France reste attachée aux appellations de lieu par opposition aux appellations de cépages que les USA ont lancées, il y a une vingtaine d'années, et qui commencent à être reprises dans le monde entier. Je crois qu'il faut s'y tenir, quitte à simplifier les terroirs et à prévoir des contre-étiquettes sur la composition en expliquant que c'est justement les mélanges de cépages qui font la qualité. Une grande campagne sur ce thème devrait être engagée. Depuis deux ou trois ans, les vins français rencontrent une concurrence accrue non seulement des pays européens (Italie, Espagne) mais surtout des nouveaux entrants : États-Unis, Amérique latine, Australie, Nouvelle-Zélande.

Le champagne, dont on a vu l'éclosion à partir du XIXᵉ siècle, ne connaît pas la crise et domine ce marché avec plus de 300 millions de bouteilles et constitue un des fleurons incontournables du luxe français rayonnant dans toutes les fêtes du monde. Deux maisons de champagne viennent de changer de main : Lanson et Taittinger, ce dernier ayant été racheté par la famille au terme d'une cession globale de tous les biens à un fonds financier. La famille Taittinger est, elle aussi, une grande dynastie du champagne qui s'est diversifiée dans d'autres domaines luxueux comme les palaces, l'art de la table, etc. Le premier groupe reste Moët & Chandon appartenant au groupe LVMH. Mais il est suivi d'assez près par un nouvel entrant qui n'existait pas il y a trente ans et qui constitue une réussite spectaculaire, le groupe Vranken.

Les spiritueux : cognac, armagnac, calvados et liqueurs

Le cognac

90 % de l'encépagement se fait avec l'Ugni blanc, la Folle blanche, le Colombard. Le cognac est distillé sous forme de réchauffement dans des cornues, réalisé en deux fois, avec un alambic charentais entièrement en cuivre pur. Le titre alcoométrique maximum de distillation est de 72 % vol. Elle se différencie de la distillation de l'armagnac qui est une distillation fractionnée dans un alambic à plateaux permettant de recueillir davantage d'éthers et de parfums mais nécessitant un vieillissement plus long.

Les appellations de cognac sont :

- VS *(Very Special)* ou *** (3 étoiles) pour les cognacs dont l'eau-de-vie la plus jeune a au moins deux ans ;
- VSOP *(Very Superior Old Pale)*, Réserve… L'âge de la plus jeune eau-de-vie est compris entre quatre ans et six ans ;
- Napoléon, XO, hors d'âge… pour les cognacs dont la plus jeune eau-de-vie dépasse au minimum six ans.

Le vieillissement se fait dans des fûts de chêne.

Plus de cent millions de bouteilles de cognac sont distillées et vendues par an dont 90 % à l'exportation, les États-Unis étant devenus après le Japon, il y a vingt ans, un grand importateur.

L'armagnac

Le 25 mai 1909, grâce au président Fallières, originaire de la Gascogne, la région s'organise avec un décret délimitant une zone de production de cette eau-de-vie à appellation d'origine contrôlée. Le 6 août 1936, l'appellation d'origine contrôlée est officiellement créée. Ce décret, plusieurs fois remanié depuis et encore récemment en 2006 pour introduire la « Blanche d'Armagnac », qui n'est pas obligée d'être vieillie dans des fûts de chêne, précise les conditions d'élaboration de l'armagnac. Les appellations recouvrent à peu près celles du cognac avec cette différence que le hors d'âge a un minimum de dix ans et que les millésimes, c'est-à-dire l'année de distillation, sont autorisés et reconnus. Les cépages sont aussi l'Ugni blanc, le Colombard, la Folle blanche et le Bacco. Nous l'avons dit, la distillation est différente de celle du cognac qui est double, aboutissant à un alcool de près de 70 degrés ; ici, elle est continue et fractionnée aboutissant à un alcool entre 50 et 60 degrés. Trois sous-régions composent l'Armagnac : le bas Armagnac le plus proche de l'Atlantique avec un sol sablonneux, la Ténarèze, le haut Armagnac avec un sol plus argileux.

Le calvados

Le calvados est un excellent produit obtenu à partir de la distillation des pommes. On recense 300 producteurs pour une production de 6 millions de bouteilles.

Il possède trois appellations :
- AOC Calvados ;
- AOC Calvados pays d'Auge ;
- AOC Calvados Domfrontais (depuis 1998).

À la sortie de l'alambic, le calvados titre à 68-72°. Les appellations sont :
- le vieux ou réserve : 3 ans de vieillissement minimum ;
- VO, vieille réserve ou VSOP : 4 ans de vieillissement minimum ;
- extra, Napoléon ou hors d'âge : six ans de vieillissement minimum ;
- millésimés.

Les grandes multinationales des spiritueux sont...
- Diageo (Royaume-Uni) ;
- Pernod Ricard (France) ;
- Bacardi Martini (Bermudes) ;
- LVMH Moët Hennessy (France) ;
- Rémy Cointreau (France).

La vogue des alcools blancs s'inscrit dans une nouvelle tendance ; savants cocktails à base de produits venus d'ailleurs ou découverts pendant les vacances pour le rhum, évoquant l'évasion et collant ainsi aux courants « tex mex, latino, cubain » qui font le succès d'un havana club ou d'une tequila. Il faut y ajouter l'engouement pour la vodka, autre alcool blanc qui paraît néanmoins s'essouffler malgré quelques brillantes histoires à succès, résultat d'une campagne de promotion. Il faut signaler également la brillante alliance entre ces alcools et les cigares, les Français viennent de créer une nouvelle marque de cigares : le Navarre.

L'automobile et les moyens de transports de luxe (avions, yachts)

Il s'agit d'un nouveau secteur du luxe ou autrefois s'illustrait la France et qui a cédé la main à l'Angleterre, l'Allemagne, l'Italie. La difficulté est de qualifier une voiture de luxe. Le prix ne suffit pas, mais des marques comme Rolls-Royce, Bentley, Maserati, Ferrari sont incontestablement à classer dans cette catégorie. De nos jours l'ostentation porte surtout sur les yachts de luxe où la maison Rodriguez, avec ces Mangustas de plus de 40 mètres de long, fait figure de modèle et a réalisé une très grande réussite financière.

L'histoire des voitures (qui est une sorte d'épopée avec ses fanatiques) remonte à la fin du XIXᵉ siècle.

Déjà en 1889, la Panhard-Levassor roule à 17 kilomètres à l'heure dans les pays plats et peu accidentés et l'on avertit que ces vitesses-là exigent de la part du conducteur une grande attention. En 1903, Serpollet atteint 125 kilomètres à l'heure avec son « Torpilleur » 40 chevaux. En 1938, les performances de George Eyston – qui dépasse les 575 km/heure sur sa « Thunderbolt » – conduisent certains à se poser la question : « En 1978, la Terre ne commencera-t-elle pas à devenir trop petite pour les êtres humains ? »

À peine l'auto roule-t-elle qu'elle fait déjà la course. Les Panhard-Levassor, les Peugeot, les de Dion Bouton s'élancent en 1895 vers Bordeaux pour ce qui allait être la première course automobile.

La France a le sens de l'auto. La carrosserie des voitures françaises est de loin la plus élégante, la plus chic de toutes. Enfin, dans cette France automobile, Peugeot, Renault et Citroën apparaissent successivement comme les fleurons et les annonces publicitaires le rappellent. En 1930, 1 100 000 voitures circulaient en France. Aujourd'hui, il y en a plus de 30 millions.

Messieurs de Dion, Bouton et Trépardoux sont arrivés à fabriquer des véhicules à vapeur de toutes sortes et de toutes dimensions depuis le tricycle jusqu'à l'omnibus grand modèle et le fourgon à marchandises. Mais la France qui s'illustre dans la course automobile de formule 1, qui a deux marques prestigieuses Peugeot et Renault, a perdu sa place de prestige en matière de voitures de luxe, au profit de l'Italie, l'Allemagne, l'Angleterre et bien sûr les États-Unis, place qu'elle avait avant la guerre de 1940.

Aujourd'hui, l'automobile a juste plus de cent ans et les marques de luxe ne portent plus de noms français. Elles s'appellent Aston Martin (5 000 voitures par an et que Ford va revendre), Ferrari, Lamborghini, Porsche, Rolls-Royce, Bentley, Morgan (500 modèles par an avec un délai de livraison de trois à cinq ans, c'est cela le luxe). Bien sûr, on peut y ajouter quelques modèles très haut de gamme de BMW ou Mercedes. Mais ils sont l'exception. Les vraies voitures de luxe sont celles de la première liste.

> Hélas pour la France malgré sa légitimité ancestrale et ses performances en formule 1 avec Renault et Peugeot pour les voitures de rallyes, elle n'y figure plus. En ce qui concerne la voiture de luxe, la France a perdu sa notoriété et son avance du début du XXe siècle.

Nous l'avons dit, pour être complet dans ce secteur, il faudrait y ajouter les avions privés de luxe, mais il y en a très peu – la plupart étant achetés par des sociétés – et surtout le yachting de luxe, mais les statistiques sont confuses à cause de la part des sociétés et des pavillons de complaisance. À partir de 30 mètres de long (100 pieds) un bateau à voile ou à moteur peut être considéré de luxe.

La haute fidélité

Pour la haute-fidélité, deux approches ont été abordées en matière de luxe. D'une part certaines marques de pointe en matière de technologie offrent des produits qui sont plutôt des gadgets de luxe et qui s'apparentent aux articles de luxe. C'est par exemple le cas de Nokia avec un médaillon qui se porte comme un bijou et qui a une fonction de stockage de photos ou de Siemens qui propose un téléphone mobile en forme de poudrier. La miniaturisation des produits accentue les possibilités d'ouverture vers les bijoux avec le téléphone portable, l'Ipod, etc. De son côté, Acer a passé un contrat avec Ferrari.

Le deuxième domaine est celui des performances luxueuses de certains équipements de haute fidélité. Cette dernière est née initialement avec la télévision qui a tout de suite été un produit de grande consommation. Elle s'est orientée vers les chaînes acoustiques haute fidélité, les baladeurs, les lecteurs, les caméras, la vidéo. Aujourd'hui, grâce au numérique, la convergence est totale entre le téléphone et l'image. Les transmissions de toutes les images (sur le 3 G par exemple) sont déjà là, en attendant que nos maisons soient transformées en salles de projection miniatures ou grandioses suivant nos moyens. Les principaux acteurs pour le son et l'image sont Sony, Apple et Bang & Olufsen, ainsi que quelques produits de Philips et de Thomson ; pour le téléphone

Vertu (qui a lancé les téléphones portables de luxe) de Nokia ; et pour le multimédia Asus ou Jamo.

> Une mention spéciale doit être faite pour Bang & Olufsen, créé en 1925 par deux Européens Peter Bang et Svend Olufsen. Développée à partir de 1962, cette maison comporte aujourd'hui 68 implantations qui offrent le cinéma à domicile, des appareils alliant performances techniques, esthétique et art de vivre.

Les innovations technologiques n'ont pas fini de nous surprendre, notamment par l'invention du numérique qui va bouleverser la production et la diffusion se traduisant sans doute à terme par la disparition de la pellicule argentique.

Faudra-t-il un jour classer le cinéma comme un produit de luxe avec un chiffre d'affaires en France de un milliard d'euros, douze fois moins que les parfums, comme le sont devenus le théâtre et l'opéra ? Il faut rappeler que le chiffre d'affaires des DVD qui permettent de voir les films chez soi, a dépassé celui du cinéma – le marché s'orientant notamment autour du cinéma à domicile – et que le téléchargement par Internet est en train de transformer l'utilisation des images et de la musique, ce qui pose des problèmes difficiles à résoudre de paiement des redevances et par voie de conséquence de piratage.

Les appareils vidéo représentent plus de 55 % du marché total. La catégorie des produits audio a, pour sa part, représenté un peu plus d'un tiers des ventes totales. Les ventes de produits nomades (baladeurs, CD portables…) progressent. Mais il ne s'agit pas à proprement parler de produits de luxe, puisque, dans toutes ces catégories, beaucoup d'articles se banalisent. Là encore, la frontière entre luxe et non-luxe est difficile à tracer.

Les parfums et cosmétiques

Avec 13 milliards d'euros pour la France, il s'agit après les vins et spiritueux du plus fort chiffre d'affaires de luxe dans notre pays. Nous n'avons retenu pour nos chiffres que la partie sélective des parfums et cosmétiques.

Il est surprenant de noter que la grande parfumerie française est une invention du XXe siècle. En un peu plus de cent ans, les parfumeurs ont transformé en une industrie d'art ce qui était avant tout un artisanat. Cette industrie est marquée par l'éclatant succès de la société française L'Oréal, première affaire mondiale de parfums et de cosmétiques. Pour la distribution on peut citer Sephora et Marionnaud.

Cette parfumerie moderne est un mélange intuitif d'art et de science. Aussi longtemps que les conventions obligèrent les parfumeurs à reproduire les odeurs simples des fleurs, il demeura peu de place pour l'originalité. Une rose sent la rose, mais un grand parfum… crée une émotion. Le développement d'une vaste palette de produits chimiques aromatiques donna aux parfumeurs les moyens d'ajouter une nouvelle dimension, du caractère, de la nouveauté et de la ténacité aux senteurs de la nature.

La nature devint un réservoir de molécules synthétiques à explorer. De nouvelles matières premières furent proposées aux parfumeurs, car les chercheurs se penchaient sur les éléments chimiques des huiles essentielles naturelles. Les scientifiques isolaient par analyse puis synthétisaient un par un les éléments que la nature avait combinés pour réaliser les senteurs originales.

Rappel historique

1905 : François Coty. *« L'origan et le chypre furent ses deux œuvres maîtresses »*.

1912 : L'Heure bleue. Créé par Jacques Guerlain.

1919 : Mitsouko. Il représente la première liaison harmonieuse avec une matière première naturelle. Créé par Jacques Guerlain.

1921 : Chanel N°5. Chanel découvrit toutes les vertus du lien entre le parfum à la haute couture. Le jasmin et l'ylang-ylang sont les clés du N°5 de Chanel. Ce parfum entra en 1959 au Musée d'art moderne de New York, fut immortalisé par Andy Warhol. Lorsque Marilyn Monroe succomba à la légende (elle portait ce parfum comme simple tenue de nuit), le monde entier tomba amoureux du N°5 qui reste un des parfums les plus célèbres du monde.

1925 : Shalimar. Le mot signifie « la demeure de l'amour » en sanscrit. Créé par Jacques Guerlain.

1927 : Arpège. Arpège fut le trésor de Lanvin. La subtilité de l'accord d'Arpège permit aux parfumeurs de s'en inspirer pour créer une succession de chefs-d'œuvre : Detchema (1953), Madame Rochas (1960), Calandre (1969), Rive Gauche (1971) et White Linen (1978). L'équivalent de quelque trois mille fleurs fleurissent maintenant dans chaque flacon de 100 ml.

1934 : Pour un Homme, de Caron. Il est le premier véritable parfum pour homme et reste depuis ce jour le grand classique masculin. Ce parfum représente 40 % des ventes de la maison Caron.

1935 : Joy. Il immortalisa le nom de Jean Patou.

1944 : Femme. Les femmes, la couture et les parfums étaient inséparables dans l'esprit de Rochas. *« On doit sentir une femme avant même de la voir »*, aimait-il à dire.

1947 : Miss Dior.

1948 : L'Air du Temps de Nina Ricci. Robert Ricci disait : « *L'harmonie qui doit exister entre le parfum, son nom, sa présentation et la manière dont il est décrit au public, joue un rôle très important.* »

1954 : Calèche, parfum qui évoquait la légitimité de sellier de Hermès qui fut le premier à démontrer que les selliers ou les chausseurs pouvaient entrer avec succès sur le marché des parfums.

1961 : Pour Clarins, les produits phare furent la crème déshydratante, minceur visage, raffermissante nuit, anti-rides, l'huile « tonic », le gel buste super-raffermissant.

1965 : Habit Rouge. Le parfum créé par Jean-Paul Guerlain pour les hommes.

1966 : Fidji. Ce parfum reliait la marque de Guy Laroche au rêve des « îles heureuses ». Le nom sonnait aussi bon en anglais. Il évoquait les lointains avec une aura de mystère, c'était un mythe. On utilisa le slogan « la femme est une île, Fidji est son parfum ».

1969 : Calandre de Paco Rabanne. 1969 fut une année innovante dans une décennie en rébellion. Quatre personnes étaient responsables d'une mode plus jeune, plus vivante et plus accessible : Paco Rabanne avec ses robes faites de plaques métalliques ; Mary Quant avec ses minijupes ; Courrèges avec ses vêtements lunaires et ses bottes blanches montantes et Vidal Sassoon avec ses coiffures sculptées. Paco Rabanne imagina un parfum extraterrestre pour le XXIe siècle.

1969 : Chamade de Guerlain. Une histoire romantique de la romancière Françoise Sagan inspira le parfum. Le mot « chamade » est aussi symbole d'une époque. « *À la fin des années 1960, tous nos cœurs battaient la chamade*, rappelle Philippe Guerlain. *C'était une période splendide, intellectuellement et artisti-*

quement. Il n'y avait pas de crise économique. Nous travaillions sur Chamade pendant l'insurrection de 1968. Les événements comme ceux-là ont une influence sur un parfum. Le parfum est une œuvre d'art, le fruit d'une création et d'une inspiration, relié à des choses étant réellement arrivées. » Avec Chamade ce n'est plus « bonjour tristesse » mais « bonjour richesse ».

1971 : Chanel N°19. Coco Chanel continua à conseiller la société de parfums et exagérait son rôle de muse. « *Mademoiselle voulait l'appeler Coco, comme la comédie musicale, explique Robert Chailler. Nous n'acceptâmes pas. Coco ne voulait pas dire grand-chose. Un jour, ayant déjà commandé les étiquettes portant le nom Coco, elle décida qu'en fait, il ne convenait pas. Elle le nomma donc N°19.* »

1973 : Dior. Depuis 1973, Dior possède son propre centre de recherche en cosmétologie. Pluridisciplinaire, il regroupe une équipe de 160 chercheurs, biologistes, médecins, pharmaciens, chimistes et physio-chimistes.

1975 : La marque Sisley entre en lice. L'originalité de ses produits de beauté repose sur l'utilisation d'extraits naturels de plantes et d'huiles essentielles. Ses produits phare sont : eau florale, gel express aux fleurs, hydra-flash, crème phyto-aromatique soin intensif de jour, crème réparatrice au beurre de karité, sysleya global anti-âge.

1976 : First de Van Cleef & Arpels. Son auteur écrira : « *Je rêvais d'un parfum qui soit à l'image de nos bijoux : discret mais précieux, aérien mais vraiment présent. Un parfum aussi universel que la signature.* » Ce fut un des premiers parfums de grand joaillier.

1977 : Opium. Il a révolutionné la parfumerie. La synergie parfaite de son parfum, du nom, du flacon, de son prix et de sa publicité a bouleversé la présentation et le marketing des parfums de prestige. Le nom Opium, choisi par Yves Saint Laurent, stupéfia la très conservatrice Squibb Corporation à l'époque propriétaire d'E.R. Squibb & Sons, le conglomérat pharmaceutique et de Charles of the Ritz, qui possédait les parfums Yves Saint Laurent. Opium représentait une vision orientaliste d'amour, d'enchantement et de mode et non pas une drogue. Jean-Claude Ellena estima : « *La femme devient un être à part, son parfum est quelque chose de mystérieux, de magique, de sacré ; le posséder permet d'atteindre un plan spirituel plus élevé en quête de l'absolu.* »

1978 : Anaïs Anaïs. Le début des années 1970 vit une révolution dans la mode : une explosion de collections de prêt-à-porter offrant des noms prestigieux à des prix abordables. Vers la fin des années 1960 le style caractéristique de Cacharel émergea. Annette Louit, directeur général des parfums Cacharel, écrivait : « *Très peu de jeunes filles allaient dans les parfumeries traditionnelles, parce qu'elles n'y trouvaient pas ce qu'elles cherchaient. Si nous voulions réussir, nous devions trouver une nouvelle façon d'attirer les jeunes avec un parfum de qualité.* » Ce fut le premier parfum à être lancé dans la grande distribution par le groupe L'Oréal. Anaïs, la déesse grecque de la fertilité et de la mort. Anaïs Anaïs : d'un seul coup, on avait exprimé la dualité innocente et sensuelle de la femme Cacharel. La répétition de ces sons riches en voyelles transforma le nom en incantation. L'Oréal était spécialisé dans les produits à temps de réponse rapide. Les études de marché étaient employées de façon courante, et Anaïs Anaïs et son concept furent soumis à tous les tests. C'est le parfum « mercatique » type.

1981 : Must de Cartier. La marque Cartier Parfums fut déposée en 1978. En 1981, Alain-Dominique Perrin engagea Claude Saujet, qui avait créé First de Van Cleef & Arpels. Pour lui,

344

« la femme de Cartier est une femme sophistiquée, élégante, qui aime les bijoux, les voyages et les choses belles. Il fallait trouver quelque chose de nouveau réussissant à intriguer une cliente aussi sophistiquée. » Ce fut un succès.

1983 : Paris. Paris démontrait qu'il était encore possible d'ajouter une nouvelle facette olfactive à la grande famille des roses. Le nom était l'idée de Saint Laurent : *« Je veux l'appeler Paris, parce que Paris est la ville que j'aime. Paris, c'est la Parisienne que j'admire tant »*, confia-t-il à son directeur du marketing Chantal Roos, qui avait aussi travaillé avec lui sur le succès d'Opium.

1985 : Poison. C'était aussi le premier parfum moderne à utiliser tous les médias de l'époque. Le but : créer un parfum à l'impact dramatique, qui pourrait raviver le dynamisme du nom de Dior. Maurice Roger confia : *« Je tournais dans ma tête l'idée de la séduction, qui conjugue amour et agression. »* Poison est à la parfumerie ce que Sagan est à la littérature, Jean-Michel Jarre à la musique et César à la sculpture.

1988 : Fahrenheit. Le créateur fragrance de ce nouveau parfum Christian Dior est Jean-Louis Sieuzac Florasynth.

1990 : Trésor. En 1964, le groupe L'Oréal racheta Lancôme. Le lancement de Trésor marqua une nouvelle génération de parfums Lancôme.

1992 : L'Eau d'Issey. *« Pour beaucoup, dans l'industrie, les notes d'ozone (ou les notes marines) sont ce qui définit la parfumerie américaine d'aujourd'hui,* affirmait Harper's Bazaar en 1993. *Le succès d'Eau d'Issey transforma un phénomène américain en une tendance universelle en l'honneur du couturier Issey Miyake. »*

1992 : Angel. Depuis les fruits exotiques appétissants jusqu'à la succulente vanille, du chocolat au caramel, de la praline à la pâtisserie, les parfumeurs, au cours des années 1990, ont offert une série délicieuse de ce que le psychologue Joachim Mensing appelle « *des desserts olfactifs* ». Thierry Mugler, créateur d'images, est le directeur artistique de ses campagnes publicitaires et souvent leur photographe.

1996 : Organza. Givenchy lance ce parfum qui s'impose en trois dimensions sous la forme d'une déesse de cristal pur et sablé, inspirée des colonnes antiques grecques.

1996 : Allure. Créé par Jacques Polge ouvre le passage de Chanel dans le XXIᵉ siècle. Inspirée par l'esprit de Chanel, cette fragrance évoque l'élégance du comportement, une simplicité dans l'art d'être soi-même.

1997 : Lolita Lempicka crée à son tour le parfum qui porte son nom.

Sonia Rykiel. « *Le parfum, ça se met sur la peau, contre la chair, sous le pull-over, ça s'enroule, ça vous suit, ça vous poursuit* » dit Sonia Rykiel. La célèbre créatrice parisienne a donc imaginé une fragrance comme on invente un pull, dont le flacon emprunte d'ailleurs la forme. Elle l'a voulu séductrice, légère, chaude, gaie et chic.

1999 : Allure de Chanel (Homme). Après l'allure féminine, Chanel se penche sur celle de l'homme. Comme le féminin, le secret d'Allure pour homme réside en une subtile alliance de notes à la fois fraîches et sensuelles, aériennes et tenaces. Un parfum indéfinissable mais qui, pourtant, fait toute la différence. La définition même de l'allure !

J'adore de Dior. Lancé en 1999, J'adore est rapidement devenu un classique de la parfumerie, composé d'un bouquet floral très féminin, aux accents fruités et boisés, dans un surprenant flacon hors du temps. Une amphore de verre surmontée d'un bouchon, fait de colliers d'or, et d'une bulle de verre.

© Groupe Eyrolles

346

Fragile de Jean-Paul Gaultier. Fidèle à son habitude, Jean-Paul Gaultier attise la curiosité en jouant avec nos souvenirs. Son flacon-objet amuse et intrigue. Sa fragrance particulièrement féminine est construite autour de la tubéreuse, fleur capiteuse mythique, dont le parfum était autrefois interdit aux jeunes filles. Son étui de carton kraft renforce le concept de Fragile dans une cohérence aussi parfaite que surprenante.

Coco Mademoiselle de Chanel. Ce parfum incarne toute la modernité de l'esprit de Mademoiselle Chanel. Une femme audacieuse et déterminée, dont la farouche indépendance ne l'empêcha pas d'être une séductrice qui fascina les hommes. Des valeurs toujours chères aux femmes du XXIᵉ siècle que Chanel réaffirme dans ce parfum.

2006 : Délices de Cartier. Dans son flacon façonné à la manière d'un bijou en forme de fruit rouge, Délices est un floral fruité envoûtant. Un parfum vibrant, sensuel et féminin paré de fantaisie et de douceur gourmande. Enchanteur, espiègle, séducteur, Délices s'impose comme une effronterie olfactive[1].

Avec, comme nous l'avons vu, 13 milliards d'euros en 2005 et plus de 90 000 salariés, les entreprises françaises sont à l'origine de près de 30 % des échanges mondiaux et conservent ainsi leur rôle mondial de pointe avec une activité en croissance de 5 % par an et un excédent commercial de 1 milliard d'euros. L'industrie de la parfumerie et de la cosmétique de luxe est le quatrième exportateur net en France. Elle s'accompagne d'un phénomène récent : les cures de thalassothérapie (et récemment de vinothérapie avec Caudalie), les fameux spas, liées au tourisme de luxe.

---

1. Beaucoup d'autres parfums auraient mérité de figurer sur cette liste, mais il fallait respecter les équilibres entre les secteurs.

Elles dynamisent encore ce secteur où la France a pris de l'avance grâce à des centres très emblématiques dont le groupe hôtelier français Accor (premier européen) a pris la tête.

Les œuvres d'art

La France se situe parmi les premières places mondiales du marché de l'art :

- en valeur, avec 7,2 % des parts de marché, la France constitue la 3ᵉ place mondiale, toutefois loin derrière les États-Unis (46,3 %) et le Royaume-Uni (26,9 %) ;
- en volume, c'est-à-dire en nombre de transactions, elle occupe le 1ᵉʳ rang mondial avec 19,4 % du nombre de transactions, devant le Royaume-Uni (15,8 %) et les États-Unis (14,8 %).

Alors que les ventes de prestige sont principalement le fait des places américaines et britanniques, le marché de l'art en France est avant tout un marché de volume (vente de nombreuses œuvres d'art à prix modéré).

L'ouverture du marché de l'art français par la réforme du statut des commissaires-priseurs, l'entrée de Sotheby's et de Christie's à Paris ont entraîné une élévation de la quantité et de la qualité des ventes sur la place française. Semaine après semaine, le marché de l'art se déplace, essentiellement entre les trois premières places mondiales, New York, Londres et Paris. Le marché parisien des ventes d'œuvres d'art est très saisonnier, avec des records d'échanges de lots en mars et en juin, mais d'une faible valeur relative. Le mois de novembre, lui, enregistre des échanges de plus grande valeur. Mais c'est la faiblesse du dollar qui est une des principales raisons du succès de New York.

Pour être complet, il faudrait dire un mot des antiquaires et des galeries qui sont particulièrement actifs en France *via* notamment, des salons et des foires (salons des antiquaires, Fiac, etc.).

Quelques-uns des montants des ventes aux enchères de dix artistes en 2004…

- Picasso Pablo (1881-1973) : 240 millions $
- Monet Claude (1840-1926) : 80 millions $
- Warhol Andy (1928-1987) : 77 millions $
- Renoir Auguste (1841-1919) : 44 millions $
- Modigliani Amedeo (1884-1920) : 42 millions $
- Matisse Henri (1869-1954) : 38 millions $
- Gauguin Paul (1848-1903) : 38 millions $
- Sargent John Singer (1856-1925) : 37 millions $
- Degas Edgar (1834-1917) : 31 millions $
- Miro Joan (1893-1983) : 30 millions $

Sur une plus longue période, il faudrait ajouter Van Gogh qui a connu des records d'enchères.

Le marché du sport

Le marché du sport de luxe concerne essentiellement le golf et le polo, puisque la voile et le yachting ont été traités à propos des moyens de transports. Quelle que soit la catégorie dans laquelle on les place, ces sports ont des répercussions à la fois sur le matériel et sur les habillements.

Voici les dix sports dont le taux de croissance sera le plus élevé d'ici à 2010. À part le golf, on peut constater que les sports d'avenir sont plutôt des sports populaires qui ne sont pas susceptibles d'intéresser des marques de luxe y compris pour leur communication. C'est une des raisons pour laquelle le mécénat du luxe ira préférentiellement dans le domaine culturel et artistique, comme c'est le cas de la Fondation Cartier, qui investit de 5 à 10 millions d'euros dans ce secteur par an.

1. Marche à pied sportive ;
2. Patins ;
3. Snow-board, ski ;
4. Football ;
5. Golf ;
6. Basket-ball ;
7. Randonnée, trekking ;
8. Musculation ;
9. Beach-volley ;
10. Hockey.

Les grandes marques et les douze secteurs du luxe

De l'inventaire qui va suivre, on retiendra que les marques françaises qui ont réussi à s'imposer dans le classement des marques mondiales sont essentiellement des marques de luxe. En effet, le classement annuel réalisé en 2006 par Interbrand sur la valeur des cent plus grandes marques mondiales montre que les Américains dominent totalement ce classement avec 51 marques dont 11 dans les 15 premières (Coca-Cola, Microsoft, IBM, Intel, Disney, Google). Les Français arrivent à imposer neuf de leurs marques, essentiellement grâce au luxe. Le groupe LVMH en place trois : Vuitton (17ᵉ rang) avec une valeur de 17,6 milliards de dollars, Hennessy au 83ᵉ rang avec 3,57 milliards et Moët & Chandon au 87ᵉ rang avec 3,25 milliards. Les autres marques sont Gucci (PPR) au 46ᵉ rang, L'Oréal au 50ᵉ rang, Chanel au 61ᵉ rang, Hermès au 81ᵉ rang, Cartier au 86ᵉ rang. Il ne faut pas attacher à ces classements et à ces estimations trop d'importance car d'autres critères entrent en jeu, comme la notoriété, mais ils constituent un certain baromètre soumis à évolution[1].

Par ordre alphabétique, les douze secteurs du luxe sont l'art de la table, l'automobile de luxe, c'est-à-dire les transports de luxe (dont avions et yachts), les cosmétiques et parfums, la couture et accessoires, la gastronomie, la haute fidélité, les sports de luxe, les vins et spiritueux, l'horlogerie et la joaillerie, les œuvres d'art, la maroquinerie et les bagages, le tourisme et les loisirs.

On retrouvera la récapitulation de tous ces secteurs dans l'annexe. Notons qu'après les secteurs plus larges du tourisme, de l'automobile, de l'espace et de l'industrie agroalimentaire, le secteur du luxe est bien placé, particulièrement dynamique et apporte une contribution non négligeable à notre balance commerciale, notamment grâce aux vins et spiritueux et aux parfums. Malgré une certaine diminution de la place relative de la France dans cette économie (la France représentait 50 % du secteur du luxe il y a cinquante ans, elle représente aujourd'hui 35 %), mais dans un marché qui a beaucoup augmenté nos perspectives sont plutôt encourageantes, notamment grâce aux grands groupes, à l'excellence des affaires familiales et aussi à un réel intérêt pour ce secteur de la part des

---

1. Cité par *Le Figaro*, supplément économique du 31 juillet 2006.

jeunes, qui s'est traduit pas la création de nombreux enseignements spécialisés dans le luxe, notamment le MBA luxe de l'Institut supérieur de marketing de luxe présidé par Michel Guten. Ce dernier, créé à l'initiative d'Alain-Dominique Perrin et sponsorisé par Cartier, a formé depuis plus de quinze ans près d'un millier de cadres du luxe dont le millier de « mémoires » constitue aujourd'hui un « thésaurus » unique pour la problématique actuelle du luxe en France et dans le monde et dont les chercheurs devront s'inspirer un jour.

Et le luxe dans tout cela ?

On peut tirer comme première leçon de ce panorama du XXe siècle que le luxe n'est plus univoque et homogène. Il n'y a plus un seul luxe mais une douzaine qui ont chacun leur spécificité, leurs caractéristiques et leur vertu, certains étant d'ailleurs – comme les parfums, vins et spiritueux – plus accessibles que d'autres comme la haute joaillerie, les voitures ou les yachts de luxe qui constituent véritablement le haut luxe[1]. Il faut reprendre à ce propos les distinctions que nous avons établies sur les trois cercles du luxe ; le super luxe, le luxe d'exception, le luxe accessible. ∎

---

1. Voir à ce sujet Jean Castarède, *Que sais-je*, 3e édition, 2004, p. 64.

Conclusion

Avant d'indiquer le rôle du luxe et la légitimité de la France dans ce domaine, il est bon de rappeler que le luxe s'inséra dans la grande quête de l'humanité pour le progrès par les découvertes.

Le luxe s'inscrit dans les grandes découvertes de l'humanité

Chaque période de l'humanité est caractérisée par une invention. Ces découvertes concernent quatre améliorations, celle de la force physique de l'homme, de son intelligence, de sa santé, de sa beauté.

Dans le premier domaine, il faut placer la roue, puis tout ce qui a concerné la navigation, les transports, les machines, en passant par les explosifs et la poudre, enfin le moteur et toutes les nouvelles sources d'énergie. Dans tous les cas, il s'est agi d'amplifier la force humaine et tous nos gestes pour augmenter notre puissance physique.

Pour notre intelligence, sans parler de la mesure du temps, trois inventions ont été déterminantes : l'écriture remontant à plus de 5 000 ans, l'imprimerie qui a permis la reproduction des écrits en 1492 et, tout récemment, Internet et la convergence numérique, c'est-à-dire la possibilité de faire circuler les écrits, les images et les sons sur un même support immatériel et numérique. Nous n'avons pas encore mesuré la portée de cette dernière révolution dans laquelle nous venons juste d'entrer.

En matière de santé, l'obsession de l'homme a toujours été de prolonger sa longévité et de se protéger des maladies. Depuis le serment d'Hippocrate qui a fondé les principes de la médecine au service de l'homme, de grandes découvertes ont eu pour but d'apaiser nos souffrances. Au XVIe siècle, même si cela fait sourire, Jean Nicot, notre ambassadeur au Portugal, conseille à Catherine de Médicis le tabac pour calmer ses maux de tête. Aujourd'hui, la situation s'est inversée et les mises en garde contre le tabac nous le rappellent. En effet, il faut rendre hommage à la science médicale qui a fait d'énormes progrès grâce à des savants comme Pasteur ou Claude Bernard et à des inventions déterminantes comme les antibiotiques. Il reste encore beaucoup à faire notamment dans la lutte contre le cancer et d'autres maladies.

Reste un quatrième domaine : celui des améliorations apportées à notre capacité de développer nos cinq sens et notamment à mieux mettre en valeur nos aspects physiques, notre environnement et nos qualités gustatives. C'est là que nous entrons dans l'univers du superflu et donc du luxe. Il était d'ailleurs, partie prenante des trois premiers domaines (énergie, intelligence, santé), y compris pour la mesure du temps.

Les trois domaines – énergie, intelligence, santé – font partie de ce qui est indispensable pour progresser. Le dernier secteur touchant à l'univers du luxe n'est pas, à proprement parler, nécessaire à notre progrès bien qu'il ait toujours accompagné l'évolution de la société et servi de support aux civilisations. En effet, tout ce qui concerne le goût, par les progrès de la cuisine, l'embellissement de la personne (par les parures, les bijoux, les parfums), ou de l'habitat et de l'environnement (par la décoration, l'architecture, les œuvres d'art), a précédé, comme nous l'avons rappelé (aussi bizarre que cela puisse paraître), toutes les autres inventions que nous avons déjà citées. Cela peut sembler curieux, s'agissant d'un superflu lié à l'embellissement sous toutes ses formes. Il ne faut donc pas cantonner le luxe à l'art de la séduction encore qu'il fasse partie d'une des pulsions fondamentales de l'individu. Comme nous l'avons vu, nous retrouvons cette volonté esthétique non seulement dans la première figurine humaine remontant à 20 000 ans avant notre ère, « la dame à la capuche » à cause des tresses de sa chevelure, mais aussi dans les gravures rupestres de Lascaux, 30 000 ans. C'est toujours cette même volonté de l'homme d'embellir son univers pour mieux se mettre en valeur ou de raconter des histoires de luxe, comme celles de la chasse avec la reproduction des animaux.

On ne peut donc séparer les différentes inventions du luxe, qu'il s'agisse de celles des pyramides, des cathédrales, des parfums, de la soie, de la céramique, des autres grandes découvertes qui ont balisé les grands tracés de l'humanité. Souvenons-nous de la belle phrase de Dostoïevski : « *La beauté sauvera le monde.* » Au risque de scandaliser, on pourrait dire qu'elle s'applique aussi au luxe. Et en tout cas, sans luxe, le monde ne sera pas sauvé. On l'a bien vu dans l'échec des sociétés totalitaires.

Le luxe est un facteur d'épanouissement personnel

La notion de luxe qui était davantage un comportement, une attitude et une philosophie liés au pouvoir et à la volonté de paraître ou de dominer, est devenue à la fin du XIXᵉ siècle et au long du

XXe siècle, une capacité d'acquérir des objets qui, après avoir fait rêver, sont, pour certains, de plus en plus accessibles. Il en résulte, vis-à-vis du luxe, plusieurs attitudes, d'autant plus que les comportements sont variables suivant les domaines auxquels il s'applique. De nos jours, il n'y a plus un luxe, mais des luxes correspondant à différentes couches de sociétés ou à différentes motivations.

En deuxième lieu, à la faveur de la mondialisation, le luxe s'est généralisé. La France, qui avait une position dominante (environ 50 % de la production), a vu son importance relative diminuer au profit de nouveaux entrants : USA, Asie et autres pays européens. De la même manière, de nouveaux pays – le Japon puis la Russie et surtout la Chine, et un jour d'autres pays comme l'Inde, le Brésil, le Mexique – vont devenir à la fois des producteurs et des clients. Le luxe les intéresse donc par-dessus tout et ils disposent d'atouts dont il va falloir être conscient ; d'où la nécessité pour eux de créer des stratégies et des formations adaptées.

En troisième lieu, la véritable attente du luxe va peut-être changer. Il s'agira sans doute d'un retour aux sources. Les comportements seront détachés d'actes d'achat et s'appuieront sur des attitudes intérieures, des volontés de trouver de nouveaux modes de vie fondés sur l'échange, la beauté, la culture, l'épanouissement de notre identité confrontée à celle d'autrui. Puissent de nouveaux pionniers du luxe faire découvrir à nos semblables les voies et moyens de ces sentiers dont la France pourrait continuer à être le creuset, à condition qu'elle ne se cantonne pas à la visite de ses musées ou de ses monuments mais fasse preuve de créativité, d'imagination et d'efficacité.

Que va devenir le luxe à l'orée du XXIe siècle ? Nous serions tentés de répondre que, dans un environnement moral et socio-économique où le citoyen consommateur est désenchanté, voire chroniquement inquiet, il est permis de penser que le luxe peut constituer une réponse à cette inquiétude que le sociologue Robert Eleguy appelle la *société de consolation* du moins pour les sociétés développées. Le luxe serait alors un concentré de plaisir, une récompense que l'on s'accorderait personnellement dans une société de plus en plus anxiogène et de moins en moins gratifiante. On a cru que tout était possible et l'on s'aperçoit que la vie sans effort, sans renoncement, sans maîtrise de soi et de ses instincts n'est qu'un leurre et une illusion. Alors, on cherche des dérivatifs, Pascal l'avait dit il y a bien longtemps. Il ne reste plus à l'homme qu'à s'étourdir pour oublier son destin, la mort et la souffrance. C'est aussi ce que le sociologue Gilles Lipovetsky a écrit : « *N'ayant plus foi en un avenir qui serait mécaniquement meilleur et plus juste, il reste pour les individus, l'espoir d'un mieux-être, la fête des sens, l'attente des beautés qui nous sortent de la grisaille du quotidien. Le luxe n'est plus la part maudite, mais la part du rêve, de l'excellence et du superlatif dont l'homme a besoin.* » Même si cela peut paraître un peu choquant dans un monde marqué par de grandes inégalités sociales et économiques, et où de graves menaces pèsent sur nous, cela est une réalité, bien que ce soit un peu réducteur. N'oublions pas que le luxe est aussi un ferment de créativité et d'intériorité.

Pourtant, la motivation de plaisir est devenue aujourd'hui l'une des premières motivations d'achat du luxe auprès des acheteurs traditionnels. Selon une étude de la « société Ipsos France » sur les hauts revenus 2005, le luxe serait avant tout associé à un plaisir personnel (55 %) destiné à éviter une forme de désœuvrement. Le luxe interviendrait alors comme une alternative à l'oisiveté, comme un divertissement, au sens pascalien du terme qui nous permettrait d'éviter d'être exposé à nous-même et à notre condition. Il ne faut donc pas être systématiquement pessimiste ou critique face à cette société de luxe ; elle est aussi un ferment de progrès comme l'a démontré « La fable des abeilles » de Mandeville. Comme toujours, c'est une question de dosage : le luxe est aussi une forme de bonheur et de bonheur que l'on peut apporter aux autres. N'est-ce pas Shakespeare qui écrivait : « *Retirez à l'homme le superflu, vous lui ôtez sa part d'honnêteté* » ? Comme on le voit, le problème reste d'actualité. C'est toute l'ambiguïté de la société contemporaine.

La France doit tout faire pour conserver sa légitimité en matière de luxe

Au terme de ce survol, une dernière question se pose. Elle m'est posée au cours des différentes conférences que je fais sur ce thème dans différentes capitales du monde : pourquoi la France a-t-elle si bien réussi dans le domaine du luxe ? On se souvient de la phrase de Georges Pompidou, président de la République, dans une de ses conférences de presse : « *Chère vieille France, la bonne cuisine, les Folies Bergère, le gai Paris, la haute couture et de bonnes exportations du cognac, du champagne, des bordeaux ou du bourgogne ! C'est terminé. La France a commencé et largement entamé une révolution industrielle* »[1]. Il s'était, d'une certaine manière, gendarmé contre l'image luxueuse de notre pays voulant montrer par là que nous avions aussi des atouts dans la haute technologie, l'espace, l'automobile ce qui est indéniable puisque nous triomphons aussi dans

© Groupe Eyrolles

---

1. Cité par Jean Castarède, *Que sais-je, op. cit.*, p. 114.

le monde grâce à ces produits. C'est toujours le même débat, celui de « La fable des abeilles » de Mandeville et la même difficulté lorsque l'on parle de luxe dont la connotation n'est pas toujours valorisante. Par ailleurs, dans les écrits récurrents qui fleurissent régulièrement sur le déclin de notre pays, le thème de la France condamnée à terme à devenir un « pays musée » que les habitants de la planète visiteraient à cause de son climat, de ses monuments, de sa gastronomie et de sa joie de vivre contribue à dévaloriser le secteur du luxe comme étant le résultat du passé et non la marque de l'avenir. Il n'en est rien et les inventions en matière de luxe ont jalonné toutes les civilisations. Mais il nous faut être toujours vigilants sur les nouvelles tendances et les nouveaux produits. Réussir en matière de luxe n'est nullement un signe de régression. Il ne faut donc pas être manichéens. Et n'oublions pas que le luxe est aussi une industrie ; il faut tout faire pour rester performants en cette matière en s'appuyant sur nos atouts.

Notre réussite en matière de luxe s'explique par des facteurs historiques, géographiques, sociologiques et humains. Nous devons rester attentifs pour les conserver et confirmer notre légitimité dans ce domaine.

L'emplacement de la France en zone tempérée, ce mélange harmonieux de paysages ruraux, mais aussi de montagnes et de côtes maritimes a servi nos habitants à acquérir plusieurs disciplines et plusieurs métiers qu'ils ont ouverts en même temps sur le monde en acceptant aussi les apports étrangers. S'il fallait définir un emplacement géographique idéal pour le luxe, ni trop chaud ni trop froid, avec des paysages variés, la France emporterait sûrement la palme. L'apport de l'étranger, nous l'avons vu, c'est celui de l'Italie avec ses parfums et son art que nous avons adopté au XVIᵉ siècle.

Le deuxième atout de la France a été son histoire qui progressivement s'est construite autour d'une autorité royale qui a voulu à
tout prix assurer à notre pays son unité, en se défendant des invasions extérieures et en imposant à l'intérieur un développement
administratif, économique grâce à des grands commis de l'État
dont les trois plus célèbres ont été Sully, Richelieu et Colbert.
Ainsi, ce que l'on a qualifié de colbertisme a sûrement conforté
notre vocation luxueuse grâce aux manufactures, mais aussi à la
protection de certains produits et à l'instauration d'une véritable
politique industrielle du luxe. Le colbertisme, c'est aussi un
modèle français fondé sur une régulation administrative orientant
non seulement la fabrication mais aussi l'utilisation du luxe pour
éviter le gaspillage ; d'où les lois somptuaires qui ont toujours
existé sous l'ancien régime. Si l'agriculture française doit beaucoup
au protectionnisme des lois Meline, prolongé par les montants
compensatoires de l'Union européenne, le luxe doit aussi aux
« édits somptuaires » qui condamnaient les excès en cette matière,
et de ce fait canalisaient mieux les productions au même titre que
les manufactures royales. Ce système organisationnel un peu
particulier et critiqué de nos jours, car peu conforme à la doctrine
libérale pure, a donc, d'une certaine manière, conforté notre vocation luxueuse.

Outre les facteurs géographiques, historiques, organisationnels,
le quatrième facteur déterminant a été celui de la culture et de la
distraction. N'oublions pas que nous avons été le pays qui a
inventé le cinéma avec les frères Lumière et que ce qu'il est
convenu d'appeler l'exception culturelle nous vaut aujourd'hui
d'être la troisième industrie mondiale du cinéma loin derrière, il
est vrai, les USA et, dans une moindre mesure, l'Inde. Mais à
l'époque des frères Lumière, Paris était la capitale de la peinture

avec les impressionnistes, de la culture avec sa littérature et de la distraction avec les cabarets. Elle a continué avec l'école de Montparnasse et, après la guerre de 1939-1940, avec les philosophes existentialistes et la deuxième école de peinture. Le fait que des peintres comme Picasso, Modigliani et plus tard, en 1948, le peintre d'origine chinoise Zao Wou-Ki, se soient installés en France a sans doute plus servi pour notre rayonnement que tous nos efforts capitalistiques pour conquérir des marchés. Hemingway écrivant son livre *Paris est une fête* a sûrement incité plus tard des couturiers comme Christian Dior à inventer des modèles « new look » en harmonie avec l'existentialisme des caves de Saint-Germain-des-Prés. Aujourd'hui, la musique « pop » des USA sert de support au cognac et il faut s'en réjouir pour ce produit. Mais autrefois le monde entier fredonnait les airs de Maurice Chevalier, Édith Piaf, Yves Montand, Charles Trenet, Aznavour. La conquête des marchés passe par notre culture.

Reste la dernière question. Le luxe français est-il menacé par la suprématie américaine de la musique, d'Internet et de Google d'une part, ou la montée des nouveaux entrants comme les Bric (Brésil, Russie, Inde, Chine) d'autre part ? Il y a contre ces dangers quatre parades.

La première, c'est d'aborder à notre tour ces marchés et de ne pas avoir peur de leur concurrence en intégrant, comme nous l'avons fait au XVIᵉ siècle, les apports de l'étranger tant sur le plan humain que matériel.

La deuxième, c'est d'être vigilant sur les nouvelles frontières du luxe qui passent sûrement par les nouveaux supports de la distraction, des loisirs, de la communication. Le luxe sur soi va sans doute perdre son importance au profit du luxe pour soi ou chez soi.

La troisième action consiste à faire resurgir le passé. Faisons tout pour que le luxe conserve son dynamisme fondé sur son histoire. La communication la plus valorisante pour une marque de luxe c'est de rappeler son histoire, car non seulement elle fait percevoir ses racines, mais également elle est cohérente avec ce que l'on peut appeler l'ADN de la marque. Puisse ce livre inviter les maisons de luxe à se pencher davantage sur leur histoire, en créant notamment en leur sein une fonction de « *conservateur de leur patrimoine* »[1].

La quatrième action doit consister à maintenir notre pays en état d'excellence culturelle. Le grand Louvre (le vrai et pas seulement celui de *Da Vinci Code* encore que l'on puisse s'appuyer sur ce livre quelle que soit l'opinion que l'on en ait), le musée des Arts premiers du quai Branly (qui va renforcer notre image), le centre Georges-Pompidou, le Festival de Cannes (meilleure retombée de presse après le Mondial et les Jeux olympiques) sont des éléments qui servent indirectement notre industrie de luxe, avec tous nos autres monuments, nos palaces, notre gastronomie.

Voilà pourquoi tout ce qui rend plus harmonieuse et attrayante la vie dans nos villes et nos campagnes, toutes nos créations artistiques (et les défilés de mode sont à placer à ce niveau) sont des facteurs favorables pour maintenir notre industrie du luxe en état de progrès. *Culture, accueil, innovation,* tels doivent être les maîtres mots du développement et de l'accompagnement luxueux du XXIe siècle en France. Ce modèle est naturellement valable pour les autres pays. Car, en définitive, « le véritable luxe ne serait-il pas celui des relations humaines et internationales », c'est-à-dire la paix ?

---

1. Cf. le mémoire de Thomas Hermann « La mémoire du luxe », major de la promotion du MBA luxe 2003.

Postface

J'ai connu Jean Castarède grâce au mécénat culturel en 1986. Il est, depuis, devenu un ami, m'a encouragé et aidé dans mes entreprises pédagogiques, notamment dans la création de l'Institut supérieur de luxe et celui du goût, c'est-à-dire de la gastronomie et de l'œnologie.

Que vous soyez étudiant, professionnel, client du luxe, ou simplement lecteur cultivé et curieux, j'espère que vous aurez apprécié ce livre très complet, très érudit, et qui reste à la fois facile à lire. En effet, l'auteur a le talent de savoir mélanger les échelles, passant des grands faits historiques, racontés à travers des anecdotes passionnantes, aux petits gestes de la vie quotidienne qui nous touchent et nous font nous sentir si proches de nos ancêtres. Ainsi, grâce à une structure globale très claire, chacun peut lire ce livre comme il l'entend : avec grand sérieux, ou bien en se délectant de l'histoire de tous ces beaux objets, toujours au service d'un art de vivre. Cet ouvrage stimule la réflexion, de la petite histoire du savon, de l'horloge, du miroir, à la plus grande, depuis celle des édits somptuaires au XVIIᵉ siècle dans toute l'Europe, jusqu'aux discussions enflammées des philosophes des Lumières sur le concept du luxe.

Je ne vais pas revenir sur toutes les notions qui ont été fort bien traitées dans ce livre mais s'il faut conclure sur le luxe d'aujourd'hui, je voudrais évoquer une relation particulière : celle du luxe et de la mode. L'auteur fait naître cette dernière vers 1350 à l'époque où hommes et femmes ont cessé de porter des habits quasi identiques, les hommes se tournant vers de plus en plus de fonctionnalité, et les femmes vers de plus en plus d'esthétique et de séduction. Il faut actuellement insister sur les dangers du « cousinage » entre le luxe et la mode. Ce « cousinage » est certes complexe et ancien, mais les frontières se sont particulièrement brouillées ; on a vu, ces vingt dernières années, les marques de mode tenter des incursions dans des territoires qui n'étaient par les leurs, comme les bijoux et l'horlogerie, et vouloir se « luxifier » à tout prix. On a vu aussi que, malgré des succès ponctuels (des « coups »), elles n'arrivaient pas vraiment à s'imposer.

Le secteur du luxe est sujet au même risque d'échec quand il côtoie trop la mode ; il ne doit tout simplement pas jouer son jeu et appliquer ses règles. C'est un secteur économique différent basé sur le travail de matériaux précieux, sur l'artisanat, la rareté, la longévité de ses produits, la pertinence de ses valeurs esthétiques et une qualité de service parfaite. Les ersatz de luxe créés par la mode (souvent séduisants et dans l'air du temps) s'adressent à un large public avec un bon pouvoir d'achat. Le vrai luxe, lui, concerne les connaisseurs. Les deux secteurs doivent rester bien distincts.

Dire cela ne signifie évidemment pas que le luxe doive s'interdire d'évoluer et d'innover. Au contraire, en respectant les invariants déjà cités (valeur des matériaux, artisanat, service exceptionnel, etc.), les marques de luxe s'adaptent en permanence aux changements du monde en restant fidèles à leur identité spécifique. Devoir affronter les nouveaux défis est, pour le secteur du luxe, une chose normale et naturelle. D'ailleurs le luxe l'a toujours fait : qu'il s'agisse de l'ouverture à de nouveaux pays et de nouvelles cultures ou qu'il s'agisse de prendre en compte les nouveaux modes de vie liés aux évolutions technologiques actuelles. Les marques de luxe traditionnelles qui continuent à s'imposer comme des leaders, le doivent à la fois à la richesse de leur origine et à la force de leur créativité. Des noms comme Cartier, Van Cleef & Arpels, Jaeger-LeCoultre et beaucoup d'autres nous le prouvent tous les jours.

Alain-Dominique Perrin
Administrateur de Richemont
Président de la Fondation Cartier

Annexe

Principales données 2006
des douze secteurs du luxe

Secteurs	France en milliards d'euros	Monde en milliards d'euros	% monde	Effectif mondial
1. Arts de la table – Orfèvrerie – Porcelaine – Cristallerie	0,2	1,5	1	10 000
2. Automobiles de luxe – Dont yachts et avions privés	1	14	9,3	60 000
3. Cosmétiques et parfums	13	32	21,3	214 000
4. Couture et accessoires	10	30	20	244 000
– Haute couture		1	0,7	16 000
– Prêt-à-porter féminin		17	11,3	134 000
– Prêt-à-porter masculin		4	2,7	27 000
– Accessoires		8	5,3	67 000

Secteurs	France en milliards d'euros	Monde en milliards d'euros	% monde	Effectif mondial
5. Gastronomie	1	2,5	1,7	17 000
6. Haute fidélité	0,4	2	1,3	14 000
7. Sports de luxe	0,2	1	0,7	7 000
8. Vins et spiritueux	15	30	20	200 000
– Vins	5	10	6,7	66 000
– Champagne	5	5	3,3	34 000
– Spiritueux	5	15	10	100 000
9. Horlogerie et joaillerie	2	8	5,3	53 000
10. Œuvres d'art – Galeries antiquités, enchères)	2	5	3,4	20 000
11. Maroquinerie et bagages	4	11	7,3	74 000
12. Tourisme et loisirs	5	13	8,7	87 000
TOTAL	53,8	150	100	1 000 000

1 million d'euros correspond à peu près à sept personnes, ce qui permet de calculer les effectifs pour la France, environ 350 000 personnes, soit à peu près le tiers de l'effectif mondial.

Bibliographie

Ouvrages anciens, historiques, littéraires ou concernant la période ancienne

AUSONE, *De Rosis nascentibus*, in DUVAL Paul Marie, *La Vie quotidienne en Gaule pendant la paix romaine : I-IIIᵉ siècles après J.-C.*, Paris, Hachette, 1952.

BALZAC Honoré (de), *Traité de la vie élégante*, Paris, Mille et une nuits, 2002.

BAUDRILLART Henri, *Histoire du luxe privé et public depuis l'Antiquité jusqu'à nos jours*, Paris, Hachette et Cie, 1878-1880, 4 vol.

BRANTÔME Pierre de Bourdeille (abbé de), *Œuvres complètes accompagnées de remarques historiques et critiques, tome I : vies des hommes illustres et grands capitaines étrangers*, Paris, Foucault, 1822.

BUTEL-DUMONT Georges-Marie, *Théorie du luxe, ou Traité dans lequel on entreprend d'établir que le luxe est un ressort non seulement utile mais même indispensablement nécessaire à la prospérité des États*, Paris, J.-F. Bastien, 1771.

CAMPAN Henriette Genet (dite, Madame), *Mémoires de Madame Campan, première femme de chambre de Marie-Antoinette (préface de Jean Chalon)*, Paris, Mercure de France, 1988.

CASTIGLIONE Baldassare, *Le Livre du courtisan*, 1528, Paris, Flammarion, 1991.

CAUSSY Fernand, *Inventaire des manuscrits de la bibliothèque de Voltaire conservée à la Bibliothèque impériale publique de Saint-Pétersbourg*, Genève, Slatkine reprints, 1970.

COLBERT Jean-Baptiste, « Contre le luxe », in *Testament politique*, La Haye, Henry van Bulderen, 1694.

CURNONSKY Maurice Edmond Sailland, *La France gastronomique : guide des merveilles culinaires et des bonnes auberges françaises*, Paris, F. Rouff, 1923-1926, 9 vol.

DUVAL Paul Marie, *La Vie quotidienne en Gaule pendant la paix romaine : I-IIIᵉ siècles après J.-C.*, Paris, Hachette, 1952.

GALLIANI Renata, *Rousseau, le luxe et l'idéologie nobiliaire : étude socio-historique*, Oxford, University of Oxford Press, 1989.

HAZARD Paul, *Crise de la conscience européenne : 1680-1715*, Paris, Fayard, 1994.

HELVÉTIUS Claude-Adrien, *De l'Esprit*, 1758, Paris, Fayard, 1988.

HELVÉTIUS Claude-Adrien, *De l'Homme*, 1773, Paris, Fayard, 1989.

HUNDERT E. J., *The Enlightenment's Fable. Bernard Mandeville and the Discovery of Society*, Cambridge, Cambridge University Press, 1994.

HUNT Alan, *Governance of the Consuming Passions. À History of Sumptuary Laws, Basingstoke*, Londres, Macmillan, 1996.

JACQUEMART Alain, *Histoire du mobilier*, Paris, Librairie Hachette, 1876.

JULLIAN Camille, *Histoire de la Gaule*, 1907-1926, Paris, Hachette, 1993, 2 vol.

KANT Emmanuel, *Observations sur le sentiment du beau et du sublime*, Paris, Vrin, 1997.

L'ESTOILE, Pierre (de), *Mémoires-journaux : 1574-1611*, Paris, Tallandier, 1982, 12 vol.

LAVISSE Ernest, *Histoire de France depuis les origines jusqu'à la révolution*, Paris, Hachette, 1911.

LE MESNAGIER DE PARIS, Paris, Librairie générale française, 1994.

LE ROY Jean, GILLOT Jacques, CHRESTIEN Florent, RAPIN Nicolas (et al.), *Satyre Ménippée, de la vertu du catholicon d'Espagne*, Bruxelles, Chez les héritiers de Mathias Kerner, 1752, 3 vol.

MANDEVILLE Bernard (de), *La fable des abeilles*, 1714, Paris, Vrin, 1990.

MONTAIGNE Michel (de), *Essais*, 1595, Paris, Gallimard (coll. La Pléiade), 1962.

MORIZE André, *L'apologie du luxe au XVIIIᵉ siècle et le « Mondain » de Voltaire. Etude critique sur le « Mondain » et ses sources*, Paris, H. Didier, 1909.

NAVES Raymond, *Le Goût de Voltaire*, Genève, Slatkine, 1967.

PERROT Philippe, *Le Luxe. Une richesse entre faste et confort : XVIIIᵉ-XIXᵉ*, Paris, Seuil, 1995.

PERROT Philippe, *Le Travail des apparences – le corps féminin XVIIIᵉ-XIXᵉ siècles*, Paris, Seuil, 1984.

PERROT Philippe, *Les Dessus et les Dessous de la bourgeoisie : une histoire du vêtement au XIXᵉ siècle*, Paris, Fayard, 1981.

PINÇON Michel et PINÇON-CHARLOT Monique, *Grandes Fortunes. Dynasties familiales et formes de richesse en France*, Paris, Payot, 1996.

PISAN Christine (de), *Critique de la mode*, 1405.

QUICHERAT Jules-Etienne, *Histoire du costume en France depuis les temps les plus reculés jusqu'à la fin du XVIIIᵉ siècle*, Paris, Hachette, 1877.

ROUSSEAU Jean-Jacques, *Du contrat social*, 1762, Paris, Flammarion, 2001.

SAHLINS Marshall, *Âge de pierre, âge d'abondance*, Paris, Gallimard, 1976.

SAINT-SIMON Louis de Rouvroy (duc de), *Mémoires*, Paris, Gallimard, 1983-1986, 8 vol.

STENDHAL (Henri Beyle dit), *Histoire de la peinture en Italie*, 1817, Paris, La Renaissance du Livre, 2003.

SULLY Maximilien de Béthune (duc de), *Les Économies royales de Sully*, Amsterdam, 1775.

TOURS Grégoire (de), *Histoire ecclésiastique des Francs par Grégoire de Tours précédée de sa vie écrite au Xe siècle par Odon, abbé de Cluni ;* trad. nouvelle par Henri-Léonard Bordier, Paris, Firmin Didot, 1859, 2 vol.

TROYAT Henri, *Les Turbulences d'une grande famille*, 1998, Paris, Le Livre de Poche, 2002.

VAIR Guillaume (du), *Traité de la constance et de la consolation ès calamités publiques (écrit pendant le siège de Paris, 1590)*, Paris, Éd. de la Nef, 1941.

VOLTAIRE François Marie Adrouet (dit), *Le Mondain et Défense du Mondain ou l'apologie du luxe*, 1736, Paris, Gallimard, 1961.

VOLTAIRE François Marie Adrouet (dit), *Le Siècle de Louis XIV*, Paris, Fayard, 1994.

VOLTAIRE François Marie Adrouet (dit), *L'Homme aux quarante écus*, 1768, Paris et Genève, Slatkine, 1996.

Ouvrages récents ou concernant la période contemporaine

ALLERES Danielle, *Luxe. Stratégies marketing*, Paris, Economica, 1995.

AMADIEU Jean-François, *Le Poids des apparences, beauté, amour et gloire*, Paris, Odile Jacob, 2002.

ARNAULT Bernard, *La Passion créative*, Paris, Plon, 2000.

ASSOULY Olivier (dir.), *Le Luxe : essais sur la fabrique de l'ostentation*, Paris, Éd. du Regard, 2005.

BAQUE Dominique, *Mauvais genres*, Paris, Éd. du Regard, 2002.

BARTHES Roland, *Système de la mode*, 1967, Paris, Éd. du Seuil, 1991.

BARTHES Roland, *Le bleu est à la mode cette année*, Paris, IFM-Regard, 2001.

BARTHES Roland, *Mythologies*, 1954, Paris, Seuil, 1995.

BATAILLE Georges, *La Notion de dépense*, 1933, Paris, Minuit, 1967.

BATAILLE Georges, *La Part maudite*, 1949, Paris, Minuit, 1977.

BAUDRILLARD Jean, *La Société de consommation*, Paris, Delanoël, 1970.

BELL Quentin, *Mode et société. Essai sur la sociologie du vêtement*, Paris, Presses Universitaires de France, 1992.

BERGERON Louis, *Les Industries du luxe en France*, Paris, Odile Jacob, 1998.

BERRY Christopher J., *The Idea of Luxury. A Conceptual and Historical Investigation*, Cambridge, Cambridge University Press, 1994.

BERTHOUD François (dir.), *Une industrie du rêve et de la beauté : parfums et cosmétiques*, Paris, Éd. d'Assalit, 2006.

BLANCKAERT Christian, *Les Chemins du luxe*, Paris, Grasset, 1996.

BONVICINI Stéphanie, *Louis Vuitton, une saga française*, Paris, Fayard, 2004.

BOUCHER François, *Histoire du costume en Occident de l'Antiquité à nos jours*, Paris, Flammarion, 1996.

CAMUS Renaud, *Éloge du paraître*, Paris, POL, 1995.

CARRIVE Paulette et MANDEVILLE Bernard, *Passions, Vices, Vertus*, Paris, Vrin 1980.

CASTARÈDE Jean, *Gabrielle d'Estrées ou la passion du roi*, Paris, Acropole 1987.

CASTARÈDE Jean, *Les Femmes galantes du XVIe siècle*, Paris, Éd. France Empire, 2000.

CASTARÈDE Jean, *Le Luxe*, Paris, Presses universitaires de France (Que sais-je ? n° 2687), 2003 (3e réédition).

CHAPSAL Madeleine, *La chair de la robe*, Paris,Fayard, 1989.

COTTERET Jean-Marie, *Gouverner, c'est paraître*, Paris, Presses universitaires de France, 1997.

DESCAMPS Marc-Alain, *Le langage du corps et la communication corporelle*, Paris, Presses universitaires de France, 1993.

ELIAS Norbert, *La Société de cour*, 1974, Paris, Champs-Flammarion, 1985.

ERHENBERG Daniel, *La fatigue d'être soi*, Paris, Odile Jacob, 2002.

ERNER Guillaume, *Victimes de la mode ? Comment on la crée, pourquoi on la suit*, Paris, Éd. La Découverte, 2004.

FEYDEAU Elisabeth (de), *L'Un des sens : le parfum au XXe siècle*, Toulouse, Milan, 2001.

© Groupe Eyrolles

FINKIELKRAUT Alain, *La Sagesse de l'amour*, Paris, Gallimard, 1984.

KAUFMANN Jean-Claude, *Corps de femmes – regard d'hommes (sociologie des seins nus)*, Paris, Nathan, 1995.

KLEIN Naomi, *No logo. La Tyrannie des marques*, 2000, Montréal, Leméac, 2001.

LANNELONGUE Marie-Pierre, *La Mode racontée à ceux qui la portent*, Paris, Hachette-Littératures, 2003.

LAVER James, *Histoire de la mode et du costume*, Paris, Thames & Hudson, 2003.

LIPOVETSKY Gilles et ROUX Elyette, *Le Luxe éternel. De l'âge du sacré au temps des marques*, Paris, Gallimard, 2003.

LIPOVETSKY Gilles, *L'Empire de l'éphémère*, Paris, Gallimard, 1987.

MARCHAND Stéphane, *Les Guerres du luxe*, Paris, Fayard, 2001.

MARSEILLE Jacques (dir.), *Le Luxe en France, du siècle des Lumières à nos jours*, Paris, Association pour le développement de l'histoire économique, 1999.

MARSEILLE Jacques, *France, terre de luxe*, Paris, La Martinière, 2000.

MORABITO Jacques, *Le Guide du luxe*, Paris, Lexilux, 2003.

NATTA Marie-Christine, *La Mode*, Paris, Economica, 1996.

PACKARD Vance, *Les Obsédés du standing*, 1965, Paris, Calmann-Lévy, 1971.

PACKARD Vance, *L'Art du gaspillage*, 1963, Paris, Calmann-Lévy, 1973.

PACKARD Vance, *La Persuasion clandestine*, Paris, Calmann-Lévy, 1989.

POCHNA Marie-France, *Christian Dior*, Paris, Flammarion, 1994.

REMAURY Bruno (dir.), *Dictionnaire de la mode au XXᵉ siècle*, Paris, Éd. du Regard, 1996.

RENNOLDS MILBANK Caroline, *Couture : les grands créateurs*, Paris, R. Laffont, 1986.

ROUZAUD Claude, *Un problème d'intérêt national : les industries du luxe*, Paris, Sirey, 1946.

SCHROEDER Sabine et MATIGNON Jeanne, *Le Goût du luxe*, Paris, Balland, 1972.

SIMMEL Georg, *La Parure et autres essais*, Paris, Éd. de la Maison des sciences de l'Homme, 1998.

Contributions et articles

BOURDIEU Pierre et DELSAUT Yvette, « Le couturier et sa griffe. Contribution à une théorie de la magie », in *Actes de la recherche en sciences sociales*, n° 1, 1975, p. 7-36.

BOURDIEU Pierre, « Haute Couture, haute culture », in *Questions de sociologie*, Paris, Minuit, 2002.

« Compte-rendu de l'ouvrage du Discours qui a obtenu l'accessit au jugement de l'Académie des sciences, belles lettres et arts de Besançon, en 1783, sur cette question : Le luxe détruit-il les mœurs et les empires ? », in *Le Mercure de France*, 23 octobre 1784, p. 150-166.

Conseil économique et social, *La filière luxe (production et services)*, séance du 9 janvier 1996, rapport du conseil.

COQUERY Natacha, *L'Hôtel aristocratique. Le marché du luxe à Paris au XVIIIᵉ siècle*, thèse de doctorat, université de Paris IV, 1998.

DUBOIS Bernard et LAURENT Gilles, « Le luxe par-delà les frontières : une étude exploratoire dans douze pays », in *Décisions Marketing*, n° 9, 1996, p. 35-43.

DUBOIS Bernard, « Comment surmonter les paradoxes du marketing du luxe ? », in *Revue française de gestion*, n° 87, janvier-février 1992, p. 30-37.

FEYDEAU, Élisabeth (de), *De l'hygiène au rêve : l'industrie française du parfum (1830-1939)*, thèse de doctorat, 1997.

LAURENT Gilles et DUBOIS Bernard, « Y a-t-il un consommateur du luxe ? Une analyse comparative des profils socio-démographiques des acheteurs européens », in *Recherches et applications en marketing*, 1993, 8, 4, p. 107-124.

PROVOST Audrey, *Usages du luxe : formes et enjeux des publications sur le luxe en France dans la seconde moitié du dix-huitième siècle (vers 1760-1789)*, thèse de doctorat, université de Paris IV, 2000.

SALMON Xavier, *Madame de Pompadour et les arts* (cat. expo.), Paris, Réunion des Musées Nationaux, 2002.

VERLEY Patrick, « Essor et déclin des industries du luxe et du demi-luxe au XIXᵉ siècle », in MARSEILLE Jacques (dir.), *Le Luxe en France du siècle des Lumières à nos jours*, Paris, Association pour le développement de l'histoire économique, 1999.

Index général

© Groupe Eyrolles

© Groupe Eyrolles

Index des marques

A

Accor 348
Acer 338
Alfred Dunhill 271
Allure 346
Anaïs Anaïs 344
Angel 345
Apple 338
Arpège 341
Asprey 313, 318
Aston Martin 337
Asus 339

B

Baccarat 241, 261, 270, 299, 304–305
Balanciaga 271
Bang & Olufsen 338–339
Bentley 336–337
BMW 337
Boucheron 233–234, 308, 313
Breguet 234
Bugatti 269

C

Cacharel 344
Calandre 342
Calèche 342
Cardin 222
Cartier 233, 300, 304, 307, 351
Caudalie 347
Céline 270
Chamade 342
Chanel 274, 312, 351
Chanel N°19 343
Chanel N°5 341
Château-Latour 245
Château-Margaux 245
Chaumet 306
Chloé 271
Christian Dior 304
Christian Lacroix 304
Christie's 312, 348
Christofle 238, 299–302, 304
Citroën 337
Clarins 342
Coca-Cola 350